OS NÍVEIS DE GOVERNO DOS PAÍSES DA EUROPA

OS NÍVEIS DE GOVERNO DOS PAÍSES DA EUROPA

ESTADO - REGIÕES - MUNICÍPIOS

2021

António M. Rebordão Montalvo

Advogado. Perito do Conselho da Europa
sobre autonomia local e Direito das autarquias

ALMEDINA

OS NÍVEIS DE GOVERNO DOS PAÍSES DA EUROPA
ESTADO – REGIÕES – MUNICÍPIOS

AUTOR
António M. Rebordão Montalvo

EDITOR
EDIÇÕES ALMEDINA, S.A.
Rua Fernandes Tomás, n.os 76, 78 e 79
3000-167 Coimbra
Tel.: 239 851 904 · Fax: 239 851 901
www.almedina.net · editora@almedina.net

DESIGN DE CAPA
EDIÇÕES ALMEDINA, S.A.

PRÉ-IMPRESSÃO
Vítor Miranda

IMPRESSÃO E ACABAMENTO
AAAAAAAAA

Fevereiro, 2021
DEPÓSITO LEGAL
000000/20

ALMEDINA | GRUPOALMEDINA

BIBLIOTECA NACIONAL DE PORTUGAL – CATALOGAÇÃO NA PUBLICAÇÃO
OS NÍVEIS DE GOVERNO DOS PAÍSES DA EUROPA:
ESTADO, REGIÕES, MUNICÍPIOS. – (Monografias)
MONTALVO, António M. Rebordão
ISBN 978-972-40-9024-5
CDU 342

ÍNDICE

O autor usa a ortografia que aprendeu na infância.

"Quereis encontrar o governo central? Do berço à cova encontrai-lo por todas as fases da vossa vida, raramente para vos proteger, de contínuo para vos incomodar. Nada, a bem dizer, se move na vida colectiva do povo que não venha de cima o impulso, ou que pelo menos o governo não se associe a esse impulso. (...) A centralização, na cópia portuguesa, como hoje existe e como a sofremos, é o fideicomisso legado pelo absolutismo aos governos representativos, mas enriquecido, exagerado. É, desculpai-me a frase, o absolutismo liberal."

Alexandre Herculano
in "Carta aos eleitores do Círculo de Sintra" - 23 de Maio de 1858

PREFÁCIO

1. Eis um livro que fazia falta, visto não existir entre nós nenhuma apresentação sistemática da organização político-administrativa territorial dos países europeus e dos seus diversos níveis territoriais de governo, numa perspetiva comparada.

Também é o livro certo do autor certo, pois A. M. Rebordão Montalvo é um especialista nesta área, desde há muitos anos, primeiro na Direcção Geral das Autarquias Locais e depois no comité de peritos do Conselho da Europa sobre a autonomia local.

Passados 35 anos sobre a Carta Europeia da Autonomia Local e 30 anos depois da queda do muro de Berlim e da transição democrática no antigo bloco soviético, que levou os respetivos países a alinharem com o movimento de descentralização territorial da restante Europa desde a II Guerra Mundial, era tempo de ter uma visão abrangente da arquitetura territorial dos diversos países europeus, desde a Irlanda à Rússia, desde a Suécia a Chipre (que, embora situado geograficamente fora da Europa, faz parte da União Europeia).

2. Este livro dá-nos conta de que, para além da diversidade de soluções institucionais, quase todos os países europeus apresentam diversos níveis infraestaduais de poder público e de autogoverno, através de órgãos representativos, nomeadamente uma assembleia ou conselho diretamente eleitos pelos membros das respetivas comunidades.

A erosão do todo-poderoso Estado "vestefaliano", soberano na ordem externa e centralizado na ordem interna, não passou somente pela relativização da soberania na ordem internacional depois da II Guerra Mundial (de que a União Europeia constitui o fenómeno mais avançado), antes se estende também à ordem interna, através da descentralização territorial e da constituição de uma arquitetura multinível do poder público. Foi assim que se deu a federalização ou regionalização política de vários países, se criaram autarquias territoriais de nível supramunicipal, se reforçou a autonomia municipal, tanto em atribuições como em recursos financeiros.

A afirmação do princípio da subsidiariedade territorial, primeiro na Carta Europeia da Autonomia Local, depois ao nível da União Europeia, por último em várias constituições nacionais (entre as quais a nossa), constituiu um impulso doutrinário essencial para o reforço da descentralização territorial. Ao afirmar que o Estado e, em geral, as coletividades territoriais superiores são supletivas das coletividades territoriais inferiores no desempenho das tarefas públicas e que estas devem ser realizadas, sempre que possível, ao nível territorial mais próximo dos cidadãos, só devendo ser conferidas ao Estado quando não possam ser mais bem desempenhadas a nível inferior, veio inverter a lógica da descentralização territorial. Agora, o que precisa de ser provado não é a necessidade da descentralização, mas sim porque é que as tarefas públicas hão de continuar a pertencer ao Estado.

Hoje, em muitos países europeus, a maior parte das tarefas públicas e da despesa pública já não cabe ao Estado central, mas sim às coletividades territoriais infraestaduais.

3. A descentralização territorial é tanto uma estratégia de repartição territorial de poder quanto uma mais-valia democrática.

Em primeiro lugar, ao repartir as tarefas públicas por vários níveis territoriais, a descentralização territorial institui uma espécie de "separação vertical de poderes", que acresce à clássica separação horizontal de poderes (entre o poder legislativo, o poder executivo ou governativo e o poder judicial), consagrada pelas revoluções constitucionais dos séculos XVIII e XIX, como instrumento de limitação do poder político através da sua repartição, impedindo o seu monopólio por um único órgão, como sucedia no Estado Absoluto. "Só o poder trava o poder" – como escreveu lapidarmente Montesquieu. Ora, também a "separação vertical de poderes" funciona como meio de repartição do poder por uma pluralidade de instâncias autónomas, acabando com o monopólio do poder público a nível nacional.

Em segundo lugar, em Estados democráticos, a descentralização territorial em vários níveis de poder público constitui também um meio de reforço da democracia, enquanto intervenção popular na gestão dos assuntos públicos, que deixa de valer somente ao nível nacional, para se multiplicar ao nível infraestadual, através da eleição dos órgãos representativos das coletividades territoriais. A primeira consequência da descentralização territorial é a pluralidade de eleições, nomeadamente eleições nacionais, regionais e municipais. Além da democracia nacional aparece a democracia regional e a democracia municipal.

São evidentes as vantagens democráticas da descentralização. Por um lado, a existência de vários níveis de poder democrático infraestadual permite limitar os efeitos negativos de qualquer deriva autoritária ao nível nacional. Por outro lado, a pluralidade de eleições e de instâncias eletivas de poder permite que este seja exercido simultaneamente por diferentes forças políticas em diferentes instâncias do poder (pluralismo político territorial), evitando o monopólio do poder pelo partido dominante a nível nacional em cada momento. Por último, as democracias infranacionais são escolas de aprendizagem democrática e de treino de quadros e dirigentes políticos que mais tarde podem aspirar ao exercício do poder a nível nacional.

Não são de esquecer também as condições mais propícias que os níveis infraestaduais do poder público oferecem para o exercício de formas mais avançadas de democracia participativa (consultas populares, etc.) ou de democracia semidireta (referendos).

4. Na organização do seu livro, o autor divide-o em três partes.

Na Parte I procede à apresentação das noções fundamentais que permitem compreender a organização político-administrativa territorial. Aí são esclarecidos conceitos como *descentralização* e *desconcentração*, *princípio da subsidiariedade*, *Estados federais*, *Estados politicamente regionalizados* e *Estados unitários*, *autonomia local*, etc. Confere-se também a devida importância à Carta Europeia da Autonomia Local, de 1985, elaborada no âmbito do Conselho da Europa, que vincula todos os países europeus. É esse o quadro de referência internacional da descentralização territorial na Europa, estabelecendo os seus princípios fundamentais e permitindo um *peer review* quanto ao seu cumprimento pelos Estados-parte na referida Convenção, no quadro do Conselho da Europa.

Na Parte II – a mais longa e substancial do livro – o autor procede à análise, país a país, da organização político-administrativa territorial de quase todos os países europeus, separando, como era devido, os Estados federais, os Estados politicamente regionalizados e os Estados unitários clássicos.

Uma breve Conclusão encerra o discurso.

Quanto à Parte II, em particular, sem dúvida a mais importante, a análise de cada país, por ordem alfabética dentro de cada um dos referidos três grupos de países (começando na Alemanha e terminando na Ucrânia), segue uma "grelha" comum, que inclui os seguintes tópicos, por esta ordem:

- população e área territorial;
- uma nota histórica e constitucional, concluindo pela indicação dos níveis territoriais de governo existentes;
- o Estado central;
- as unidades federadas ou regiões autónomas, sendo caso disso;
- as diferentes autarquias territoriais locais ou regionais existentes;
- as regiões metropolitanas, hoje frequentes em muitos países.

Na análise de cada coletividade territorial infraestadual, o autor analisa por via de regra os seguintes aspetos: atribuições, sistema de governo e nível de autonomia.

Trata-se em geral de um relato sucinto, focado sobre os aspetos essenciais, o que permite ao leitor apreender um retrato assaz elucidativo sobre a arquitetura e o funcionamento político-administrativo de cada país.

5. As opções do autor quanto à organização do seu livro – nomeadamente o agrupamento dos países pelo tipo de Estado (federal, regional, unitário clássico) e a adoção de uma grelha de análise uniforme para os diferentes países – permitem obter uma imagem global da organização territorial dos países europeus e alcançar facilmente as convergências e divergências principais.

Assim, a primeira conclusão a assinalar é o considerável número de países politicamente descentralizados, seja pela via do federalismo, seja pela via da regionalização política (regiões autónomas). No primeiro grupo cabem seis países (Alemanha, Áustria, Bélgica, Bósnia-Herzegovina, Rússia e Suíça) e no segundo grupo três países (Espanha, Itália e Reino Unido), deixando de fora outros países com regiões autónomas, mas em que estas cobrem uma parte reduzida do território e da população nacional, como é o caso de Portugal, dos Países Baixos e da Sérvia, entre outros, sendo, portanto, essencialmente Estados unitários clássicos.

Independentemente do tipo de Estado, todos os países europeus apresentam em geral diversos níveis de descentralização administrativa, sob a forma de autarquias territoriais infraestaduais, sendo muito poucos os países que só apresentam o município, quase todos países diminutos quanto ao território e à população (salvo a Bulgária e Portugal continental).

Com efeito, a maior parte dos países apresentam pelo menos um nível de autarquia territorial supramunicipal, havendo vários países com dois níveis intermédios (caso da França, da Itália e da Alemanha, por exemplo). Em contrapartida, além de Portugal, apenas Chipre e certas zonas rurais de Inglaterra têm uma autarquia inframunicipal como solução geral, embora alguns outros países as tenham no caso dos grandes municípios urbanos (como Paris e Budapeste, entre outros), para além do caso do *Land* da Renânia--Palatinado na Alemanha.

6. O município constitui em todos os países a autarquia historicamente mais radicada, visto que vinda desde a Idade Média e tendo em geral resistido ao próprio Estado Absoluto. Embora não adote esse nome em todos os países, o município é a autarquia local por antonomásia. Sem municípios não há descentralização territorial.

Todavia, os municípios variam muito de país para país, quer quanto ao seu número e tamanho relativo, quer quanto às suas atribuições e à sua organização e sistema de governo. O regime municipal pode, aliás, variar muito dentro de cada país, sobretudo nos Estados federais e em alguns Estados politicamente regionalizados (como o Reino Unido), em que a competência legislativa sobre a autonomia local cabe às entidades federadas ou às regiões autónomas, respetivamente, e não ao Estado.

Uma tendência comum a muitos países é o processo de redução do número de municípios, através da fusão dos mais pequenos. Esse processo de agregação territorial dos municípios, que em Portugal foi efetuado logo por Passos Manuel em 1836, tem sido efetuado em vários outros países nas últimas décadas (por exemplo, Alemanha, Áustria, Bélgica, Dinamarca, Grécia, Inglaterra, Letónia, Lituânia, Noruega, Países Baixos, Roménia, Suécia, etc.). Movimento inverso se verificou na Turquia. Nos países que mantêm a fragmentação municipal oriunda da Idade Média (como a Espanha, a França ou a Itália) a solução tem consistido em transferir a execução de certas tarefas municipais para entidades supramunicipais, direta ou indiretamente obrigatórias.

Em geral, os municípios constituem a autarquia local de base, não havendo autarquia inframunicipal. Como se viu, constituem exceção a esta regra as autarquias inframunicipais que existem em alguns poucos países, como Portugal, Chipre e Inglaterra, além de algumas grandes cidades (Paris, Budapeste, Varsóvia, etc.).

7. Quanto às atribuições das coletividades territoriais infraestaduais, elas variam enormemente de país para país, mesmo em relação à mesma autarquia territorial, como por exemplo os municípios.

Em geral, em todos os países os municípios desempenham as tarefas clássicas ligadas à prestação de *public utilities* (água, saneamento, etc.), ao ordenamento do território, ao urbanismo e à habitação, aos jardins e parques, ao trânsito, ao desporto e à cultura. Mas em alguns países mais descentralizados, a essas tarefas clássicas acrescem atribuições também na área da educação e dos cuidados de saúde.

Em alguns países, como em França, onde existem três níveis de autarquias territoriais (regiões, departamentos e municípios) adotou-se uma tendencial repartição especializada de atribuições: ao município, o controlo do território (urbanismo, habitação, etc.); ao departamento, as funções de solidariedade e a gestão de serviços sociais; e às regiões, a função de ordenamento do território e da planificação económica. Mas essa divisão de funções não eliminou sobreposições das mesmas tarefas por diferentes autarquias.

É evidente que nos países em que não existem coletividades territoriais supramunicipais (como, por exemplo, a Bulgária ou Portugal continental), as potencialidades da descentralização são menores, dada a impossibilidade de transferência para os municípios de tarefas que excedem a sua escala territorial e populacional.

Em muitos países, as autarquias territoriais, sobretudo os municípios, além das suas atribuições próprias, também podem exercer funções estaduais por delegação do Estado, ficando sujeitas a controlo de mérito do Estado no seu exercício.

8. No que respeita ao sistema de governo das coletividades territoriais infraestaduais, ele varia muito de país para país.

No entanto, existem essencialmente dois modelos. O mais frequente é o sistema de tipo parlamentar, em que existe um órgão deliberativo, sob a forma de uma assembleia ou um conselho diretamente eleitos, e um órgão executivo, por aqueles designado e perante eles responsável. Por conseguinte, só existe um órgão diretamente eleito. Depois há um sistema de tipo presidencialista, havendo dois órgãos diretamente eleitos, a assembleia ou conselho deliberativo e um órgão executivo individual, não sendo este politicamente responsável perante aqueles.

Casos excecionais são os países onde a função executiva cabe a órgãos desconcentrados do Estado, não dispondo a autarquia de poder executivo próprio (caso dos distritos da Ucrânia), à margem do princípio do autogoverno. Situação diferente é aquela em que o órgão executivo autárquico é indicado pelo Governo, também em derrogação do autogoverno autárquico, como sucede com os distritos *(Kreise)* na Alemanha e com os municípios nos Países Baixos, embora o seu titular seja nomeado com a concordância dos respetivos órgãos eletivos.

O sistema de governo local ou regional tende a seguir o tipo de sistema de governo nacional. Tendo a maior parte dos países europeus sistemas de governo de tipo parlamentar, também o sistema de governo autárquico segue em geral essa linha, através de um órgão colegial diretamente eleito que, por sua vez, designa um órgão executivo uninominal ou colegial, responsável perante aqueles (caso da Áustria, da Bélgica, da Espanha, da Polónia e de muitos outros países). Correspondentemente, os países com sistema de governo presidencialista ou de semipresidencialismo reforçado tendem a adotar um sistema de governo autárquico igualmente presidencialista, com eleição direta separada do órgão executivo individual (caso da Rússia, de Chipre e da Ucrânia, por exemplo).

Mas nem sempre ocorre tal congruência. Há países de sistema de governo parlamentar a nível nacional que optaram pelo sistema de governo presidencialista a nível autárquico (por exemplo, o governo municipal na Itália, na Eslováquia, na Hungria, na Roménia e em alguns *Länder* da Alemanha); e vice-versa, há países com sistemas de governo nacional de tipo presidencialista que ao nível das autarquias territoriais optaram por sistemas de governo de tipo parlamentar (como, por exemplo, a França ou a Turquia).

9. Vários países europeus preveem formas específicas de organização administrativa para as áreas metropolitanas e para o município capital do país.

Quanto às áreas metropolitanas trata-se, em geral, de entidades intermunicipais, para a gestão em comum de atribuições municipais, sendo dotadas de órgãos saídos dos órgãos municipais. Não se trata, portanto, de autarquias locais.

Quanto aos municípios da capital, em vários países eles têm uma organização específica, prevendo-se, como se referiu acima, a sua divisão em entidades submunicipais, dotadas de atribuições e órgãos eletivos próprios, ou seja, constituindo autarquias inframunicipais.

10. Um dos principais desenvolvimentos das últimas décadas quanto à descentralização territorial foi o fenómeno da regionalização, seja sob a forma de regionalização política (regiões autónomas), seja sob a forma de regionalização administrativa (regiões administrativas, ou autarquias regionais).

Independentemente da sua fórmula, a descentralização regional visou responder a duas preocupações principais: *(i)* conferir expressão política ou administrativa a coletividades infraestaduais com caraterísticas especiais (territórios insulares ou com especificidades linguísticas ou étnicas); *(ii)* instituir uma macroautarquia territorial, acima dos municípios, a fim de descentralizar tarefas outrora estaduais no domínio do ordenamento do território, dos transportes, da educação e da saúde, do planeamento e do fomento económico, etc..

Dois fatores reforçaram as tendências de descentralização regional: *(i)* o fomento do desenvolvimento e do planeamento regional, de modo a contribuir para a equidade territorial nacional; *(ii)* a valorização das regiões pela União Europeia, como instrumento de promoção da coesão territorial na União e de cooperação regional transfronteiriça.

11. Como não podia deixar de ser, ao abordar o caso de Portugal, o autor não deixa de referir as numerosas especificidades da nossa organização político-administrativa territorial.

Em primeiro lugar, apesar de a Constituição prever três níveis de descentralização territorial – nível regional (regiões autónomas ou regiões administrativas), nível municipal e nível inframunicipal (freguesias) –, a verdade é que, passadas mais de quatro décadas, as autarquias regionais continuam por instituir no território do Continente (enquanto as regiões autónomas foram instituídas ato contínuo, logo em 1976). Existe assim uma assimetria entre o Continente e as ilhas, quanto à descentralização regional. Além disso, como as autarquias regionais são a única autarquia supramunicipal prevista, Portugal é neste momento, como já referido acima, um dos poucos países sem uma autarquia intermédia entre o Estado e os municípios (somente acompanhado da Bulgária, da Eslovénia, da Estónia e de outros pequenos países).

Em segundo lugar, como já anteriormente mencionado, Portugal é um dos poucos países a apresentar em todo o território nacional uma autarquia submunicipal, a freguesia, tanto nos municípios rurais como nos urbanos, independentemente da sua dimensão.

Em terceiro lugar, para "compensar" parcialmente a ausência de autarquias regionais, a revisão constitucional de 1997 autorizou a lei a dotar as entidades intermunicipais (que hoje são as comunidades intermunicipais e as áreas metropolitanas) de atribuições próprias, para além das delegadas pelos respetivos municípios, o que lhes confere o estatuto de semiautarquias, porém sem órgãos eletivos próprios, como é característica das verdadeiras autarquias.

Em quarto lugar, embora a Constituição seja omissa sobre a possibilidade de delegação de atribuições do Estado às autarquias locais, a par das suas atribuições próprias, existem vários casos de previsão legislativa dessa hipótese, aliás prevista na Carta Europeia da Autonomia Local. De resto, também pode haver delegação de atribuições das autarquias superiores nas inferiores. Também as freguesias podem delegar tarefas, sem poderes de autoridade, em organizações de moradores.

Em quinto lugar, o sistema de governo não é o mesmo para os diferentes tipos de autarquias territoriais existentes, sendo diferente para as freguesias e para os municípios, onde o próprio órgão executivo colegial (a câmara municipal) é diretamente eleito, aliás pelo sistema proporcional, caso sem paralelo em qualquer outro país. Outra característica especial do sistema de governo é a participação das autarquias de grau inferior no governo das autarquias de grau superior (das freguesias nos respetivos municípios e destes nas respetivas autarquias regionais, quando existirem), através da sua representação na assembleia representativa.

Em sexto lugar, apesar de o sistema de governo compreender um órgão executivo colegial (junta de freguesia e câmara municipal), verifica-se uma acentuada presidencialização do governo autárquico, pelo facto de o presidente daquela ser o primeiro nome da lista mais votada para a assembleia de freguesia e de o presidente da câmara municipal ser o primeiro nome da lista mais votada para a câmara municipal, o que dificulta a responsabilidade política de ambos perante as respetivas assembleias representativas (embora prevista na Constituição), excluindo a sua demissão por desconfiança política. Este sistema de governo contrasta com o sistema de governo nacional e das regiões autónomas, de natureza essencialmente parlamentar.

Por último, há que assinalar um aspeto que o autor insiste em sublinhar, que é o regime homogéneo (atribuições, poderes, sistema de governo, etc.) para todas as autarquias do mesmo grau, independente da sua dimensão e dos seus recursos humanos e financeiros. E sendo certo que a Constituição não permite variantes quanto aos órgãos das autarquias (salvo quanto às freguesias de população diminuta), ela não proíbe outras diferenciações, como, por exemplo, quanto às atribuições e aos poderes. Todavia, a lei não tem feito uso dessa flexibilidade constitucional, nomeadamente quanto a derrogações ou adaptações para os pequenos municípios e as pequenas freguesias, preferindo manter artificialmente a homogeneidade jurídica face à assimetria das situações.

12. Em suma, estamos perante um livro de óbvio merecimento, que aproveitará não somente a quem se interessa especialmente pela organização político-administrativa e a descentralização territorial, mas também a todos os cidadãos interessados em compreender melhor a situação e as tendências

do poder local e regional por essa Europa fora, assim como para acompanhar e intervir mais bem informados nos eventuais debates sobre a descentralização territorial e sobre a reforma da arquitetura e do sistema de governo autárquico entre nós, quando for caso disso, a começar pelo debate em curso sobre a descentralização regional.

Não há boa decisão sem boa informação.

Vital Moreira
Universidade de Coimbra e Universidade Lusíada-Norte

APRESENTAÇÃO

1. Já licenciado em Direito pela Faculdade de Direito da Universidade de Lisboa, e antes de me lançar nas lides incertas da advocacia, ganhei o pão certo de cada dia como jurista da Direcção-Geral das Autarquias Locais (DGAL), então integrada no Ministério da Administração Interna. Estávamos em 1975, ano de grandes rupturas e sobressaltos. Cabia-me a grata tarefa de apoiar a actividade dos inexperientes autarcas do novo Poder Local, emitindo pareceres jurídicos sobre as suas consultas e elaborando estudos para reformas que não chegaram a ver a luz do dia. Eram tempos agitados, de política incandescente, incluindo deputados sitiados e governos de curto prazo.

Quando, em 1985, a DGAL foi absorvida pelo novo Ministério do Planeamento e da Administração do Território fui chamado a trabalhar com o ministro da pasta, o Professor Doutor Luís Valente de Oliveira. Passado algum tempo, no final da habitual reunião semanal, o ministro revelou-me a sua atenção à divisão administrativa do território. Considerava ele que as normas constitucionais que previam a criação de regiões administrativas e a extinção dos distritos impunham que o tema fosse estudado. Confesso que fiquei surpreendido com o seu interesse por um assunto de que ninguém falava e que estava ausente da agenda política desde a reforma realizada em meados do séc. XIX. Em conclusão da nossa conversa, o ministro Valente de Oliveira pediu-me que coordenasse uma comissão que ia nomear para elaborar uma proposta de revisão da divisão administrativa do país.

O estudo da divisão territorial que Portugal conheceu em vários períodos da sua História, a par da existente noutros países da Europa, apurou o meu interesse pelo assunto. Retomei o estudo da organização territorial dos países europeus no quadro da Assembleia das Regiões da Europa, durante o período em que presidi à Comissão de Coordenação e Desenvolvimento Regional de

Lisboa e Vale do Tejo. Voltei a esse tema no meu mestrado e continuo a conviver com ele desde 1993, no âmbito do Grupo de Peritos Independentes do Conselho da Europa sobre autonomia local e direito das autarquias.

Recentemente resolvi sistematizar a informação e reflexão acumuladas ao longo dos anos sobre a divisão administrativa e os níveis territoriais de governo dos países da Europa. Nasceu assim este livro, que é destinado não só a estudiosos de Ciência Política ou de Administração Pública Comparada, mas também a todos os interessados no conhecimento da organização administrativa desses países. Numa época em que tanto se fala em descentralização e regionalização, nada se perde em conhecer os sistemas em vigor noutros estados.

2. Este livro divide-se em três partes. A primeira, de cariz doutrinário e ensaístico, aborda as formas e os princípios gerais da administração territorial nos regimes democráticos. A segunda parte, de natureza mais informativa e documental, descreve a organização política e os poderes dos níveis de governos de 36 países da Europa, agrupados na classificação corrente de estados federais, regionalizados e unitários. Para não tornar esta obra demasiado volumosa, excluí desta análise os microestados de Andorra, Liechtenstein e São Marino, para além de outros países mais periféricos em relação ao nosso, como a Moldávia, o Kosovo, Montenegro ou a Macedónia do Norte. Na última parte do livro elaboro sobre o contexto político e as reformas ocorridas nos estados objecto deste estudo, destacando os principais elementos da sua administração territorial e salientando pontos de convergência e de oposição entre eles.

A divisão do território e os níveis de poder autónomo de cada estado são produto da sua história, alicerçada em antigos reinos independentes, conflitos étnicos, assimetrias linguísticas, identidades regionais, lutas religiosas, guerras de libertação e distintos processos de independência. Desse passado – que, em muitos casos, ajuda a compreender a actual divisão territorial desses países – dão eco as *Notas históricas* que antecedem a análise dos níveis de governo de cada país. E como veremos, a surpreendente diversidade das suas estruturas políticas faz da Europa uma paleta de cores tão variadas que desmentem qualquer ideia de uniformidade institucional e revelam a criatividade com que o "Velho Continente" dá novas formas à autonomia local.

3. Para evitar equívocos, importa registar que na recorrente expressão "níveis de governo" (nacional, regional, local) o termo "governo" não tem o sentido que tem na igualmente frequente expressão "sistemas de governo"

(presidencialista, parlamentar, misto). No primeiro caso, trata-se dos diferentes níveis territoriais de "governação" ou exercício do poder público nas suas várias vertentes, enquanto a expressão "sistema de governo" aponta para a articulação entre o órgão que exerce o poder executivo ("governo" em sentido estrito) e os demais órgãos do poder político, designadamente, ao nível nacional, o parlamento e o chefe do Estado.

Também o conceito de "Estado" reveste dois sentidos diferentes, conforme o contexto. Num sentido amplo, a noção designa o poder público em geral, qualquer que seja o nível territorial em que seja exercido (por exemplo, quando se fala na contraposição Estado-sociedade ou nos direitos individuais face ao Estado). Num sentido restrito, a noção designa o Estado central, por oposição aos níveis de poder infraestaduais (por exemplo, quando se fala na tutela do Estado sobre as autarquias locais).

Convém, finalmente, distinguir noções por vezes confundidas como "atribuições", "poderes" e "competências". Atribuições são as tarefas ou missões confiadas pela Constituição ou pela lei às entidades públicas (por exemplo, os municípios); poderes são os instrumentos de que elas dispõem para desempenhar esse mandato (poderes normativos, poderes de inspecção, etc.); competência designa os poderes conferidos aos diferentes órgãos (deliberativos, executivos, consultivos) das entidades públicas. Note-se, no entanto, que na literatura inglesa e na nomenclatura da União Europeia, o termo "competências" significa atribuições.

4. Finalmente, quero expressar o meu agradecimento ao Professor Doutor Vital Moreira, ilustre constitucionalista e professor catedrático das Faculdades de Direito da Universidade de Coimbra e da Universidade Lusíada-Norte, pelo Prefácio deste livro. Quando lhe expus a ideia de publicar um livro sobre um tema que também lhe é caro, o Professor Vital Moreira aceitou sem reservas o meu pedido de o prefaciar, elaborando um texto que é uma lição sobre a descentralização territorial na Europa e a problemática da regionalização política e administrativa. Pelo seu precioso contributo para a valorização desta obra, o Professor Vital Moreira é credor do meu profundo reconhecimento.

António Manuel Rebordão Montalvo
Lisboa, Janeiro de 2021

PARTE I

REPARTIÇÃO HORIZONTAL E VERTICAL DO PODER PÚBLICO

1. CENTRALIZAÇÃO, DESCONCENTRAÇÃO E DESCENTRALIZAÇÃO

Qualquer que seja a forma que revistam, todos os estados prosseguem fins atinentes à organização e desenvolvimento da sociedade que, em última análise, têm em vista assegurar o desenvolvimento, o bem-estar e a continuidade histórica das comunidades nacionais. A condução política do país, a regulação das relações entre os cidadãos e entre eles e o Estado, a satisfação de necessidades gerais da população, o progresso social e económico, a segurança pública, a defesa nacional, a administração da justiça e as relações internacionais são objectivos cuja concretização se insere nas funções dos estados.

Contrariamente ao que se verificava na Idade Média, em que os monarcas concentravam todos os poderes soberanos (legislação, justiça, governo e administração), nos estados constitucionais surgidos nos Estados Unidos e na Europa na segunda metade do séc. XVIII as funções do Estado são exercidas por vários órgãos, segundo o princípio da separação de poderes: a representação da nação compete ao chefe do Estado; a função legislativa é exercida pelo parlamento; a função executiva, ou administrativa, cabe ao governo; e a função judicial está a cargo dos tribunais.

A forma como as funções legislativa e executiva são exercidas pelos estados varia, de acordo com critérios políticos: podem estar confiadas apenas a órgãos do Estado, ou o seu exercício ser repartido com outras pessoas colectivas públicas territoriais infraestaduais (Estados federais ou politicamente regionalizados). Além disso, em qualquer tipo de estado a função administrativa pode ser verticalmente repartida entre o nível central e um ou vários níveis (regional, local) de descentralização administrativa.

A centralização é um sistema característico de regimes autocráticos, em que toda a actividade administrativa do país é exercida pelo Estado, com exclusão de quaisquer outras entidades públicas. Nas democracias representativas não existe centralização em sentido absoluto; ela é um conceito relativo que se avalia pelo maior ou menor predomínio do Estado no exercício da função administrativa. Considera-se centralizado um estado que reserva para si um grande segmento da função administrativa, em particular as atribuições que, segundo o princípio da subsidiariedade, deviam ser prosseguidas por pessoas colectivas públicas de nível inferior.

Do ponto de vista histórico, a centralização tem um fundamento político. Foi ela que permitiu a criação da Monarquia Espanhola, no séc. XV, a consolidação da Monarquia Francesa, no séc. XVII, e a unificação da Alemanha, no séc. XIX. Em última análise, foi à sombra da centralização que nasceu o conceito de Estado-Nação, fruto da coincidência entre a soberania política e a ideia de unidade nacional. Nessa medida, pode dizer-se que só um estado forte e centralizado, como era a Alemanha em 1919, poderia ter criado o Estado Social no rescaldo de uma derrota militar e de uma guerra civil.

As reformas administrativas que a Europa experimentou a partir de meados do séc. XX são ajustamentos aos impactos causados pela instalação do Estado Social e pelo conflito ideológico que ele pretendeu resolver.

Aos nacionalismos europeus que despoletaram a Primeira Guerra Mundial opunha-se o internacionalismo marxista que com o lema "Operários de todo o mundo, uni-vos!" guiou revoluções populares em várias partes do mundo. Pelo momento em que ocorreu (em plena Primeira Guerra Mundial) e pelo inimigo que derrotou (o secular e poderoso Império dos czares da Rússia), a Revolução Bolchevique (Out.-Nov. 1917) fez tremer os estados europeus e originou a guerra civil alemã (1918-1919) que levou os comunistas ao poder na Baviera.

Para desmobilizar as massas populares e combater a tentação do "socialismo dos sovietes", a Constituição de Weimar (1919) ofereceu aos operários alemães o longo catálogo de novos direitos do novo Estado Social europeu. A partir daí, o Ocidente tornou mais decente a exploração do homem pelo homem e ficou à espera que as liberdades burguesas, os direitos sociais e o consumismo resolvessem a seu favor essa guerra ideológica. O que, aliás, veio a acontecer.

Porém, a gestão do novo Estado Social provocou a expansão do aparelho administrativo dos estados e impôs a substituição do antigo modelo centralizado. Foi este o sentido geral das reformas realizadas desde a segunda metade do séc. XX.

A centralização é um sistema em que, tendencialmente, toda a actividade administrativa do país é exercida pelo Estado e pela administração central. Mas critérios de ordem técnica e geográfica podem aconselhar que determinados poderes administrativos sejam desconcentrados em serviços hierarquicamente dependentes dos governos, instalados em diversas áreas do território nacional. A desconcentração territorial corresponde à repartição "horizontal" dos poderes administrativos do Governo por órgãos seus subalternos, dele dependentes, criados segundo critérios geográficos.

As atribuições dos serviços desconcentrados podem ser de âmbito sectorial, como sucede entre nós com as direcções distritais de Finanças ou as direcções regionais da Educação ou da Agricultura, ou de âmbito plurissectorial, como se verifica com as Comissões de Coordenação e Desenvolvimento Regional.

A administração desconcentrada tem sobre a centralizada a vantagem de permitir maior eficácia e economia, por estar mais directamente em contacto com as realidades locais e regionais, conhecer melhor as necessidades das populações e poder satisfazê-las mais rapidamente. No entanto, em qualquer delas as decisões são tomadas pelo Governo ou por funcionários seus, sem participação das comunidades a quem elas se dirigem. A concentração e a desconcentração têm, portanto, um pressuposto comum: a hierarquia. A diferença entre elas é de tipo, e não de género.

No entanto, o processo económico e a dinâmica social encarregaram-se de pôr em causa os antigos edifícios institucionais e, por isso mesmo, também o Estado Social teve que fazer ajustamentos políticos de vária ordem. Os novos direitos sociais e económicos, a expansão da função administrativa do Estado, a valorização dos direitos dos cidadãos e a protecção constitucional do princípio democrático impuseram aos estados a realização de reformas legislativas tendentes a transferir o exercício de parte da função administrativa para outras pessoas colectivas infraestaduais, dotadas de atribuições próprias, de órgãos representativos próprios e de autonomia (administrativa, regulamentar e financeira). É nisto que consiste a descentralização: um sistema em que a função administrativa é exercida não só pelo Estado, mas também por outras pessoas colectivas de base territorial, como é o caso das autarquias locais e das regiões autónomas.

A descentralização – termo que só em 1830 surgiu na língua francesa – é um corolário do princípio democrático, segundo o qual a parcela da função administrativa relativa à satisfação de necessidades próprias de colectividades territoriais infraestaduais deve ser exercida por órgãos eleitos pelos seus membros. A descentralização territorial concretiza a repartição "vertical" do poder público, através da transferência de poderes do Estado para pessoas colectivas de base territorial, dotadas de autonomia e de órgãos próprios – as autarquias locais.

Os pressupostos da descentralização administrativa são a personalidade jurídica e a autonomia das autarquias locais. Para que exista descentralização não basta existir uma pessoa colectiva pública distinta do Estado; é necessário que ela seja autónoma em relação a ele. Mas, se é verdade que a descentralização administrativa não existe sem autonomia, também esta não existe sem aquela, uma vez que a autonomia local tem um duplo conteúdo: a *liberdade de fazer*, inerente à personalidade jurídica da autarquia (capacidade de gozo), e a *capacidade de fazer*, decorrente dos poderes que lhe são conferidos e dos recursos de que dispõe (capacidade de exercício).

A descentralização administrativa assenta nos pilares geográfico, político, económico e sociológico que suportam a organização da administração territorial autónoma. É por isso que a atribuição de novos poderes às Administrações locais e regionais depende da dimensão territorial das autarquias receptoras (elemento geográfico), da legitimidade dos seus órgãos (elemento político), da sua capacidade financeira (elemento económico), mas também do grau de autonomia e organização da sociedade civil em relação ao Estado (elemento sociológico).

Parecem evidentes os benefícios de uma administração pública descentralizada. Em breves palavras pode dizer-se que a primeira vantagem deriva do seu contributo para o desenvolvimento político, em razão da divisão vertical do poder e da partilha do seu exercício entre níveis territoriais distintos. O segundo benefício traduz-se no fortalecimento da sociedade civil, no exercício dos direitos de cidadania e na prática da democracia pluralista a nível local. Uma terceira vantagem da descentralização advém do seu contributo para o desenvolvimento económico das comunidades locais, por força da participação de empresas locais e regionais na concretização de projectos realizados ao abrigo de poderes descentralizados.

Pese embora o benefício que a descentralização administrativa pode representar no desenvolvimento dos estados e na vida das suas comunidades, ela tem limites que derivam, antes de mais, da soberania dos estados, sejam eles de tipo federal, regionalizado ou unitário. Ou seja, a descentralização não pode ter por objecto os poderes de soberania, sob pena de uma autarquia adquirir a forma de um Estado. Um segundo limite à descentralização releva do princípio da igualdade, impondo-se que o Estado não abdique do exercício de funções normativas e reguladoras a nível nacional destinadas a colocar todos os cidadãos em posição de paridade no acesso a bens e serviços essenciais. Um terceiro limite à descentralização administrativa é imposto pelo grau de aptidão das autarquias para o exercício de novas funções. A transferência de novas competências não deve ser feita de forma uniforme e indiscriminada; requer a avaliação da capacidade técnica e financeira das autarquias, implica a sua diferenciação funcional e pode mesmo exigir a criação de novas formas de organização autárquica, de modo a que esses poderes sejam exercidos por entidades que reúnam condições para o efeito.

Importa, finalmente, distinguir a descentralização administrativa da descentralização política. A primeira é própria dos estados unitários e consiste em o Estado, por razões económicas ou de eficiência, transferir poderes administrativos para autarquias criadas por lei. Pelo contrário, a descentralização política é própria dos estados federais e dos estados com regiões autónomas e assenta no reconhecimento pelo Estado de autonomia política, incluindo poder legislativo e fiscal, a colectividades territoriais infraestaduais.

Cumpre, no entanto, distinguir os estados federais dos estados politicamente regionalizados, que são uma realidade historicamente mais recente. Nos estados federais (Estados Unidos, Brasil, Suíça, Alemanha, etc.) as entidades federadas, qualquer que seja a sua designação constitucional, não gozam somente de autonomia legislativa e fiscal, mas também de autonomia constitucional, sendo dotadas de constituições próprias, embora respeitando a Constituição federal; são titulares de todas as atribuições político-administrativas não conferidas à federação e participam na legislação e no governo a nível federal através da "câmara alta" do parlamento bicameral federal, que as representa.

Nos estados politicamente regionalizados (Espanha, Itália, Reino Unido), as regiões autónomas, com esse ou outro nome, embora sendo dotadas de autonomia legislativa e fiscal e de órgãos de governo próprio, não dispõem de autonomia constitucional (visto que o seu estatuto político é aprovado pelo parlamento nacional) nem integram, necessariamente, uma câmara representativa no parlamento nacional.

Note-se que, além dos estados politicamente regionalizados no todo ou na maior parte (Espanha, Itália e Reino Unido), outros estados existem com uma ou mais regiões autónomas apenas numa pequena parcela do território, como é o caso de Portugal (Açores e Madeira).

As regiões autónomas, que são fenómenos de descentralização política, devem distinguir-se das regiões administrativas, que constituem somente um fenómeno de descentralização administrativa, como sucede com as autarquias regionais previstas na Constituição portuguesa para o território do Continente. Existem ainda as regiões como circunscrições territoriais de administração desconcentrada do Estado, através de serviços de âmbito regional, como sucede entre nós com as administrações regionais de Saúde ou com as Comissões de Coordenação e Desenvolvimento Regional.

2. A AUTONOMIA LOCAL

A palavra "autonomia" segue o étimo grego *autóc* (próprio) e *nómos* (lei) e significa a possibilidade de fazer normas ou regras para si próprio.

O primitivo conceito de autonomia assentou no reconhecimento de um direito de autogoverno de pessoas colectivas públicas distintas do Estado. Mas, por influência das teorias organicistas do séc. XIX, esse conceito evoluiu do sentido material de autodeterminação para o sentido orgânico de entidade distinta do Estado *stricto sensu* e dotada do direito e da capacidade de se auto-administrar. Surgiu assim a palavra "autarquia", com o étimo grego *autapxia*, composto de *autóc* (próprio, si mesmo) e *apxw* (comandar), que o juspublicista italiano Santi Romano usou pela primeira vez em 1897 para qualificar o ente de direito público autónomo do Estado.

Na raiz de "autarquia" está, portanto, a mesma ideia de autonomia, de auto-comando, de governo próprio, aplicável a todos os entes públicos autónomos de base territorial, dotados de órgãos representativos dos seus membros. O aditamento do elemento "local" que compõe a expressão "autarquia local" serviu para atribuir sentido territorial à autonomia territorial, qualquer que seja a sua forma institucional. O maior ou menor âmbito material e geográfico da autonomia atribuída a esses entes públicos é o critério que permite distinguir os três níveis clássicos de autarquia territorial: inframunicipal, municipal e supramunicipal. A noção de "autarquia territorial" não compreende as figuras das regiões autónomas (dotadas de autonomia política, a começar pelos poderes legislativos) e dos estados federados (dotados de autonomia política e constitucional) [1].

[1] Na análise dos níveis de governo dos estados da Europa, feita na Parte II deste livro, encontraremos numerosos exemplos desses diferentes níveis de autonomia territorial.

O âmbito material da autonomia local desdobra-se nos seguintes conteúdos:

- *Autonomia jurídica*, conferida pelo reconhecimento da personalidade jurídica própria de cada autarquia (capacidade de contratar, de ser sujeito de relações jurídicas, de estar em juízo, etc.), distinta da personalidade jurídica do Estado;
- *Atribuições próprias*, exclusivas ou não, definidas por via de cláusula geral ou por enumeração legal;
- *Autogoverno*, derivado da existência de órgãos próprios, dotados de legitimidade democrática, incluindo uma assembleia representativa eleita directamente pela respectiva população;
- *Autodeterminação*, inerente à capacidade de as autarquias decidirem a estratégia da sua acção e as formas de concretizarem as opções tomadas;
- *Autonomia normativa*, resultante do poder de aprovarem normas próprias (poder regulamentar) que disciplinem a prossecução de certos interesses públicos, de acordo com as suas especificidades;
- *Autonomia administrativa stricto sensu*, como capacidade de praticar actos jurídicos sujeitos apenas ao controlo de legalidade dos órgãos do Estado, mas não a um controlo de mérito ou de oportunidade;
- *Autonomia financeira*, que, não significando necessariamente auto-suficiência financeira, confere à autarquia o direito de dispor de receitas próprias e de as afectar às despesas livremente inscritas nos seus orçamentos.

A autonomia local traduz-se numa *reserva funcional* reconhecida por lei às autarquias locais, que se concretiza num núcleo essencial de atribuições e poderes de autorregulação.

A extensão e intensidade da autonomia territorial depende essencialmente da amplitude das suas atribuições e da sua autonomia financeira. O seu grau de concretização difere de estado para estado, de acordo com a natureza dos regimes políticos, as tradições administrativas nacionais e a organização dos sistemas institucionais.

Por outro lado, o grau de protecção da autonomia local também não é o mesmo em todos os estados: nuns tem simples protecção legal; noutros tem consagração constitucional; e noutros é matéria excluída da revisão constitucional.

O Estado português confere protecção constitucional à autonomia local e inclui-a nos limites materiais de revisão da Constituição [2]. No entanto,

[2] Cf. art. 288º, al. n) da CRP.

a extensão relativamente limitada das suas atribuições e a substancial dependência financeira das autarquias portuguesas não é de molde a assegurar-lhes uma plena autonomia. A longa tradição centralista do Estado português, a crescente magnitude do seu aparelho administrativo e a uniformidade do estatuto e das atribuições dos municípios explicam a reduzida autonomia da nossa Administração local.

Este facto coloca mal Portugal no contexto dos estados da Europa ocidental. Basta referir que a transferência dos impostos para os nossos municípios representa metade da média europeia; a sua despesa corresponde apenas a 15% do total da despesa pública nacional, longe da média europeia de 29%; e as receitas municipais valem apenas 17% do PIB, percentagem muito inferior aos 32% de média europeia.

3. A CARTA EUROPEIA DA AUTONOMIA LOCAL

A autonomia local mereceu reconhecimento internacional através de um tratado designado Carta Europeia da Autonomia Local, elaborado no âmbito do Conselho da Europa. Tendo sido aberto à assinatura dos seus Estados-membros em 15 de Outubro de 1985, a Carta já foi ratificada por todos eles. Por força da sua aprovação e ratificação pelo Estado português em Outubro de 1990, a Carta Europeia da Autonomia Local vigora, desde então, na ordem jurídica nacional e vincula o legislador interno.

O artigo 3º, nº 1, da Carta define a autonomia local como "o direito e a capacidade efectiva de as autarquias locais regulamentarem e gerirem nos termos da lei, sob a sua responsabilidade e no interesse das respectivas populações, uma parte importante dos assuntos públicos."

Da conjugação do "direito" com a "capacidade efectiva" retira-se que a Carta quis que o poder de regulação e gestão dos interesses públicos postos a cargos das autarquias locais *(a liberdade de fazer)* fosse acompanhado dos meios humanos, técnicos e financeiros necessários ao seu efectivo exercício *(a capacidade de fazer)*. Por outro lado, a expressão "uma parte importante dos assuntos públicos", contida naquela norma, inculca que o Estado deve reservar à administração autárquica um leque alargado de atribuições e poderes funcionais adequado à concretização da autonomia local, em conformidade com o princípio da subsidiariedade consagrado no nº 3 do artigo 4º da Carta.

Por sua vez, a Carta condiciona o reconhecimento da autonomia local à existência de representação democrática. Estabelece o nº 2 do seu artigo 3º que o direito da autonomia local "é exercido por conselhos ou assembleias [3]

[3] Esta dupla qualificação dos órgãos representativos deve-se ao facto de eles serem designados *conselhos* nuns estados e *assembleias* noutros.

compostos por membros eleitos por sufrágio livre, secreto, igualitário, directo e universal, podendo dispor de órgãos executivos que respondem perante eles." Resulta desta norma que a Carta Europeia da Autonomia Local não exige que as autarquias locais tenham um órgão executivo distinto do deliberativo, e, como veremos abaixo, isso verifica-se nalguns países da Europa.

Em matéria de efectivação da autonomia local, o nº 2 do artigo 9º da Carta instituiu o princípio da suficiência ou da proporcionalidade dos meios financeiros relativamente às atribuições conferidas às autarquias locais, respaldando desse modo a sua reivindicação de mais recursos financeiros.

A Carta salvaguarda ainda a autodeterminação das autarquias locais, garantindo a liberdade de decisão dos seus órgãos em matéria de opções gestionárias (art. 4º, nº 2, e art. 7º, nº 1) e restringindo o controlo do Estado a uma tutela de mera legalidade (art. 8º, nº 2). Finalmente, o artigo 5º da Carta garante a estabilidade territorial das autarquias, ao exigir a consulta prévia da respectiva população em caso de alteração dos seus limites geográficos, por fusão ou desmembramento.

A verificação pelo Conselho da Europa do cumprimento da Carta Europeia da Autonomia Local pelos estados signatários é feita através de medidas de *controlo oficioso*, da iniciativa do Conselho da Europa, e de *controlo a pedido*, mediante queixa de qualquer autarquia local contra o respectivo Estado. Essas medidas são monitorizadas pelo Congresso dos Poderes Locais e Regionais da Europa – um órgão do Conselho da Europa composto por eleitos locais e regionais dos estados membros – que no exercício dessas funções é assistido por um comité técnico designado Grupo de Peritos Independentes do Conselho da Europa, constituído por académicos e investigadores das áreas do Direito Público e da Administração Local, designados pelo Secretário Geral dessa organização em representação dos respectivos países [4].

[4] O autor é membro desse Grupo de Peritos deste a sua criação, em 1993.

4. O PRINCÍPIO DA SUBSIDIARIEDADE

Etimologicamente, "subsidiariedade" provém do latim *subsidium* (assistência, auxílio) e *subsidiarius* (secundário, supletivo, auxiliar). O sentido geral do termo remete, portanto, para a ideia de complementaridade.

Em sentido político, o princípio da subsidiariedade designa duas realidades diferentes.

A primeira é a ideia de subsidiariedade do Estado *(lato sensu)* em relação à sociedade civil (subsidiariedade "horizontal"), que é um produto da primeira doutrina social da Igreja, defensora do primado da pessoa humana sobre a actividade dos estados. Tomado neste sentido, a formulação doutrinária do princípio da subsidiariedade teve a sua génese na obra de São Tomás de Aquino. É a este notável teólogo medieval que devemos os fundamentos mais remotos da doutrina da limitação do poder político e dos Direitos do Homem.

A ideia tomista de que "o homem não se integra na comunidade política com todos os aspectos do seu ser" está na origem da mais importante dicotomia do pensamento moderno ocidental: a distinção entre Estado e sociedade civil. Foi a partir dessa premissa que o princípio da subsidiariedade foi desenvolvido por Leão XIII, na encíclica *Rerum Novarum* (1891), e por Pio XI, na *Quadragesimo Anno* (1931) como factor de protecção do indivíduo e dos corpos sociais intermédios e de limitação das atribuições e poderes do Estado *(lato sensu)*, mas também como instrumento de afirmação do poder espiritual da Igreja Católica face ao poder político.

Contrariando a burocracia e a concentração de poderes numa mesma autoridade, o princípio da subsidiariedade atribui ao Estado uma função meramente auxiliar e supletiva da sociedade civil. Segundo ele, o Estado não deve intervir na sociedade para além do necessário ao seu equilíbrio, cabendo-lhe, porém, fazê-lo quando ela não consegue satisfazer autonomamente as suas necessidades.

O desenvolvimento doutrinário do princípio da subsidiariedade não foi alheio ao pensamento reformista dos teóricos do Liberalismo político dos sécs. XVII e XVIII, nomeadamente de John Locke, em Inglaterra, e Montesquieu, em França, a quem se deve a formulação da teoria do governo consentido e do princípio da separação de poderes.

A segunda perspectiva do princípio da subsidiariedade, mais tardia do que a primeira, tem a ver com as relações entre os diversos níveis territoriais do poder público, defendendo a ideia de que os níveis superiores, e nomeadamente o Estado *(stricto sensu)*, só devem ocupar-se das tarefas públicas que as colectividades públicas menores, designadamente os municípios, não consigam levar a cabo (subsidiariedade "vertical").

No plano normativo, o princípio da subsidiariedade, com o segundo sentido indicado, foi integrado no direito internacional dos nossos dias pela Carta Europeia da Autonomia Local (1985), antes, portanto, da sua inclusão no direito comunitário pelo Tratado da União Europeia (1992), para regular a repartição de tarefas entre a UE e os Estados-membros.

Segundo a Carta, as decisões administrativas devem ser tomadas pela autoridade pública mais próxima dos seus destinatários, apenas devendo intervir o nível administrativo superior quando isso seja indispensável. É o que estabelece o artigo 4º, nº 3, da Carta, ao estatuir que "o exercício das responsabilidades públicas deve incumbir, de preferência, às autoridades mais próximas dos cidadãos". E aquela norma refere ainda que "a atribuição de uma responsabilidade a uma outra autoridade deve ter em conta a amplitude e a natureza da tarefa e as exigências de eficácia e economia."

O princípio da subsidiariedade, no seu sentido "vertical", está também hoje consagrado na Constituição portuguesa (art. 6º), sendo, portanto, um princípio estruturante da descentralização territorial em Portugal. Mas é evidente que esse princípio está longe de se encontrar realizado entre nós, tendo em conta, por exemplo, o monopólio do Estado na prestação dos serviços públicos de saúde, de educação e de fomento agrícola e o controlo que exerce nos sectores do ordenamento do território, do ambiente, dos transportes, da formação profissional, dos parques naturais e da gestão dos rios. A falta de autarquias regionais, entre o Estado e os municípios, contribui também para esta centralização excessiva do Estado em Portugal, dada a falta de "escala" dos municípios para o desempenho de tarefas que, estando hoje confiadas ao Estado, poderiam ser mais bem desempenhadas por autarquias de maior fôlego.

PARTE II

ORGANIZAÇÃO POLÍTICO-ADMINISTRATIVA DOS PAÍSES EUROPEUS

1. ELEMENTOS COMUNS OU CONVERGENTES

Como veremos abaixo, são relativamente poucos os estados europeus que recorrem a formas de descentralização política (federal ou regional). Quanto à descentralização administrativa, nem todos os países europeus têm regiões, províncias ou distritos – ou seja, autarquias supramunicipais – e muito poucos têm autarquias inframunicipais, como as nossas freguesias. Mas todos têm municípios!

O elemento orgânico mais comum aos sistemas administrativos dos estados da Europa é o *município*. Que característica especial tem este elemento para conseguir uma tão grande unanimidade? A resposta vem-nos da teoria naturalista do municipalismo, para a qual o município é uma extensão do núcleo fundador da sociabilidade humana – a família. O município concretiza a natureza social do homem por ser a forma de organização natural da sua sedentariedade. É isto que explica a estabilidade que ele mantém há milhares de anos em toda a Europa.

A palavra "município" faz parte do legado cultural e etimológico da Roma Antiga. "Município" tem os étimos latinos *munis* (com uma raiz sânscrita *ma* que significa apto, capaz) e *munio* (fortificado). Latina é também a palavra *municeps* (o que tem deveres, o que está vinculado). O *municipium* latino era, portanto, a povoação fortificada habitada por comunidades de cidadãos do Império Romano (*municeps*).

O Império expandiu esta forma de organização política por toda a Europa romanizada como forma de atribuir a cidadania romana aos povos colonizados. Nalguns países o vocábulo ganhou designações correspondentes: "commune" – o município francês – tem étimo no Latim medieval *communia* (comum, partilhado por muitos), formado pelos elementos *com* (reunir) e *munis* (capaz).

Nascido na Europa, o Município afirmou-se noutros continentes através da colonização promovida por vários países europeus.

Apesar da sua presença universal, os municípios variam muito de país para país, sobretudo quanto à sua dimensão populacional e territorial, quanto às suas atribuições e quanto ao seu sistema de governo.

A administração territorial dos estados da Europa insere-se em sistemas que, apesar da sua heterogeneidade, têm vários elementos comuns na generalidade dos países. O primeiro é a uniformidade da divisão administrativa herdada da Revolução Francesa, que repartiu o território dos estados em circunscrições do mesmo tipo. Um segundo elemento comum é o princípio electivo que, de certa forma, foi uma reacção de índole liberal aos excessos autoritários do jacobinismo francês, impondo a eleição dos órgãos representativos das autarquias por sufrágio directo e universal. A estes dois elementos criados pela doutrina francesa juntaram-se outros dois inspirados pela doutrina alemã. São eles o reconhecimento da personalidade jurídica própria das autarquias locais e regionais, enquanto entidades distintas do Estado, e a concepção de que elas são o lugar privilegiado de encontro da sociedade com os poderes públicos e a base institucional do princípio da subsidiariedade.

Um traço incontornável das autarquias territoriais da Europa é a sua base democrática, por efeito da Carta Europeia da Autonomia Local e da comum pertença ao Conselho da Europa. A democracia local e regional assenta num órgão deliberativo (assembleia ou conselho) eleito por sufrágio directo e universal – e, em geral, por via proporcional – das autarquias em causa, assim como na eleição directa do órgão executivo ou sua designação pelo órgão deliberativo eleito. O órgão executivo pode ser uninominal, como sucede em muitos estados, ou colegial, como se verifica entre nós.

A autonomia das autarquias territoriais não significa total independência face ao Estado no desempenho dos seus poderes. Existe, por via de regra, um certo controlo estadual sobre as autarquias locais – entre nós designado por poder de tutela – o qual, porém, deve limitar-se ao controlo de legalidade, sob pena de cerceamento da autonomia autárquica. Esse poder de controlo pode ser exercido a nível central ou a nível territorial desconcentrado, por intermédio de autoridades periféricas do Estado.

Sem embargo dos elementos comuns à organização territorial da Europa, os sistemas administrativos dos países europeus caracterizam-se por uma grande diversidade na nomenclatura e designação dos entes autónomos, nas suas atribuições e poderes e na sua relação com o Estado. Em comum têm apenas dois aspectos: em todos eles o Estado é o nível superior da pirâmide institucional, e todos eles dispõem de um nível básico de administração autónoma designado *município*, ou a ele correspondente. Como veremos, o que diferencia a descentralização territorial dos estados da Europa é, sobretudo, o nível político intermédio entre o Estado e os municípios, que, de forma abrangente, podemos designar por nível *regional*.

A configuração dos estados modernos é produto de um vasto conjunto de elementos históricos, políticos e culturais. A raiz étnica dos povos ancestrais que povoaram os territórios europeus; as lutas de libertação e as guerras autonómicas; as minorias étnicas e religiosas dos grandes impérios europeus; as guerras religiosas que dividiram estados culturalmente assimétricos; o tempo e o modo da conquista das independências nacionais; a persistência das fronteiras de antigos reinos medievais – tudo isso são legados do passado que contribuíram para a organização das nações da Europa.

Mas independentemente das suas vicissitudes particulares, a história dos estados foi construída ao longo de séculos com base em dois grandes pilares: a identidade nacional e a autonomia política. Ora, é precisamente a identidade colectiva e a autonomia administrativa que explicam também a existência de autarquias territoriais, qualquer que seja o seu tipo.

2. ESTADOS FEDERAIS

ALEMANHA

População – 83 020 000 hab.
Área – 357 340 km2

Nota histórica

Um dos mais importantes efeitos políticos da Guerra dos Trinta Anos (1618-1648) foi a devastação dos territórios alemães do Sacro Império Romano-Germânico e a sua divisão em numerosos principados que se mantiveram independentes durante mais de século e meio, sob a égide príncipes-eleitores a quem cabia eleger o imperador.

A criação da Confederação do Reno (1806) por 16 dos maiores principados no decurso das Guerras Napoleónicas, seguida da sua integração na Confederação Germânica fundada no Congresso de Viena de 1814, tornou-os uma potência internacional sem perderem a sua soberania. A influência do ideário da Revolução Francesa gerou sentimentos nacionalistas e liberais no seio dessas unidades políticas independentes, reforçando a sua autonomia e impedindo que elas se diluíssem no seio do Império Alemão. Ora, é precisamente sobre esses principados medievais que assenta a base política e territorial do federalismo alemão.

A Revolução Bolchevique (Out.-Nov. 1917), a derrota do Império Alemão na Primeira Guerra Mundial e a crise económica que se lhe seguiu criaram um clima social propício ao eclodir da Revolução socialista alemã de 1918-19, que deu aos comunistas alemães o controlo político da Baviera. Apesar de curta [5], a República Socialista da Baviera abalou os alicerces do Império e levou-o a reagir.

Reunida em Weimar durante escassos meses de 1919, uma assembleia constituinte elaborou e aprovou uma Constituição que instituiu na Alemanha uma

[5] A Republica Socialista da Baviera foi extinta pela intervenção armada dos *Freikorps*, grupos paramilitares alemães formados na sequência da derrota da Alemanha na Primeira Guerra Mundial.

república democrática parlamentar, deu protecção aos direitos fundamentais e consagrou um vasto conjunto de direitos sociais. Nascia, assim, a Constituição de Weimar e, com ela, o Estado Social democrático europeu. Dois anos após a Revolução Bolchevique, a Constituição de Weimar foi a resposta do capitalismo alemão ao socialismo soviético. Nela se inspiraram as Constituições dos estados democráticos e sociais do séc. XX.

A Constituição de Weimar teve também a virtude de normalizar o proto-federalismo alemão, até então polarizado na supremacia da Prússia sobre os outros estados do Império. Mas cedo se revelou o desgaste político da República de Weimar devido não só às pressões descentralizadoras dos estados regionais, mas sobretudo à humilhação causada pelas indemnizações de guerra impostas à Alemanha pelas potências vencedoras da Primeira Guerra Mundial. O agravamento da situação social do país com a crise económica de 1923 e a Grande Depressão de 1929 abriu as portas do poder ao Partido Nacional Socialista. Após a morte do presidente Paul von Hindenburg (23. Mar. 1933), o chanceler Adolfo Hitler dissolveu o parlamento federal, suprimiu o federalismo e instaurou uma feroz ditadura militar.

Hitler chega ao poder dominado pela ideia de restaurar a pureza racial do antigo povo ariano, e projecta a formação de um novo império no Leste europeu dominado pela "raça superior" alemã.

A sua campanha pangermanista iniciou-se com a anexação da Áustria (o *Anschluss*), em Março de 1938. Mas a dissolução do Império Austro-Húngaro, ocorrida em 1918, tinha dado origem a vários novos estados multiétnicos independentes, alguns dos quais com forte concentração de populações alemãs. Um deles era a Checoslováquia, em cujas zonas norte e oeste se concentrava um grupo minoritário de etnia alemã – os Sudetos.

A pretexto de pôr fim às privações de que os Sudetos eram vítimas, Hitler obteve luz verde dos outros líderes europeus para ocupar a Checoslováquia. Estados como o Reino Unido, a França e a União Soviética assistiam paralisados às conquistas relâmpago dos exércitos nazis [6]. A sua reacção só surgiu

[6] Na sua obra "As Consequências Económicas da Paz", publicada em 1919, o economista inglês John Keynes condenou as indemnizações de guerra aplicadas à Alemanha no Tratado de Versalhes, admitindo que ela não se conformaria com a dureza dessas sanções e prevendo com extraordinária precisão que uma próxima guerra começaria dentro de 20 anos. O enorme impacto dessa obra de Keynes contribuiu para a formação de uma má-consciência entre as potências ocidentais que as levou a contemporizar com a política de Hitler e a retardar a reacção ao seu plano expansionista.

quando Hitler invadiu a Polónia (1. Set.1939). Foi esse acontecimento que ateou o rastilho da Segunda Guerra Mundial. Seguiram-se seis anos de ferozes combates que conduziram a Alemanha a uma nova derrota, com um rasto de 70 milhões de mortos nos vários teatros de guerra.

Em Maio de 1945, a guerra na Europa chega ao fim e a Alemanha é ocupada pelas principais potências vencedoras. Desta vez as sanções seriam, sobretudo, políticas e territoriais. O país e a sua capital – Berlim – são divididos pelos Aliados em quatro zonas de ocupação militar. Quatro anos depois, Reino Unido, França e Estados Unidos da América fundem os seus sectores, criam a República Federal da Alemanha e dotam-na de uma nova Constituição, conhecida por Lei Fundamental de Bona (23. Maio.1949).

A reacção de Moscovo não se fez esperar. Em 7 de Outubro desse ano, os sectores alemão e berlinense por si ocupados são transformados na República Democrática Alemã, onde passa a vigorar um regime socialista de tendência soviética.

Um muro de betão e arame farpado passou a dividir as duas Alemanhas. A Leste, um estado unitário de economia socialista, com capital na metade oriental de uma cidade igualmente dividida pelo tristemente célebre Muro de Berlim; a Oeste, um estado federal de economia capitalista, com capital em Bona. Após o colapso da República Democrática Alemã, a reunificação alemã (1990) estendeu a todo o país o sistema federal e a Constituição da Alemanha Ocidental.

A organização político-administrativa da Alemanha compreende quatro níveis de governo: a Federação, as entidades federadas *(Länder)*, os distritos municipais *(Kreise)* e os municípios (*Gemeinden*).

A Federação

Um dos efeitos políticos da reunificação da Alemanha foi a extensão da aplicação da Constituição federal de 1949 ao território da ex-República Democrática Alemã.

O art. 20º da Lei fundamental declara a Alemanha um estado federal, democrático e social. São três os princípios orientadores da organização da Federação:

- O princípio do federalismo, segundo o qual os *Länder* são entidades constituintes da Federação, dotadas de autonomia política, incluindo Constituição própria;

- A autonomia local, que garante às autarquias locais a titularidade de direitos próprios;
- O princípio da separação de poderes, segundo o qual as funções legislativa, executiva e judicial do Estado são exercidas por diferentes órgãos.

A Alemanha tem um sistema de governo parlamentar [7].

A Federação é representada pelo Presidente da República (*Bundespräsident*) que, nos termos do artigo 54º da Constituição, é eleito para um mandato de cinco anos por um colégio eleitoral (*Bundesversammlung*) composto por membros do *Bundestag* e por um número igual de representantes dos *Länder*. O Presidente federal exerce funções meramente honoríficas e de representação do Estado.

O poder legislativo é exercido pelo Parlamento bicameral federal constituído pela Dieta Federal (*Bundestag*), composta por 709 deputados eleitos de quatro em quatro anos por sufrágio directo e universal, segundo um sistema proporcional misto, com poderes repartidos nalguns domínios com o Conselho Federal (*Bundesrat*), formado por 69 representantes dos 16 *Länder*, designados pelos respectivos órgãos.

O Governo é presidido pelo chanceler federal (*Bundeskanzler*), eleito pelo Parlamento federal; os ministros são nomeados e exonerados pelo Presidente federal, sob proposta do chanceler.

A Constituição federal alemã reserva à Federação os poderes de soberania – negócios estrangeiros, defesa, finanças, sistema bancário, justiça, a par de funções de âmbito nacional, como os correios e telégrafos e os transportes aéreos e ferroviários – e atribui aos *Länder* competência legislativa e administrativa para todas as matérias excluídas da reserva de competência da Federação.

[7] Serão muitas as referências que faremos daqui para a frente ao sistema de governo parlamentar, por ser o sistema de governo mais comum aos estados da Europa, embora com diferenças nacionais quanto ao seu funcionamento. Nele estão implícitas a legitimidade parlamentar do poder executivo, uma relação de confiança entre o poder legislativo e o poder executivo e a responsabilidade política deste perante o parlamento. O governo precisa do apoio parlamentar para subsistir, poder executar o seu programa e satisfazer o seu eleitorado; e a maioria parlamentar deseja que o governo não seja derrubado ou demitido, para que o equilíbrio partidário não se altere em eleições antecipadas.

As 16 entidades federadas *(Länder)*

Na Alemanha, as entidades constituintes da Federação chamam-se *Länder* (territórios), no singular *Land*. A Federação compreende 16 *Länder*, três dos quais – Berlim, Bremen e Hamburgo – são designados cidades-estado. São eles que formam o nível de governo regional do federalismo alemão [8].

A enunciação das entidades federadas não consta de qualquer artigo da Constituição; está inscrita no seu Preâmbulo pela seguinte forma: "Os alemães nos *Länder* de Baden-Würtemberg, Baixa Saxónia, Baviera, Berlim, Brandemburgo, Bremen, Hamburgo, Hesse, Mecklemburgo-Pomerânia Ocidental, Renânia do Norte-Vestefália, Renânia-Palatinado, Sarre, Saxónia, Saxónia-Anhalt, Schleswig-Holstein e Turíngia consumaram, em livre autodeterminação, a unidade e a liberdade da Alemanha."

É muito interessante verificar como a História deixou marcas na organização política da Alemanha: os limites dos *Länder* correspondem às fronteiras de antigos principados, ducados autónomos e feudos medievais. O Baden-Würtemberg reúne os dois ducados medievais do mesmo nome; a Baixa Saxónia correspondente ao ducado assim designado no séc. IX; a Baviera é o antigo Reino da Baviera, fundado no séc. VI pela tribo germânica dos Baiovarii; Berlim foi a capital do Reino da Prússia, do Império Alemão, da República de Weimar e do Terceiro Reich, com estatuto de cidade-estado; Bremen, uma das 100 cidades da antiga Liga Hanseática, é a segunda cidade-estado mais antiga do mundo, só ultrapassada pelo Estado de São Marino, e transporta consigo desde a Idade Média o nome oficial de *Freie Hansestadt Bremen* (Cidade Hanseática Livre de Bremen); Hamburgo recebeu no séc. XII, do imperador Frederico Barba Ruiva, o estatuto de "Cidade Livre Imperial", foi no séc. XIII uma das cidades fundadoras da Liga Hanseática e manteve sempre órgãos políticos próprios de cidade-estado; o Brandemburgo foi um principado fundado com esse nome no séc. XIII; o Hesse foi um grão-ducado medieval com origem no antigo Condado da Turíngia; o Mecklemburgo-Pomerânia Ocidental manteve o nome dos dois ducados fundados no séc. XI; a Renânia do Norte-Vestefália junta uma província do Reino da Prússia e um ducado do séc. XII; a Renânia-Palatinado é parte do Condado Palatino da Lotaríngia, fundado no séc. X; o Sarre foi um feudo do antigo Ducado

[8] As palavras "federal" e "federalismo" têm o étimo latino *foederatio* (aliado), derivado de *fides* (fé, confiança).

da Francónia [9]; a Saxónia corresponde ao Ducado da Saxónia fundado em território ocupado no séc. III pelo grupo étnico germânico dos Saxões; a Saxónia-Anhalt inclui o Principado de Anhalt-Bernburg, que no séc. XIII se autonomizou do Ducado da Saxónia e se manteve até ao séc. XIX; o Schleswig-Holstein junta o Ducado dinamarquês Schleswig, na península da Jutlândia, perdido a favor da Prússia na Guerra Dano-Prussiana, ou Guerra dos Ducados, de 1864, e integrado no Ducado alemão de Holstein; finalmente a Turíngia correspondente ao Condado da Turíngia, do séc. XIII. Todos esses territórios fizeram parte do Império Alemão.

Cada *Land* tem Constituição, parlamento, governo e sistema judicial próprios, compreendendo um tribunal constitucional. O parlamento, com a composição e mandato definidos na respectiva Constituição, é eleito por sufrágio directo e universal. As Constituições dos *Länder* estabelecem o processo de formação dos governos estaduais, que são politicamente responsáveis perante os seus parlamentos.

Nos termos da Constituição federal, a Federação apenas dispõe dos poderes de soberania enunciados na Lei fundamental. Por seu lado, os *Länder* são competentes em todos os sectores da governação que não sejam expressamente reservadas ao governo federal, designadamente o desenvolvimento económico, o planeamento e ordenamento do território, a educação e o ensino em todos os seus níveis, o sistema de saúde, a agricultura, o comércio, a indústria, as vias de comunicação, os transportes públicos, a cultura e a polícia. Os *Länder* gozam também de competência exclusiva em matéria de divisão administrativa do território, criação ou extinção de autarquias locais e regime jurídico dos municípios e dos *Kreise*, incluindo o estatuto dos eleitos locais e a tutela sobre as autarquias [10].

Os *Länder* são ainda responsáveis pela aplicação das leis federais e das decisões tomadas pelo governo federal em sectores da competência da Federação. Este sistema político tem reflexos na organização administrativa do Estado federal: como a execução de grande parte das decisões do governo federal está a cargo dos *Länder*, as estruturas administrativas do Estado federal são mais reduzidas do que em muitos outros estados da Europa.

[9] Durante a Revolução Francesa, o Sarre foi ocupado pela França. Esteve sob administração da Liga das Nações após a Primeira Guerra Mundial. Durante o nazismo, o Sarre foi o único território da Alemanha que não fez parte do Terceiro Reich.

[10] Por este motivo, o regime jurídico dos municípios alemães não é uniforme em todo o país.

Os distritos governamentais (*Regierungsbezirke*)

Para efeitos da sua própria administração, alguns *Länder* estão divididos num número variável de distritos governamentais (os *Regierungsbezirke*). A título de exemplo, refira-se que na cidade-estado de Berlim existem 12 distritos, a Baviera tem sete e os *Länder* do Hesse e da Renânia-Palatinado dividem-se em três.

Os distritos são unidades territoriais de administração desconcentrada de cada *Land*, presididas por um alto funcionário (*Regierungspräsident*) nomeado pelo respectivo governo. Não são, portanto, autarquias territoriais.

Os distritos exercem funções próprias do respectivo *Land*, como a contratação e gestão do pessoal docente das escolas municipais, o licenciamento das actividades comerciais, a construção de equipamentos públicos, a gestão dos transportes urbanos, a polícia regional e o apoio técnico e a tutela das autarquias locais, podendo ainda exercer competências delegadas pela Federação.

Em cada distrito federal existem vários distritos municipais (*Kreise*).

Os 295 distritos municipais (*Kreise*)

Existe nos sectores políticos alemãs a convicção de que, salvo excepções justificadas, os municípios devem ter um mínimo de 5 mil habitantes [11]. Para além disso, é pacífico o entendimento de que por razões de racionalidade económica os municípios com menos de 30 mil habitantes não devem prosseguir isoladamente certo tipo de atribuições. Surgiu assim a necessidade de agrupar os municípios de menor dimensão, para que algumas das suas funções fossem exercidas numa escala territorial mais vasta. Foi com este fundamento que foram criados os 295 distritos municipais (*Kreise*) com a natureza de associações de municípios de carácter obrigatório. Essas entidades designam-se *Kreise* quando associam municípios urbanos, e *Landkreise* quando agregam municípios rurais.

A grande maioria dos 11 020 municípios alemães está integrada nos distritos municipais. Leis dos *Länder* identificam os municípios que constituem os *Kreise*. Apenas as cidades com mais de 60 mil habitantes escapam à integração

[11] Na década de 1990, 58,2% dos municípios alemães tinham menos de 500 habitantes. Em 2002, Wiedenborstel era o mais pequeno município alemão, com apenas cinco habitantes.

em distritos municipais, sendo por isso designadas *Kreisfreiestadt*, ou seja, "cidades livres de *Kreis*".

Não existe qualquer relação hierárquica entre os municípios e os *Kreise*, uma vez que os seus órgãos gozam de autonomia e não exercem competências conjuntas nem alternativas. O princípio que norteia as competências dos *Kreise* é o de que eles apenas devem fazer o que cada município não deva fazer isoladamente. Os *Kreise* estão a meio caminho entre os municípios e os *Länder*: realizam atribuições dos dois níveis como o escalão mais baixo da administração dos *Länder* e o mais alto da administração local.

Instituições típicas do designado "federalismo cooperativo alemão", os *Kreise* são autarquias locais que exercem, simultaneamente, funções próprias dos municípios associados e funções dos *Länder*. Entre as primeiras conta-se a assistência social, a concessão de subsídios de primeiro emprego e benefícios fiscais aos jovens, a protecção contra incêndios, a construção de escolas e hospitais, a construção e manutenção das estradas intermunicipais, a aprovação de planos de ordenamento do território, a conservação dos parques naturais, a recolha e tratamento de resíduos urbanos, o fomento económico, a cultura e o turismo.

Os *Kreise* exercem também funções dos *Länder* em domínios especializados como a emissão de passaportes, a polícia, a fiscalização de obras, a tutela dos municípios, a autorização da exploração de transportes de passageiros, o registo civil, o registo automóvel, o controlo da qualidade dos alimentos, o registo de estrangeiros, a emissão de licenças de caça, a conservação do património histórico e o apoio técnico aos municípios na elaboração de projectos de obras e acompanhamento da sua execução. Relativamente a estas funções, os *Länder* exercem controlo de mérito sobre os *Kreise*.

À semelhança dos *Kreise*, também as "cidades livres de *Kreis*" exercem competências próprias dos municípios, a par de poderes dos *Länder*; a diferença é que o fazem sozinhas.

O sistema de governo dos *Kreise* é constituído por dois órgãos: a assembleia *(Kreistag)*, constituída por um número variável de membros, entre 26 e 129, eleitos de quatro em quatro anos por sufrágio directo, segundo o sistema proporcional [12], e o órgão executivo *(Kreisrat)*, formado pelo presidente do *Kreis* (*Landrat*) e por membros da assembleia em número variável.

[12] Nalguns estados, como o Hesse, a assembleia dos *Kreise* é constituída por representantes do *Land*, dos municípios e das cidades livres de *Kreis*.

A forma de designação do presidente obedece a regimes diferentes. Na maioria dos *Länder* o presidente dos *Kreise* é indigitado pelo primeiro-ministro do *Land*, podendo não ser membro da assembleia. No entanto, esta tem poderes de ratificação do nome indicado. Existem *Länder* onde a assembleia apresenta ao primeiro-ministro uma lista com um mínimo de três nomes e, após a sua aprovação, a lista é submetida à votação da assembleia. No caso particular da Baviera – cujo sistema eleitoral impõe a eleição directa dos presidentes dos municípios – o presidente do *Kreis* é eleito pela respectiva assembleia, mas não tem direito de voto por não ser eleito por sufrágio directo. Noutros *Länder*, o presidente é eleito pela assembleia de entre altos funcionários do *Kreis*.

O aparelho administrativo dos *Kreise (Landratsamt)* tem uma composição bicéfala, sendo constituído por funcionários da administração do *Kreis* e outros do respectivo *Land*. Na administração dos *Kreise* participam comissões formadas por membros da assembleia e peritos externos, com competência para estudar e instruir os procedimentos administrativos e tomar decisões nalgumas matérias, por delegação do órgão executivo.

O financiamento dos *Kreise* é feito pelos municípios e pelo *Land*, nesta parte mediante subsídios afectados a fins determinados. No domínio fiscal, os municípios têm impostos próprios, o que não sucede com os *Kreise*.

Os 11 020 municípios

O nível inferior de administração territorial é formado por 11 020 municípios (*Gemeinden*). Várias reformas territoriais realizadas nas últimas seis décadas reduziram a menos de metade o número de municípios alemães: os 24 272 existentes em meados do séc. XX baixaram para 12 340 no ano de 1970, reduziram para 11 481 em 2012, e estacionaram recentemente nos actuais 11 020 [13].

Apesar da diversidade dos estatutos municipais em vigor nos diferentes *Länder*, o núcleo de poderes comuns dos municípios alemães reparte-se por competências obrigatórias e facultativas. As obrigatórias compreendem a elaboração de planos de ocupação do solo e planos de urbanização, planeamento e gestão dos terrenos municipais, construção e manutenção

[13] Para essa redução contribuiu muito o estado de Brandemburgo, que entre 2000 e 2003 diminuiu o número dos seus municípios de 1 479 para apenas 421.

das estradas municipais, construção e conservação de escolas primárias, protecção civil, conservação e gestão das linhas de água, assistência social e apoio à juventude, construção de espaços desportivos e conservação dos cemitérios.

Por seu lado, as competências facultativas têm carácter complementar e respeitam à promoção da economia local, gestão de empresas de produção e distribuição de energia, equipamentos sociais, assuntos culturais, construção de habitação social, promoção do desporto e geminação com municípios estrangeiros. Estão sujeitas a autorização do *Land* as deliberações municipais relativas à venda de valores históricos e participação em sociedades anónimas.

A título de curiosidade refira-se que a emissão de licenças de construção não é da competência dos municípios, mas dos *Länder*. Nas grandes áreas urbanas essa competência é exercida pelos municípios por delegação do respectivo *Land*, e na restante área do país pela *Landratsamt* – a administração dos *Kreise* – por delegação do governo dos *Länder*.

O sistema de governo dos municípios é definido na Constituição de cada *Land*. Por essa razão existem diferentes regimes jurídicos de organização municipal, designadamente quanto à composição do órgão deliberativo, forma de designação do presidente do município, período de mandato e relação entre os órgãos.

São dois os órgãos dos municípios: o conselho municipal, composto por um número de membros muito variável, eleitos por sufrágio directo e universal pelo sistema proporcional para mandatos de duração igualmente distinta (seis anos na Baviera, e quatro na generalidade dos outros *Länder*), e o presidente do município, cujo estatuto é igualmente muito variado.

Essa diferenciação resultou da influência das potências vencedoras da Segunda Guerra Mundial, que aplicaram os seus sistemas nacionais à organização municipal dos territórios alemães que ocuparam entre o fim do conflito e a fundação da República Federal da Alemanha. Surgiram, assim, três sistemas diferentes:

- O sistema do conselho na Alemanha do Norte, de inspiração britânica: o conselho municipal concentra todos os poderes, cabendo-lhe eleger um presidente com funções meramente honoríficas.
- O sistema do *Magistrat* nos estados do Hesse e de Schleswig-Holstein, de origem prussiana: o conselho elege o seu presidente e nomeia o órgão executivo. Este órgão, designado *Magistrat*, é composto pelo presidente e pelos vereadores do município, sendo todos eles nomeados mediante

concurso para exercer funções executivas pelo período de seis anos (no Hesse), ou de seis a 12 anos (no Schleswig-Holstein). O presidente do *Magistrat* tem competência para representar o município, dirigir a sua administração e impugnar as deliberações do conselho que considere ilegais.

- O sistema do burgomestre na Alemanha do Sul, de inspiração francesa: o presidente é eleito directamente pela população e exerce um leque muito alargado de poderes próprios, isentos do controlo do conselho municipal.

À excepção dos municípios cujos presidentes são designados segundo o sistema do *Magistrat*, a administração municipal é coordenada por um alto funcionário nomeado pelo conselho municipal, com a designação de *Stadtdirector* (director municipal), a quem compete dirigir os serviços, exercer hierarquia sobre os funcionários, prestar assessoria aos órgãos municipais e assistir às suas reuniões.

Em caso de extinção de municípios que fiquem sem representação nos conselhos dos municípios em que estavam integrados, a sua população elege um porta-voz com direito de participação nas reuniões desses órgãos.

Na generalidade dos *Länder*, os municípios instituíram associações de moradores para a realização de benefícios e tarefas administrativas nos seus bairros.

Finalmente, refira-se que no *Land* da Renânia-Palatinado existem três municípios que estão divididos em pequenas autarquias dotadas de assembleias eleitas por sufrágio directo, cuja única função – desempenhada pelos próprios autarcas, por não disporem de funcionários – é gerir creches e pequenas escolas. São autarquias equivalentes às pequenas freguesias rurais portuguesas, mas com atribuições muito limitadas, correspondentes à sua reduzida dimensão.

As 11 regiões metropolitanas

Apesar de não estarem integradas em *Kreise*, as grandes cidades alemãs estão associadas aos municípios vizinhos no âmbito de 11 regiões metropolitanas (*Hauptstadtregion*). Berlim, Frankfurt, Colónia-Bona, Hamburgo, Munique,

Estugarda, Nuremberga e Vale do Rur são algumas dessas regiões metropolitanas. Estas unidades administrativas podem ser constituídas por municípios pertencentes a mais do que um *Land*: é o caso da Região Metropolitana Berlim-Brandemburg, que associa o *Land* de Berlim e municípios do vizinho *Land* de Brandemburg.

As regiões metropolitanas são associações de municípios destinadas ao exercício de competências municipais em sectores como o planeamento do território, recolha de lixos, abastecimento de água, tratamento de resíduos e esgotos e gestão dos parques urbanos.

A sua administração compete a uma assembleia intermunicipal, cujos membros representam os municípios constituintes, e a um órgão executivo formado por um director e três adjuntos, que nuns casos são eleitos pela assembleia, de entre os seus membros, e noutros são contratados por ela através de concurso público.

A Região Metropolitana de Frankfurt criou um órgão deliberativo especial, uma segunda assembleia formada por representantes dos 43 municípios associados, com competência exclusiva para a aprovação do plano de ordenamento do território metropolitano.

Por conseguinte, as regiões metropolitanas não constituem uma nova autarquia territorial, mas sim um tipo de entidade intermunicipal.

ÁUSTRIA

População – 8 857 960 hab.
Área – 83 879 km2

Nota histórica

Formada a partir do antigo Ducado da Caríntia, que deu o nome a um dos estados da federação austríaca, a Áustria foi o berço da Casa de Habsburgo, também chamada Casa de Áustria, uma monarquia multicentenária que governou grande parte da Europa entre o séc. XIII e o início do séc. XX. No contexto do feudalismo europeu, a Casa de Áustria celebrou, entre os sécs. XIII e XV, vários pactos com os ducados da Estíria, da Caríntia, do Carniola e do Tirol destinados a regular a relação de vassalagem entre os duques e o monarca. Vários desses antigos territórios fazem actualmente parte da Áustria.

No reinado de Fernando I (1503-1564) – arquiduque da Áustria, rei da Germânia e, mais tarde, imperador do Sacro Império Romano-Germânico – os Reinos da Boémia e da Hungria foram incorporados na Casa de Habsburgo, nascida no séc. XIII e sempre regida por homens, de acordo com a Lei Sálica, de Clóvis I (séc. V), que impedia que uma mulher ascendesse ao trono [14].

Prevendo que morreria sem descendentes masculinos, o imperador Carlos VI promulgou a Pragmática Sanção (1713), um édito destinado a permitir que a Casa de Áustria fosse regida por uma mulher. A vitória dos apoiantes de sua filha Maria Teresa na Guerra da Sucessão Austríaca (1740-48) confirmou a sua legitimidade como arquiduquesa da Áustria e rainha da Hungria e assegurou a indivisibilidade das possessões dos Habsburgo.

[14] Coube a Clovis, primeiro rei dos Francos entre 481 e 511, instituir a primitiva forma de monarquia medieval, submetendo os chefes tribais à autoridade de um único rei. O Código de leis francas aprovado no seu reinado com a designação de Lei Sálica estabeleceu que a sucessão no trono caberia aos seus descendentes masculinos. Esta forma de sucessão (sucessão agnatícia) foi adoptada por muitos reinos da Europa.

Os reinados de Maria Teresa (1740-80) e de seu filho José II (1780-90) foram marcados pela aprovação de importantes reformas administrativas inspiradas nos princípios do despotismo esclarecido: criação do censo da população, introdução do recrutamento militar obrigatório, abolição da escravatura, fixação de salários para os servos, tributação do património da nobreza, substituição da pena de morte por trabalhos forçados, proibição de as mulheres acusadas de bruxaria serem queimadas em fogueiras, introdução do ensino primário obrigatório, criação de serviços de saúde pública, proibição da perseguição dos judeus, aprovação da liberdade religiosa, permissão do acesso de não católicos à universidade e estabelecimento do Alemão como língua obrigatória.

Em 1867, o imperador Francisco José I viu-se forçado a aceitar as reivindicações autonómicas da Hungria e a celebrar o Compromisso Austro-Húngaro, uma união constitucional fundadora de um estado multinacional que ficou conhecido por Áustria-Hungria, ou Império Austro-Húngaro.

Após a extinção do Império no final da Primeira Guerra Mundial, foi implantada a Primeira República Austríaca. A Constituição de 1920 declarou a Áustria um estado federal, formado por nove estados autónomos correspondentes aos ducados austríacos da Baixa Idade Média.

Em 1934, na sequência de sucessivas crises políticas e do assassinato do chanceler Engelbert Dollfuss por agentes da Alemanha nazi, foi nomeado chanceler da Áustria o nacionalista Kurt Schuschnigg, líder do Partido Social Cristão, de tendência fascista, mas opositor de Hitler e da integração da Áustria na Alemanha. Do outro lado da fronteira, Adolfo Hitler desenvolvia a sua propaganda pangermanista, defensora da união política de todos os povos de língua alemã.

O chanceler Schuschnigg consegue negociar com Hitler um pacto de não intervenção da Alemanha na política austríaca e, em desespero de causa, chega a propor um referendo no qual os austríacos se pronunciariam sobre a liberdade da Áustria em relação à Alemanha. Rodeado por ministros de tendência nazi e por uma opinião pública largamente favorável à ligação à Alemanha, Schuschnigg vê gorar-se a solução referendária com que julgava possível salvar o país da ocupação alemã.

Hitler viola o acordo de não ingerência e, em 12 de Março de 1938, as tropas nazis invadem a Áustria sob a aclamação de milhares de austríacos. No dia seguinte, a Alemanha anunciou a anexação da Áustria (o *Anschluss*) e a sua redução à condição de província do Terceiro Reich.

No final da Segunda Guerra Mundial, as potências vencedoras ocuparam o país e restauraram o sistema federal estabelecido pela Constituição de 1920.

Muito semelhante à alemã, a organização político-administrativa austríaca compreende quatro níveis territoriais: a Federação, os estados federados *(Länder)*, os distritos municipais (*Bezirke*) e os municípios.

A Federação

Nos seus artigos 1º e 2º, a Constituição de 1920 define o Estado como uma república democrática e federal, constituída por nove estados autónomos *(Länder)*.

O sistema de governo da Áustria é de tipo parlamentar, pois o Presidente federal, embora eleito por sufrágio directo e universal e dispondo de poderes de dissolução do Parlamento, não exerce funções governativas, que cabem ao Governo.

O poder legislativo é exercido pelo Parlamento bicameral, como é próprio dos estados federais, o qual é constituído pelo Conselho Nacional (*Nationalrat*), composto por 183 deputados eleitos a cada cinco anos por sufrágio directo e universal, pelo sistema de representação proporcional, e pelo Conselho Federal (*Bundesrat*), com 61 membros designados pelos parlamentos dos *Länder*, mas podendo não ter assento neles.

O Governo, que é nomeado pelo Presidente da República de acordo com os resultados das eleições parlamentares, é chefiado pelo chanceler federal e politicamente responsável perante o Parlamento.

Os 9 estados federados *(Länder)*

A Federação austríaca é composta por nove estados autónomos (*Länder*): Burgenland, Caríntia, Baixa Áustria, Alta Áustria, Salzburgo, Estíria, Tirol, Vorarlberg e Viena.

A Áustria é mais um país cuja história determinou a sua divisão territorial. Os territórios dos *Länder* correspondem a antigas unidades políticas do Império Austríaco. A Burgenland era um antigo condado de Sopron do Reino da Hungria, com acentuada presença de minorias húngaras e croatas; a Caríntia corresponde a grande parte do antigo Ducado da Caríntia, fundado no séc. VII;

a Alta Áustria e a Baixa Áustria correspondem ao território do Arquiducado da Áustria fundado no séc. XIV, um dos mais importantes estados do Sacro Império Romano-Germânico e origem da Áustria moderna; a Estíria ocupa parte do antigo Ducado da Estíria, do séc. XII; o Tirol é o antigo Condado do Tirol, do séc. XII; e o Vorarlberg integra um conjunto de territórios e cidades adquiridos desde o séc. XIV pela Casa de Habsburgo.

Independentemente da sua dimensão e do número de habitantes, os *Länder* têm um estatuto político uniforme. À semelhança dos *Länder* alemães, também os austríacos dispõem de Constituição e órgãos políticos próprios. O parlamento regional (*Landtag*) é formado por um número variável de membros, eleitos segundo o regime aplicável à eleição dos membros do Conselho Nacional.

O governador regional (*Landeshauptmann*) é eleito pelo parlamento e preside ao governo regional (*Landesregierung*).

Nos termos do artigo 15º da Constituição austríaca, os *Länder* beneficiam do princípio da cláusula geral de atribuições. Aos parlamentos dos estados compete aprovar legislação sobre todos os assuntos não reservados à competência do parlamento e do governo federal, designadamente as leis relativas à organização e funcionamento dos respectivos municípios e à sua tutela administrativa.

Os 79 distritos municipais (*Bezirke*)

De acordo com o artigo 116º da Constituição, os *Länder* dividem-se em 79 unidades territoriais designadas distritos (*Bezirke*), que constituem associações obrigatórias de municípios. A sua existência justifica-se pela necessidade de associar os 2 100 municípios na prossecução conjunta de algumas das suas atribuições que requerem uma escala territorial de maior dimensão. Viena e outras 14 grandes cidades do país estão dispensadas de integração em distritos municipais.

À semelhança dos *Kreise* alemães, os *Bezirke* austríacos são autarquias locais que exercem funções municipais e poderes delegados pelos *Länder*. Nas competências de tipo municipal destacam-se a recolha e tratamento de resíduos, a construção e manutenção de redes de distribuição de água e de saneamento básico e a construção e manutenção de edifícios escolares.

A administração dos distritos municipais é composta por três órgãos: o parlamento distrital, eleito por sufrágio directo dos eleitores dos municípios constituintes; o conselho distrital, órgão executivo eleito pelo parlamento; e o presidente, cuja designação é regulada por legislação de cada *Land*.

A gestão do aparelho administrativo dos distritos compete a um alto funcionário nomeado pelo parlamento distrital, a quem o artigo 117º, nº 6, da Constituição atribui a designação de "magistrado", com poderes para coordenar a actividades dos serviços, emitir recomendações aos órgãos distritais e assistir às suas reuniões.

Os 2 100 municípios

Os nove *Länder* austríacos dividem-se em 2 100 municípios (*Gemeinden*). Nos últimos anos registou-se um decréscimo do número de municípios, que era de 2 357 em 2012.

O sistema de governo dos municípios é formado pela assembleia municipal *(Gemeinderat)* e pela comissão municipal *(Gemeindevorstand)*. A assembleia é constituída por um número variável de membros, entre nove e 45, segundo o número de habitantes do município, eleitos por sufrágio directo e universal.

A comissão – órgão executivo do município – é composta por um número variável de membros, entre três e 12, consoante o número de membros da assembleia, eleitos pelo órgão deliberativo e responsáveis perante ele.

Situação particular é a da cidade de Viena que é, simultaneamente, um *Land* e um município dividido em 23 bairros, administrados por conselhos cujos membros são designados pelo senado municipal. Em Viena e nas outras 14 cidades dotadas de estatuto especial *(Statutarstadt)*, a assembleia é designada senado municipal *(Stadtrat)*. A sua composição varia entre 29 e 61 senadores, sendo de 100 na capital do país.

A assembleia e a comissão têm um presidente comum *(Bürgermeister)* a quem compete a representação política do município e a direcção da administração municipal. A forma de eleição do presidente não é uniforme: em quatro *Länder* é eleito pela assembleia municipal, e em cinco a sua eleição é feita por sufrágio directo dos habitantes do município.

Os municípios exercem funções próprias, a par de funções delegadas pela Federação e pelos *Länder*. As atribuições próprias compreendem os sectores da educação (ensino pré-primário, primário, secundário e profissional, educação de adultos); saúde (centros de saúde, protecção sanitária); acção social (creches e jardins de infância, apoio familiar e à juventude, lares de idosos); ordenamento do território, urbanismo e habitação (planos de ordenamento, construção e conservação das estradas locais, licenciamento urbanístico); ambiente (captação e tratamento de água, recolha e tratamento de resíduos urbanos, cemitérios, controle da poluição); cultura, desporto e lazer (teatros, museus, bibliotecas, parques e espaços verdes, equipamentos desportivos) e protecção civil (serviços de combate a incêndios).

As atribuições delegadas compreendem a organização das eleições de âmbito federal e para os parlamentos dos *Länder*, a organização dos plebiscitos e referendos, os registos relativos ao estado civil dos cidadãos, a protecção dos rios navegáveis, a prevenção das doenças contagiosas e a realização de inquéritos estatísticos.

Os municípios integrados em *Bezirke* exercem essas funções no âmbito dos respectivos distritos municipais, enquanto os municípios das grandes cidades, não integrados em *Bezirke*, as exercem isoladamente.

A Região Metropolitana de Viena

À semelhança das regiões metropolitanas alemãs, a Região Metropolitana de Viena – a única existente na Áustria – reúne o *Land* de Viena e municípios de *Länder* vizinhos na gestão conjunta de sectores estratégicos, como o ordenamento do território, os transportes urbanos, a distribuição de água e o tratamento de resíduos.

A sua administração compete a uma assembleia formada por representantes dos municípios associados, e a um director executivo por ela designado.

Não se trata, portanto, de uma autarquia territorial, mas sim de uma entidade intermunicipal.

BÉLGICA

População – 11 460 000 hab.
Área – 30 528 km2

Nota histórica

Situada na fronteira linguística e cultural entre a Europa latina e a Europa germânica, a Bélgica actual foi palco de inúmeros conflitos entre os Flamengos, um grupo étnico de origem germânica, de língua neerlandesa e religião protestante, e os Valões, um povo de origem celta e latina, de idioma francês e maioritariamente católico.

A Guerra dos Oitenta Anos (1568-1648) dividiu em várias parcelas o território que é hoje constituído pela Bélgica, Países-Baixos e Luxemburgo. Em 1581, as províncias do Norte da Holanda agruparam-se num estado confederado designado República das Sete Províncias Unidas dos Países Baixos [15], que deixou de lado as províncias católicas do Sul.

Em 1815, o Congresso de Viena reuniu artificialmente a Bélgica à Holanda no designado Reino Unido dos Países Baixos, chefiado pelo rei Guilherme I, um holandês de religião protestante. No entanto, a crescente insatisfação dos católicos contra o despotismo do rei e os privilégios das províncias protestantes do Norte foi minando a unidade do Reino e desencadeou a Revolução Belga (Agos. 1830), que as tropas holandesas, enfraquecidas pela deserção de milhares de soldados do Sul, não conseguiram controlar.

Em Novembro desse ano, o Congresso Nacional da Bélgica reunido em Bruxelas votou a secessão das províncias do Sul e declarou a independência da Bélgica. Extinguia-se, assim, o breve Reino Unido dos Países Baixos (1815-1830).

[15] Formada pelas províncias da Frísia, Groninga, Gueldres, Holanda, Overissel, Utreque e Zelândia.

Em Fevereiro de 1831 foi aprovada a Constituição da Bélgica, e Leopoldo I – um príncipe da Casa Saxe-Coburgo Gota – foi eleito "Rei dos Belgas" [16]. A intervenção militar francesa fez fracassar as tentativas de Guilherme I de reconquistar a Bélgica, e os holandeses acabaram por reconhecer a independência do novo estado pelo Tratado de Londres (1839).

A organização político-administrativa da Bélgica compreende quatro níveis de governo: o Estado, as regiões e as comunidades federadas, as províncias e os municípios.

O Estado

Desde a aprovação da Constituição de 1831, a Bélgica é uma monarquia constitucional com sistema de governo parlamentar, caracterizada por uma profunda diversidade étnica e cultural e um antagonismo ancestral entre os dois principais grupos linguísticos (flamengos e francófonos). Essa herança histórica – que acima ilustrámos – justifica as reformas realizadas desde meados do séc. XX com o objectivo de assegurar a coabitação pacífica das várias comunidades belgas.

O Francês era desde o séc. XIX a língua oficial do Estado, usada na Administração pública e no ensino, mas o uso paritário do Neerlandês fazia parte das reivindicações dos Flamengos que se queixavam de que, ao longo do séc. XIX, os francófonos tinham anulado a sua identidade cultural e linguística.

A forte tensão gerada pelo antagonismo entre Flamengos e Valões revelou a incapacidade de o Estado unitário manter a coesão nacional e impôs a realização da revisão constitucional de 1970 que introduziu o Neerlandês na vida pública e dividiu o Reino em novas unidades linguísticas e políticas. Foram então criados dois tipos distintos de instituições:

- As quatro regiões linguísticas, correspondentes às quatro comunidades linguísticas: a de língua neerlandesa (a Flandres, com 6,6 milhões de habitantes), a de língua francesa (a Valónia, com 3,7 milhões de habitantes), a região bilingue de Bruxelas-Capital (a cidade de Bruxelas

[16] Os separatistas belgas optaram pela designação *Rex Belgarum* (Rei dos Belgas) para evitar o título *Rex Belgi* (Rei da Bélgica), que era usado, desde 1815, pelo Rei dos Países Baixos.

e os 18 municípios dos arredores, com 1,1 milhões de habitantes) e a de língua alemã (com 60 mil habitantes); e
- As três regiões políticas da Flandres, da Valónia e de Bruxelas-Capital nos territórios das comunidades linguísticas [17].

Mas a revisão constitucional de 1970 foi mais longe: instituiu a composição paritária do Governo, que passou a ser formado por um número igual de ministros de língua francesa e de língua neerlandesa, e do Parlamento, com repartição igualitária dos deputados e senadores entre os dois grupos linguísticos.

Posteriores reformas legislativas tendentes à representação institucional paritária das duas comunidades linguísticas culminaram na celebração dos designados "Acordos de la Saint Michel" (1993) que transformaram a Bélgica num estado federal, composto por três comunidades linguísticas e três regiões políticas, que partilham a soberania com a Federação.

A nível nacional, o Estado é representado pelo monarca reinante; o poder legislativo cabe ao Parlamento nacional bicameral; e o Governo é nomeado pelo monarca em conformidade com a composição parlamentar e responde politicamente perante a Câmara dos Representantes. Todas as decisões políticas do monarca carecem da referenda do primeiro-ministro, o que na prática faz do Governo o principal órgão político do Estado.

O Parlamento federal da Bélgica – órgão de competência legislativa genérica – é composto por duas câmaras, como é próprio dos estados federais: a Câmara dos Representantes e o Senado. A Câmara dos Representantes é formada por 150 membros eleitos directamente, segundo o sistema proporcional. Até 2014, o Senado era composto por 71 senadores, dos quais 40 eram eleitos por sufrágio directo, 21 eram eleitos pelos conselhos das três comunidades linguística e dez eram cooptados. A revisão constitucional de 2014 reforçou politicamente as regiões e as comunidades com a ampliação dos seus poderes e a alteração da forma de designação dos senadores, cujo número foi reduzido a 60. Desde então, 50 senadores (29 flamengos, 20 franceses e um germanófono) são eleitos exclusivamente pelos parlamentos regionais e pelos conselhos das comunidades, sendo os restantes dez (seis flamengos e quatro valões) cooptados pelos senadores eleitos.

[17] A comunidade linguística alemã, situada em duas pequenas parcelas do território belga na fronteira com a Alemanha, foi integrada na região política da Valónia.

O Governo federal é nomeado pelo monarca e responsável perante o Parlamento nacional (sistema de governo parlamentar). Por força da Constituição, o Governo deve ser constituído por um número igual de ministros de língua holandesa e de língua francesa.

As 3 regiões e as 3 comunidades

Desde a revisão constitucional de 2014, que aprofundou os traços federais da Bélgica, as três regiões políticas e as três comunidades linguísticas têm competência em todos os sectores que a Constituição não reserva ao Estado.

As regiões belgas – Flandres, Valónia e Bruxelas-Capital – constituem o segundo nível político do federalismo belga. O seu estabelecimento baseou-se não numa nova divisão especial, mas no agrupamento de províncias pré-existentes: a Flandres é formada por cinco províncias e a Valónia por outras cinco.

É curioso notar que a região da Flandres corresponde parcialmente ao antigo Condado da Flandres, fundado no séc. IX. Por seu lado, a Valónia fazia parte da província romana da Gália e tornou-se na Alta Idade Média um enclave latino num território de maioria étnica germânica.

Embora não disponham de Constituição própria, como é típico das unidades federadas, as regiões têm órgãos de governo próprio: um parlamento regional eleito por sufrágio directo e com poderes legislativos, e um governo regional designado pelo parlamento e responsável perante ele.

As regiões dispõem de competências exclusivas em matéria de economia regional, ordenamento do território, licenciamento urbanístico, habitação, rede viária, ambiente, reestruturação industrial, comércio externo, emprego, agricultura, energia, recursos naturais, renovação rural, conservação da natureza, política da água e regime das autarquias locais, incluindo a sua tutela.

As comunidades linguísticas – que coincidem territorialmente com as regiões políticas – dispõem igualmente de um conselho e de um presidente, e gerem orçamentos próprios.

O conselho da comunidade flamenga tem 124 membros, dos quais 118 são eleitos directamente pelos Flamengos e seis são membros flamengos do conselho regional de Bruxelas; o conselho da comunidade francófona é formado por 94 membros, dos quais 75 pertencem ao conselho regional da Valónia e 19 ao conselho regional de Bruxelas. Finalmente, o conselho da comunidade germanófona conta com 25 membros eleitos por sufrágio directo dos belgas de língua alemã.

Os conselhos representativos das três comunidades linguísticas são órgãos de competência legislativa restrita à política cultural e social da respectiva comunidade. Os seus poderes restringem-se aos domínios da língua, cultura, turismo, ensino e formação profissional, apoio social e saúde.

As atribuições culturais e sociais das comunidades são a política de defesa da respectiva língua, a política de ensino e investigação científica, a gestão de bibliotecas e museus, a administração dos estabelecimentos de ensino e de formação profissional, a prestação de cuidados de saúde e assistência aos idosos e deficientes e a construção e renovação dos hospitais.

A duplicação de instituições no mesmo território (regiões e comunidades), embora com atribuições diferenciadas, causa frequentemente conflitos positivos e negativos de competência e gastos orçamentais nem sempre justificáveis. Para atenuar esse problema, os Flamengos decidiram fundir a região da Flandres e a sua comunidade linguística, passando a região a exercer as atribuições e a gerir os orçamentos de ambas as entidades. Também os Valões reformaram o modelo de repartição de funções entre a região da Valónia e a comunidade de língua francesa, autorizando a transferência total ou parcial de competências da comunidade para a região.

As 10 províncias

O nível supramunicipal da organização territorial belga é formado pelas dez províncias – cinco na Flandres e cinco na Valónia (eram nove quando o país era um estado unitário).

As províncias são administradas por três órgãos: o conselho provincial, órgão deliberativo com um número variável de membros, entre 47 e 84, eleitos por sufrágio directo e universal para um mandato de seis anos; a deputação, eleita pelo conselho; e o governador da província, nomeado pelo monarca por um período de tempo indeterminado, que preside à deputação com direito de voto.

Sobretudo a partir da criação das três regiões políticas e das três comunidades linguísticas, a manutenção das províncias no quadro administrativo da Bélgica passou a ser muito questionada. O aprofundamento da descentralização e do federalismo parecia pouco compatível com a instituição provincial, olhada como legado vivo de uma tradição centralista e francófona que se mantivera desde a independência da Bélgica, em 1839.

Por outro lado, a multiplicidade orgânica e a complexidade administrativa geradas pela criação de seis novas instâncias de poder – as três regiões políticas e as três comunidades linguísticas – criou em relação às províncias um sentimento de desnecessidade, que nunca se estendeu aos municípios. Talvez isso explique que leis regionais tendam a desconsiderar a função das províncias ao fixarem um tempo limitado para a duração das sessões dos conselhos provinciais, permitindo, em contrapartida, que as dos conselhos municipais se prolonguem por vários dias.

Comprimida entre os vastos poderes do Estado e das regiões e os poderes particulares dos municípios, a província vê hoje as suas competências confinadas ao fomento agrícola, a algumas obras públicas de âmbito provincial, ao apoio à juventude e à educação e saúde, em complementaridade com as comunidades linguísticas.

Os 589 municípios

Em 1950, o nível local da administração territorial autónoma era formado por 2 669 municípios. Um prolongado processo de agregação baixou esse número, em 2007, para 589 municípios, repartidos entre 308 na região da Flandres, 262 na região da Valónia e 19 na região de Bruxelas-Capital.

Os municípios têm um sistema de governo constituído por três órgãos: o conselho municipal, eleito por sufrágio directo e universal; um órgão executivo colegial designado colégio dos burgomestres e vereadores, formado pelos antigos burgomestres e por membros eleitos pelo conselho, de entre os seus membros; e o burgomestre nomeado pelo monarca de entre os membros do conselho municipal e investido num estatuto dual de presidente do município e representante do Estado.

Ambos os órgãos colegiais são presididos pelo burgomestre.

Inversamente ao que é regra nos sistemas de governo municipal da maioria dos estados da Europa, em que o órgão executivo responde perante o deliberativo, o colégio dos burgomestres e vereadores não é politicamente responsável perante o conselho municipal, apesar de o órgão executivo não dispor de legitimidade eleitoral própria.

Em regra, as reuniões dos dois órgãos decorrem à porta fechada; são obrigatoriamente públicas aquelas em que sejam tomadas decisões sobre a situação financeira do município e as que envolvam a discussão e aprovação de planos ou obras de interesse municipal.

A lei-quadro dos municípios belgas dota-os de um funcionário responsável pela gestão corrente dos assuntos da autarquia. Cabe a este alto funcionário – que tem a designação de secretário municipal – dirigir e coordenar os serviços municipais, preparar os processos a decidir pelos órgãos da autarquia, assistir às suas reuniões e redigir as actas e assinar a correspondência do município. Nos municípios com mais de 60 mil habitantes, o secretário municipal é coadjuvado por um adjunto.

Muito embora os poderes das entidades da administração territorial autónoma se respaldem na designada cláusula geral de atribuições – que lhes permite agir em todos os sectores que considerem de interesse municipal –, o facto é que a lei limita as atribuições dos municípios aos sectores da cultura, da acção social, do ensino e da saúde (quanto a esta, em cooperação com as comunidades linguísticas).

Para além disso, a circunstância de a lei nunca ter definido os poderes subjacentes à cláusula geral de atribuições, nem ter concretizado o conceito de interesse municipal deixou os municípios desarmados perante a tendência centralizadora das regiões. A par de uma concentração de recursos financeiros nos níveis central e regional, a ideia de que todos os assuntos são de interesse geral vai reforçando a centralização e impedindo os municípios de exercerem algumas das suas atribuições tradicionais.

As 2 regiões metropolitanas

As cidades de Bruxelas e Antuérpia são sede das duas regiões metropolitanas da Bélgica. Trata-se de entidades de natureza associativa, que juntam os municípios dessas aglomerações urbanas na prossecução de atribuições comuns nos sectores do planeamento, desenvolvimento económico, sistema de transportes e tratamento de resíduos.

A sua gestão compete a uma assembleia formada por representantes dos municípios associados e a um conselho de administração por ela nomeado.

Não se trata, portanto, de autarquias territoriais, mas sim de entidades supramunicipais.

BÓSNIA-HERZEGOVINA

População – 3 825 000 hab.
Área – 51 209 km2

Nota histórica

A Bósnia-Herzegovina é um estado cujo nome composto resulta de acordos políticos celebrados no séc. XIX, segundo os quais, não obstante a região da Herzegovina nunca ter tido autonomia política, o seu nome deve acompanhar o da Bósnia na identificação do Estado.

Há cerca de 2 mil anos, a Bósnia foi ocupado pelos Ilírios, um subgrupo dos eslavos meridionais de que foi originária a tribo dos Bosniacos. Na Alta Idade Média a Bósnia foi integrada no Reino da Hungria, mas tornou-se independente no séc. XIII. Em 1386, os Turcos invadiram o Reino da Bósnia, que ficou incluído no Império Otomano até 1875. Os longos cinco séculos de influência cultural turca tornaram o Islamismo a religião da maioria da população, formada por bosniacos – a designação corrente dos bósnios muçulmanos.

A imposição otomana de medidas políticas e fiscais cada vez mais gravosas para a população cristã levou os sérvios bósnios (cristãos ortodoxos) a desencadear a Revolta Herzegovina (Julho de 1875 a Agosto de 1877), que provocou a fuga de mais de 200 mil bósnios cristãos para a vizinha Croácia, de religião católica. A Rússia e a Sérvia ortodoxas intervieram a favor dos revoltosos e, numa atitude salomónica, os imperialismos ocidentais reunidos no Congresso de Berlim (1878) repartiram entre si o controlo da Bósnia-Herzegovina: o país ficou formalmente sob a soberania do imperador otomano, mas passou a ser administrado pelo Império Austro-Húngaro.

A oposição dos povos dos Balcãs ao domínio austríaco levou um grupo de nacionalistas bósnios, croatas e sérvios a preparar o assassinato do arquiduque Francisco Fernando, herdeiro do Império, e de sua mulher, aquando de uma visita oficial a Sarajevo (28. Jun.1914). O casal foi morto pelo jovem anarquista sérvio Gavrilo Princip com a colaboração da polícia da Sérvia.

Em 23 de Julho, a Áustria-Hungria apresentou à Sérvia um conjunto de exigências – conhecidas por Ultimato de Julho – relativas à repressão da propaganda anti austríaca e à intervenção de delegados austríacos nas investigações judiciais ao autor dos dois homicídios. A oposição da Sérvia a essa pretensão – considerada uma exigência inaceitável, destinada a provocar um confronto militar – impeliu o Império Austro-Húngaro a declarar-lhe guerra. A fidelidade às alianças políticas então existentes levou as principais potências europeias a envolverem-se no conflito, dando início à Primeira Guerra Mundial.

A Bósnia-Herzegovina, que após o Armistício foi anexada à Sérvia, esteve ocupada na Segunda Guerra Mundial por unidades militares pró-nazis da Croácia, então liderada pelo fascista Ante Palevic.

Em 1946, a Bósnia-Herzegovina tornou-se uma república integrada na República Socialista Federativa da Jugoslávia. Aquando da fragmentação da federação jugoslava, nos anos 90 do século passado, a Sérvia pretendeu refundar um único estado que reunisse sob a sua hegemonia todos os povos dos Balcãs. Era o projecto da Grande Sérvia. Mas os croatas e os bósnios muçulmanos viram nisso uma ameaça e, numa jogada de antecipação, trataram de declarar a independência da Bósnia-Herzegovina.

Apesar de ter sido boicotado pelos bósnios sérvios, o referendo realizado em 29 de Fevereiro e 1 de Março de 1992 contou com a participação de 63,4% dos eleitores, 93% dos quais votaram a favor da independência do país. A ida às urnas de menos de dois terços da população gerou dúvidas sobre a validade do resultado, mas isso não impediu que a independência fosse declarada (3. Mar. 1992) pelo Presidente da República, o advogado e filósofo bósnio muçulmano Alija Izetbegovic.

Vendo frustrar-se o projecto de fundar a Grande Sérvia, e alegadamente para proteger as suas minorias étnicas, o exército sérvio atacou a Bósnia-Herzegovina, dando início a uma guerra (1992-95) que causou mais de 100 mil mortos, em especial bósnios muçulmanos (bosniacos).

No decurso da guerra foi assinado entre bósnios, de maioria muçulmana, e croatas, maioritariamente católicos, o Acordo de Washington (Mar. 1994), pelo qual foi criada a Federação da Bósnia-Herzegovina. Mas a guerra continuou, alimentada por forças militares afectas à Sérvia. O fuzilamento de mais de 8 mil homens e rapazes bósnios e a violação de cerca de 30 mil mulheres e raparigas bósnias no designado Genocídio de Srebrenica (11 a 25 Jul. 1995) ilustra a brutalidade do conflito étnico e religioso que o país viveu[18]. A paz só foi alcançada com o Acordo de Dayton (Nov. 1995).

A Constituição de 1995, redigida por constitucionalistas norte-americanos para constituir o Anexo 4 do Acordo de Dayton, ditou a repartição do poder político entre o Estado Federação da Bósnia-Herzegovina e duas unidades políticas distintas: a Federação da Bósnia-Herzegovina e a República Srpska.

De acordo com a Constituição, são quatro os níveis territoriais de governo da Bósnia-Herzegovina: a Federação, os dois estados federados, os cantões de um dos estados federados e os municípios. Mas só estes são autarquias locais em sentido próprio.

A Federação

Durante um curto período após a declaração da independência, a Bósnia--Herzegovina foi um estado unitário dotado de um único nível de administração local formado por 109 municípios. Esta realidade alterou-se profundamente com a criação da Federação da Bósnia-Herzegovina pelo Acordo de Washington.

Como acima dissemos, no final da guerra o Acordo de Dayton dividiu a Federação da Bósnia-Herzegovina em duas entidades políticas distintas: a Federação da Bósnia-Herzegovina – maioritariamente constituída por croatas católicos e bósnios muçulmanos (os bosniacos), que manteve o mesmo nome do Estado Federação da Bósnia-Herzegovina – e a República Srpska, também designada República Sérvia, maioritariamente sérvia e cristã ortodoxa [19].

A Constituição do Estado Federação da Bósnia-Herzegóvina de 1995 dividiu o país em três parcelas territoriais: o estado federado designado Federação da Bósnia-Herzegovina, habitado maioritariamente por bósnios e croatas; o estado federado designado República Srpska, de maioria sérvia; e o Distrito

[18] Srebrenica está integrada na República Srpska, a unidade federal da Bósnia-Herzegovina de maioria sérvia.

[19] Embora seja um "enclave" político sérvio no território da Bósnia-Herzegovina, a República Srpska é formalmente distinta do Estado Sérvio.

de Brcko, um território comum às três comunidades étnicas, com 208 km2 e cerca de 87 500 habitantes, situado junto à fronteira sérvia.

A complexidade do sistema político da Bósnia-Herzegovina – e a dificuldade em o descrever...! – deriva da multiplicidade dos seus ordenamentos jurídico-constitucionais. Basta dizer que neste país vigoram 13 Constituições: a da Federação (estado) da Bósnia-Herzegovina; a da Federação (unidade federal) da Bósnia-Herzegovina; as Constituições dos dez cantões federados em que esta se divide; e a Constituição da República Srpska.

A representação política do Estado compete ao Presidente da Federação. Nos termos do artigo V da Constituição, o cargo é ocupado rotativamente por um bósnio, um croata e um sérvio, os dois primeiros eleitos por sufrágio directo e universal da população da Federação da Bósnia-Herzegovina, e o último eleito pela mesma forma pela população sérvia da República Srpska. Cada um dos três membros da presidência exerce funções durante oito meses, até perfazerem o período de quatro anos do mandato presidencial.

A nível federal, o poder legislativo é exercido por um Parlamento bicameral constituído pela Câmara dos Representantes, formada por 42 deputados eleitos por sufrágio directo e universal, segundo o sistema proporcional e com mandato de quatro anos, e pela Câmara dos Povos, composta por 15 membros (cinco bósnios e cinco croatas, designados pela assembleia legislativa da Federação da Bósnia-Herzegovina, e cinco sérvios, indicados pelo parlamento da República Srpska).

O poder executivo compete ao Governo, nomeado pelo Presidente e constituído por ministros bósnios, croatas e sérvios.

A heterogeneidade dos níveis administrativos da Bósnia-Herzegovina reflete a profunda assimetria das suas parcelas territoriais.

O Distrito de Brcko goza de regime especial e a sua crescente autonomia aproxima-o do estatuto de terceira unidade federal do Estado, o que reforça a complexidade da organização política do país.

Finalmente, a natureza atípica da Federação é também acentuada pela introdução no sistema de um órgão extra-constitucional, criado pelo Anexo 10 do Acordo de Dayton. Trata-se do Alto Representante da Comunidade Internacional na Bósnia-Herzegovina, cuja função mediadora se foi alterando a ponto de ser hoje uma instituição que reúne em si poderes legislativos, executivos, judiciais e, mesmo, constitucionais, desprovidos de enquadramento legal.

Com efeito, em 2004 o Alto Representante impôs uma alteração à Constituição do Cantão de Mostar que suprimiu os seis municípios que formavam a cidade [20] de Mostar, transformando-os em simples circunscrições eleitorais. Por força dessa alteração, a cidade de Mostar adquiriu o estatuto de município comum, diferentemente das outras cidades, que são agregações de municípios autónomos.

A autonomia local não tem protecção na Constituição do Estado Federação Bósnia-Herzegovina. No entanto, a ratificação da Carta Europeia da Autonomia Local, ocorrida em 1994, impõe que a legislação nacional e cantonal se subordine aos princípios da descentralização administrativa e da autonomia local, inscritos nessa convenção internacional.

Dos 145 municípios existentes na Bósnia-Herzegovina (eram 109, em 1992, e 137, em 2012), 80 localizam-se na Federação da Bósnia-Herzegovina e 65 situam-se no território da República Srpska.

As Constituições dos dez cantões da Federação da Bósnia-Herzegovina (unidade federal de população bósnia e croata) e a Constituição da República Srpska (de população sérvia) regulam a personalidade jurídica das autarquias e a sua autonomia administrativa de forma muito heterogénea, o que faz com que coabitem no Estado Federação Bósnia-Herzegovina 11 sistemas distintos de organização local.

Existem diferenças acentuadas nos sistemas administrativos das duas unidades federais da Federação da Bósnia-Herzegovina. Os elementos diferenciadores incidem sobre a forma do estado federado, a fonte normativa da sua administração autónoma e a nomenclatura das suas unidades descentralizadas. Enquanto a Federação da Bósnia-Herzegovina é uma federação menor, formada por cantões dotados de Constituição e poder legislativo próprios, a República Srpska é um estado federado unitário. Por outro lado, à assimetria do sistema da Federação da Bósnia-Herzegovina, regulado pelas Constituições dos dez cantões, contrapõe-se o sistema uniforme da República Srpska, apenas inscrito na sua Constituição e na Lei da autonomia local. Finalmente, enquanto a Federação da Bósnia-Herzegovina se divide em cantões e estes em

[20] As cidades constituem aglomerações de municípios vizinhos.

municípios e cidades, os municípios são o único nível intraestatal da Republica Srpska.

Analisemos separadamente os sistemas dessas duas unidades políticas.

A) O sistema da Federação da Bósnia-Herzegovina

Os 10 cantões

A Federação da Bósnia-Herzegovina – unidade federal do Estado Federação da Bósnia-Herzegovina – é formada por dez cantões, de população etnicamente diferenciada: cinco cantões (Una-Sana, Tuzla, Zenica-Doboj, Bósnia Podrinje e Sarajevo) são maioritariamente bósnio-muçulmanos, ou bosniacos; três cantões (Posavina, Herzegovina Ocidental e Bósnia Ocidental) têm maioria bósnio-croatas; e dois (Bósnia Central e Herzegovina-Neretva) são de população mista.

Os cantões não têm o estatuto de regiões, no sentido de nível administrativo descentralizado (autarquias regionais). Pelo contrário, são entes federados de uma federação menor – a Federação da Bósnia-Herzegovina – que, como já dissemos, é uma unidade política de um estado federal também designado Federação da Bósnia-Herzegovina.

Como é próprio das federações, todos os cantões são dotados de uma Constituição própria que, entre outras matérias, estabelece o sistema de governo cantonal. Este é constituído por dois órgãos: uma assembleia legislativa, cujos membros são eleitos por sufrágio directo e universal dos cidadãos bósnios e croatas; e um governo designado pela assembleia e responsável perante ele.

A Constituição da Federação confere aos cantões competência legislativa primária em todos os assuntos não confiados aos órgãos federais. As atribuições legislativas dos cantões incluem os seguintes sectores: política educativa, incluindo a regulação do sistema educativo e a promoção do ensino; política da habitação, incluindo a construção de alojamentos sociais; instalação de serviços públicos; elaboração de planos de ordenamento do território; política social e construção de equipamentos de assistência; regulação das estações de produção de energias renováveis; autorização da abertura de estações de rádio e televisão; promoção do turismo e das actividades culturais.

Os cantões têm a faculdade de delegar funções administrativas aos municípios em matéria de educação, turismo, cultura e economia local, mas a preocupação com a protecção das minorias levou a legislador a tornar essa delegação obrigatória em relação aos municípios e às cidades cuja maioria da sua população não corresponda etnicamente à composição da população do cantão, no seu conjunto.

Os 80 municípios

Como acima dissemos, dos 145 municípios existentes no Estado Bósnia-Herzegovina, 80 localizam-se na Federação da Bósnia-Herzegovina. Não obstante existirem entre eles enormes diferenças demográficas e de superfície, todos gozam do mesmo estatuto legal. Os 31 municípios com mais de 100 mil habitantes regem-se pelo mesmo regime jurídico aplicável aos 18 que têm menor população.

A Lei da autonomia local, aprovada em 2004 pela Assembleia dos Povos, regula a organização municipal, o sistema eleitoral, as fontes de financiamento, a forma de tutela administrativa, os mecanismos de participação dos cidadãos e os direitos e deveres dos funcionários dos municípios.

Estes regem-se por um sistema de governo parlamentar formado por dois órgãos: o conselho municipal, eleito por sufrágio directo e universal, segundo o sistema proporcional, com mandato de quatro anos; e o presidente, eleito pelo conselho, de entre os seus membros, a quem compete presidir ao conselho, executar as suas deliberações e dirigir o aparelho administrativo municipal. O presidente é coadjuvado por uma comissão executiva, cujos membros também são eleitos pelo conselho.

Os conselhos municipais devem ser constituídos de modo a assegurar a representação proporcional dos vários grupos étnicos e das minorias nacionais.

O âmbito das atribuições municipais é relativamente reduzido, mas compreende a educação primária, a cultura, o desporto, as infraestruturas locais, a gestão urbanística, a habitação social, a segurança pública e a protecção de sítios históricos.

As 3 cidades

A XVII revisão da Constituição da unidade Federação da Bósnia-Herzegovina introduziu um segundo nível da administração intermunicipal, constituído pelas cidades, ao estabelecer que "para o território de dois ou mais municípios com contiguidade urbana e territorial e com necessidades comuns pode ser instituída a *cidade* como unidade de governo local com autonomia administrativa, de acordo com a lei federal." Ao abrigo dessa norma constitucional foram criadas as cidades de Sarajevo [21], Banja Luka e Mostar, que constituem associações obrigatórias de municípios vizinhos. No entanto, como acima dissemos, em 2004, Mostar perdeu o estatuto de *cidade* e voltou a ser um município de tipo comum.

A criação das cidades e a regulamentação do seu sistema de governo são da competência legislativa dos cantões. Por isso, o seu estatuto não é uniforme [22]. No entanto, têm em comum um sistema de governo composto por dois órgãos: um conselho, formado por um número igual de representantes dos vários municípios que as integram, e um presidente, cuja escolha é feita pela forma prevista na lei cantonal para a designação do presidente do município sede do cantão.

As atribuições das cidades compreendem a uniformização das taxas dos municípios constituintes, a construção e manutenção de infraestruturas comuns, o planeamento urbano, os transportes públicos e a execução de funções delegadas pelo cantão ou transferidas pelos municípios.

B) O sistema autárquico da República Srpska

A República Srpska constitui a segunda entidade federada do Estado federal. A respectiva Constituição estabelece que as autarquias locais deste território são os municípios, remetendo a sua criação em concreto para lei ordinária.

[21] Sarajevo é, simultaneamente, a capital da Bósnia-Herzegovina, a capital da entidade federal Federação da Bónia-Herzegovina, a sede do Cantão de Sarajevo e a sede da "cidade" de Sarajevo. Banja Luka é a segunda maior cidade do país. Mostar é uma cidade habitada por croatas católicos e bósnios muçulmanos, cujo centro histórico é Património da UNESCO.

[22] As cidades gozam de autonomia para aprovar um estatuto próprio, que estabelece o número de membros do conselho, o processo da sua eleição e a duração do seu mandato.

O seu território está dividido em 65 municípios; existem ainda sete regiões dependentes do governo da República Srpska.

Os 65 municípios

A Lei da autonomia local, de 2004, também se aplica aos municípios da República Srpska. Os seus órgãos são o conselho municipal, eleito por sufrágio directo e universal para um mandato de quatro anos, e o presidente, eleito pelo conselho, de entre os seus membros, juntamente com os outros membros da comissão executiva.

De acordo com aquela lei, as comunidades minoritárias croatas e bósnias devem estar representadas, de forma proporcional, no órgão municipal eleito directamente.

A lei impede que o presidente do conselho municipal e o presidente da comissão executiva pertençam à mesma comunidade étnica, salvo se uma determinada comunidade representar a maioria absoluta da população do município.

A Constituição da República Srpska remete para a lei ordinária a definição das competências dos órgãos municipais. Ao conselho compete aprovar a política municipal nos sectores que constituem as atribuições municipais: gestão do património, planeamento urbano e construção, habitação social, cultura, educação, cuidados de saúde, acção social, desporto e cultura física, turismo, licenciamento de hotéis, restaurantes, artesanato e comércio, ambiente e protecção dos recursos naturais e protecção civil. Ao presidente, coadjuvado pela comissão executiva, cabe executar as deliberações do conselho e dirigir o funcionamento dos serviços municipais.

Os municípios podem ainda exercer funções dos diversos ministérios da República Srpska que lhes sejam delegadas por lei, mediante a transferência da necessária contrapartida financeira.

A tutela dos municípios é exercida pelo ministro sérvio da Administração Pública e da Autonomia Local. Essa tutela é de mera legalidade em relação às competências próprias dos municípios, e também de mérito relativamente aos poderes delegados pela República Srpska.

RÚSSIA

População – 144 500 000 hab.
Área – 17 100 000 km2

Nota histórica

No milénio I a.C. surgiram os primeiros Eslavos na região entre os rios Vístula e Dniepre. Foi a essa região que no séc. III chegaram os Godos, uma tribo germânica oriunda da Escandinávia, cujo reino foi arrasado em 375 pelos Hunos, conhecidos por "guerreiros das estepes" – um conjunto de tribos nómadas equestres da Ásia Central que varreram o miolo da Europa central, vencendo as tribos dos Ostrogodos (358), dos Visigodos (370) e dos Alanos (460), antes de chegarem ao Danúbio, na fronteira do Império Romano.

Nos sécs. IX e X, os territórios da actual Rússia foram ocupados por Vikings do Báltico – também designados Varegues, ou Russos, que criaram rotas comerciais entre o mar e o continente. A progressiva ocupação de terreno, com a inerente captura de escravos, permitiu aos Russos estabelecer assentamentos ao longo do território e fundar os Principados de Kiev e de Novgorod, dos quais nasceu o primeiro Estado Russo, em finais do séc. IX.

O casamento de Vladimir I de Kiev com uma irmã do imperador Basílio II de Bizâncio, em 989, teve como consequência a conversão ao Cristianismo do primeiro Estado Russo com capital em Kiev – a designada Rússia de Kiev.

O federalismo russo mergulha as suas raízes no desmembramento da Rússia de Kiev e na divisão do seu território em vários principados feudais, reunificados mais tarde sob a égide do Grão-Ducado de Moscovo.

Remonta ao reinado de Ivan IV – coroado em 1547 como primeiro czar da Rússia e celebrizado como Ivan, o Terrível – a criação do primeiro órgão representativo feudal russo e a introdução da autogestão local nas zonas rurais. No entanto, foi já em pleno Império Russo, na segunda metade do séc. XVIII, que Catarina II lançou os primeiros projectos para a divisão do Império Russo em unidades administrativas de estatuto diferenciado. Essa reforma territorial consistiu na criação de três níveis administrativos: as províncias, chefiadas por governadores nomeados pela imperatriz; os distritos, dirigidos por um presidente eleito pela nobreza local; e as cidades, que tinham uma organização especial constituída por um conselho eleito por sufrágio censitário e um órgão executivo eleito pelo conselho.

Décadas mais tarde, no rescaldo da invasão francesa da Rússia (Out.1812), o exército imperial perseguiu as tropas de Napoleão até França e venceu-as na Batalha de Paris (Mar. 1814). Essa longa travessia do continente europeu pôs os soldados russos em contacto com os ideais revolucionários e liberais que agitavam a Europa e que, mais tarde, haveriam de animar a luta do povo russo contra a exploração feudal e a autocracia czarista.

Desde a sua origem, o federalismo russo foi marcado por tensões entre os Russos e as outras etnias nacionais. Contrariamente ao Império, que sempre procurou impor a cultura da etnia russa às minorias regionais, o regime soviético teve uma abordagem mais inclusiva das várias nacionalidades. No entanto, a política de assimilação nunca eliminou as fortes diferenciações étnicas e territoriais próprias do mais vasto e heterogéneo país da Europa.

Após o desmembramento da União Soviética, em 1991, e a assinatura do Tratado da Federação (1992), que estabeleceu a divisão de poderes entre Moscovo e os territórios constituintes, a Federação Russa adoptou um modelo mais próximo dos sistemas federais e democráticos da Europa ocidental. Porém, essa "ocidentalização" foi vencida pela "russificação" ocorrida nas duas últimas décadas. A política autocrática adoptada por Vladimir Putin desde que chegou ao Poder, em 2000, restaurou o espírito imperial da "Mãe Rússia". De tal modo que hoje pode dizer-se que não houve um verdadeiro hiato na história do Império Russo, porquanto o autoritarismo putinista é uma versão actualizada do centralismo messiânico que caracterizou a autocracia czarista e o imperialismo soviético.

A organização político-administrativa da Rússia compreende três níveis: a Federação, os designados "sujeitos da federação" e as unidades municipais.

A Federação

A Rússia é uma república federal regida pela Constituição de Dezembro de 1993, que substituiu a Constituição russa de 1978 (esta foi a última aprovada durante o regime bolchevique e estava hierarquicamente subordinada à Constituição soviética de 1977).

Embora constitucionalmente a Federação Russa adopte um sistema de governo misto ("semipresidencial"), sendo o poder governativo compartilhado entre o Presidente, directamente eleito, e um Governo por ele nomeado e politicamente responsável perante o Parlamento federal, o seu funcionamento assume traços de um sistema de governo presidencialista, dada a proeminência governativa do Presidente.

O Estado é representado pelo Presidente da Federação, eleito por sufrágio directo e universal. A presidência russa foi ocupada em 2000 por Vladimir Putin, eleito para um mandato de quatro anos, renovável uma vez. Em 2008, sob proposta do então primeiro-ministro Dmitri Medvedev, o mandato presidencial passou a ser de seis anos, com uma renovação. Alternando na presidência da Federação com Medvedev, Putin conseguiu manter-se no cargo, podendo terminar o seu quarto mandato, em 2024. No entanto, pela revisão constitucional promovida em Julho de 2020, o mandato presidencial passou a poder renovar-se por mais duas vezes, o que permite a Vladimir Putin manter-se no poder até 2036.

O poder legislativo é exercido por um Parlamento constituído por duas câmaras, com mandato de quatro anos: a Duma, com 450 deputados eleitos por sufrágio directo e universal, e o Conselho da Federação, composto por 170 membros designados por cada uma das 85 regiões federadas, constitucionalmente designadas "Sujeitos da Federação Russa".

Constitucionalmente, o poder executivo é compartilhado entre o Presidente e o Governo, presidido pelo primeiro-ministro, responsável perante o Parlamento – o que configura um desenho "semipresidencialista". No entanto, como já dissemos, a proeminência dos poderes presidenciais confere ao sistema de governo uma natureza essencialmente presidencialista.

Os 85 "Sujeitos da Federação"

Segundo a Constituição de 1993, a Rússia é um estado federal constituído por 85 entidades autónomas – os Sujeitos da Federação Russa (*Subyekty*

Rossiyskoy Federatsii) – incluindo nesse número a República da Crimeia e a cidade de Sebastopol, anexadas em 2014.

Os Sujeitos da Federação – que constituem o nível regional da organização administrativa russa – compreendem um vasto conjunto de diferentes entidades regionais formado por 22 Repúblicas, 46 Regiões *(oblasts)*, nove Territórios *(krais)*, quatro Distritos autónomos *(okrugs)*, uma Região autónoma *(oblast)* e três Cidades de importância federal (Moscovo, São Petersburgo e Sebastopol).

À semelhança do que já vimos em relação a outros estados da Europa, também a divisão das Repúblicas da Federação Russa reproduz traços étnicos, históricos e territoriais muito variados. Vejamos alguns exemplos.

A República da Adiguésia é a pátria dos Adigueus, antigos habitantes do Cáucaso desde o séc. XIII; a República de Altai é território de tribos mongóis desde o séc. III a.C.; o Bascortostão é uma república cujo nome deriva do seu povo nativo, os Basquírios, que ocupa a região desde a Idade da Pedra; a Buriácia é a região de língua Buriata, um idioma mongol falado pelos Buriatos; a Região de Daguestão registou uma longa presença persa e árabe que converteu a sua população ao Islamismo; a Região da Carélia tem como língua oficial o Carélio, um idioma urálico do grupo fino-báltico; a Chechénia é um território anexado ao Império Russo em 1859 que luta pela independência desde a dissolução da União Soviética; a República da Inguchétia é a região dos Inguches, um povo do Cáucaso que depois de resistir à invasão mongol no séc. XVII foi anexado ao Império Russo em 1810 e lutou, em vão, pela independência durante a Revolução Bolchevique; a República da Ossétia do Norte corresponde ao antigo Reino da Alânia, fundado no séc. V pelos Alanos, um povo de origem iraniana de que derivaram os Ossetas.

Todos os Sujeitos da Federação gozam formalmente do mesmo estatuto face aos órgãos da Federação, embora exerçam poderes diferenciados. Têm Constituição própria, como é comum às federações em geral, mas os seus parlamentos não podem contrariar as normas da Constituição federal, que se aplica directamente a todo o território da Federação Russa.

O sistema de governo dos Sujeitos da Federação é estabelecido pela Constituição federal. O poder legislativo compete às assembleias legislativas, eleitas por sufrágio directo, segundo um sistema eleitoral misto (maioritário e proporcional). O poder executivo é exercido por um alto dirigente designado chefe de república, governador ou administrador, consoante as tradições históricas regionais. Uma lei de 2010 pôs fim à eleição directa do órgão executivo dos Sujeitos da Federação – que passou a ser eleito pela respectiva assembleia legislativa – e proibiu os seus titulares de usarem a designação de "presidente".

Entre 11 e 13 de Setembro de 2020, realizaram-se eleições municipais e regionais em 28 dos 85 Sujeitos da Federação. A nível regional, coligações lideradas pelo partido Rússia Unida, do presidente Putin, obtiveram a maioria em 11 parlamentos e elegeram 20 governadores regionais. No entanto, o Rússia Unida viu aumentar o número de assembleias onde é minoritário, ao perder nestas eleições a maioria nas assembleias de três Sujeitos da Federação, os distritos autónomos de Novosibirk, Tambov e Tomsk.

De entre as atribuições dos Sujeitos da Federação salienta-se a elaboração de planos regionais de desenvolvimento e ordenamento do território, a protecção do ambiente, o ensino secundário, os hospitais regionais, a construção e manutenção da rede viária e a aprovação do regime jurídico dos municípios (organização, competências, financiamento e formas de tutela, incluindo a tutela substitutiva).

As 9 regiões federais

Com a chegada de Vladimir Putin à presidência da Federação, no ano 2000, instalou-se uma política de centralização do poder – alegadamente destinada a corrigir a ingovernabilidade regional – que levou à integração dos 85 Sujeitos da Federação em nove regiões federais (do Centro, do Norte-Oeste, do Sul, do Volga, do Oural, da Sibéria, do Extremo-Oriente, do Cáucaso do Norte e da Crimeia) dirigidas por "enviados presidenciais". Estes cargos, não previstos na Constituição federal, são exercidos por governadores nomeados pelo presidente da Federação Russa, incumbidos de garantir a aplicação das políticas federais a nível regional e a compatibilização das legislações central e regional.

Nas últimas duas décadas foram sendo instituídos outros mecanismos de controlo político dos Sujeitos da Federação e de reforço do centralismo, em conformidade com a política de Putin e do seu partido Rússia Unida (maioritário nos parlamentos da maioria dos Sujeitos da Federação). Exemplos dessa política centralizadora são a criação, em 2004, de ministérios federais especializados em assuntos regionais, a proibição imposta em 2005 de formação de partidos regionais e a implementação em 2007 de um conjunto de critérios políticos e legislativos através dos quais os governadores federais avaliam a gestão e o desempenho dos Sujeitos da Federação.

Tais medidas afectam, obviamente, a autonomia política das entidades federadas.

As 13 152 unidades municipais

O artigo 1º, parágrafo 1, da Lei federal sobre as autarquias locais, aprovada em Setembro de 1997, designa o município russo por "unidade municipal".

Como é normal num estado multiétnico e transcontinental, como é a Federação Russa, a tipologia das suas unidades municipais é muito heterogénea. A organização municipal da Federação Russa é composta por 13 152 unidades municipais, compreendendo 579 cidades, 773 vilas, 14 aldeias de Cossacos *(stanitzas)*, 1 559 regiões *(ouezds)*, 9 988 cantões *(volosts)*, 128 bairros de Moscovo e 111 bairros de São Petersburgo.

Em razão da sua dimensão, as aglomerações urbanas com categoria de cidade podem revestir três formas: cidades autónomas; cidades divididas em bairros com órgãos de administração territorial sem autonomia em relação à administração municipal; e cidades cujos bairros são unidades municipais com órgãos autónomos eleitos.

As unidades municipais compostas por várias aglomerações situadas num território comum correspondem aos antigos sovietes de aldeia *(derevnia)* e às antigas regiões *(ouezds)*. Segundo a sua dimensão, essas aglomerações podem ser do tipo cantão *(volost)* – nuns casos dispondo de estrutura unitária autónoma, e noutros fazendo parte de outras unidades municipais –, ou do tipo região *(ouezd)* – nuns casos com estrutura unitária autónoma; noutros com estrutura unitária autónoma, mas dispondo de órgãos administrativos territoriais nalgumas das suas parcelas; noutros casos ainda formadas por parcelas que são elas próprias unidades municipais autónomas.

Finalmente, os outros territórios povoados correspondem a vários tipos de ocupação ancestral: associações de pequenas quintas, com uma ou várias famílias sedentárias; territórios ocupados por populações nómadas; e áreas de ocupação mista.

Todas essas formas de organização territorial gozam do estatuto de unidades municipais, são formalmente autónomas e têm estruturas administrativas próprias.

A Constituição da Federação Russa define o regime geral das unidades municipais. O seu artigo 12º reconhece o princípio da autonomia local e prescreve que os órgãos das autarquias são independentes do sistema administrativo do Estado. O artigo 131º estabelece que a autonomia local é exercida nas cidades, nas aglomerações rurais e noutros territórios de acordo com as suas tradições históricas e culturais, e condiciona a modificação dos limites territoriais das autarquias à consulta da sua população.

O artigo 132º admite que o Estado delegue competências suas aos órgãos municipais, mediante a transferência dos necessários meios materiais e financeiros.

Segundo a legislação federal, a administração das unidades municipais compete a uma assembleia deliberativa e a um órgão executivo unipessoal. A assembleia é constituída por um número de membros variável, entre quatro, nas comunidades rurais, e mais de 30, nos maiores municípios urbanos, eleitos por sufrágio directo e universal, em regra segundo o sistema maioritário.

Nas unidades municipais mais pequenas (em geral, com menos de 500 habitantes) a assembleia é substituída pela "reunião dos cidadãos", que pode exercer todos os poderes atribuídos por lei àquele órgão, na condição de a maioria dos habitantes com direito de voto participar nas respectivas deliberações.

O órgão executivo é o presidente do município. Em 59 Sujeitos da Federação o presidente é eleito directamente pela população; em 15 Sujeitos da Federação é eleito pela assembleia municipal de entre os seus membros, normalmente segundo a recomendação do órgão executivo do respectivo Sujeito da Federação; e nos restantes Sujeitos a função executiva pode ser exercida por um funcionário contratado para esse efeito pela assembleia municipal.

Na maioria dos Sujeitos da Federação a duração dos mandatos dos órgãos municipais é de quatro anos; em casos residuais é de dois e de cinco anos.

A legislação de vários Sujeitos da Federação prevê a participação do órgão executivo nas reuniões da assembleia municipal, embora sem direito de voto.

Os municípios prosseguem atribuições, em regime de competência conjunta com os órgãos de âmbito regional, nos sectores do desenvolvimento socioeconómico, planeamento municipal, ensino pré-escolar, primário, secundário e profissional, saúde pública, manutenção da ordem pública, protecção social e emprego, protecção do ambiente e segurança contra incêndios. Nos domínios do ensino e da saúde, os municípios são responsáveis pela construção e manutenção dos estabelecimentos de ensino e de saúde, remuneração do respectivo pessoal, compra de manuais e material didático e fornecimento de refeições escolares.

Para além das suas competências próprias, os municípios exercem poderes delegados pela Federação Russa e pelos Sujeitos da Federação, como é o caso do recrutamento militar e do cadastro da propriedade rústica. O exercício de poderes delegados está sujeito ao controlo de mérito por parte da administração estatal.

Segundo a legislação dos Sujeitos da Federação, a chefia da administração municipal compete, nuns casos, ao titular do órgão executivo e, noutros, a um alto funcionário contratado para o efeito.

A autonomia local na Federação Russa confronta-se com uma enorme falta de meios técnicos e financeiros. Nem todos os poderes delegados têm correspondência em reforço de financiamento municipal. A título de exemplo, refira-se que, em 2013, os municípios foram incumbidos por legislação federal de resolver os conflitos interétnicos, mas não receberam financiamento para o efeito. Os municípios podem cobrar taxas e participar no produto dos impostos locais, mas as receitas próprias são insuficientes para suportar as suas despesas. A concretização da autonomia local é, portanto, muito limitada, em razão do escasso âmbito das competências próprias dos municípios e da sua grande dependência financeira dos Sujeitos da Federação, que também registam um elevado défice orçamental.

SUÍÇA

População – 8 570 700 hab.
Área – 41 285 km2

Nota histórica

A Suíça é fruto da orografia e da resistência ao invasor. A união dos cantões de Uri, Scwyz e Unterwalden (1291) contra o domínio dos Habsburgo da Áustria marcou a fundação da Suíça. A posterior adesão dos cantões de Lucerna e Zurique em revolta contra a Casa de Habsburgo contribuiu para o fortalecimento da Confederação. Ao longo dos sécs. XV e XVI aderiram várias cidades e outros cantões (Glarus e Zug), contribuindo para a formação da Antiga Confederação Suíça.

As lutas religiosas resultantes da Reforma Protestante suíça, iniciada em 1523, não puseram em causa a unidade política dos cantões, nem a manutenção da Confederação.

Em finais do séc. XVIII, sob inspiração dos ideais liberais e democráticos da Revolução Francesa, eclodiram em vários cantões revoltas populares contra a opulência e corrupção da nobreza e da alta burguesia. Incentivado por essa situação, Napoleão Bonaparte invadiu a Suíça (Mar. 1798) e provocou o colapso da Confederação Suíça. Em Abril desse ano foi proclamada a República Helvética "una e indivisível", que teve por efeitos a abolição da soberania dos cantões e dos direitos feudais e a instauração de um estado centralizado, à imagem da França napoleónica.

Seguiu-se um período de conflitos entre Federalistas e Centralizadores, que Napoleão resolveu com o Acto de Mediação (1803), abolindo o estado centralizado e restaurando o sistema cantonal. Morria, assim, a breve República Helvética (1798-1803) e a Suíça voltava a ser uma confederação. Em Julho de 1847, a Dieta [23] decidiu dissolver a aliança defensiva secreta celebrada pelos

[23] Designação atribuída à assembleia dos deputados dos cantões, até 1848.

cantões conservadores católicos, conhecida por Sonderbund, dando origem a uma breve guerra civil que culminou com a aprovação da Constituição Federal de 1848, aceite por todos os cantões.

A Constituição de 1999 manteve os traços tradicionais do sistema político.

De acordo com o artigo 4º da Constituição, a Suíça tem quatro línguas nacionais: o alemão, o francês, o italiano e o romanche. Curiosa é a norma do artigo 37º da Constituição, que subordina a cidadania nacional à cidadania das unidades territoriais autónomas: "Cidadã suíça ou cidadão suíço é o que possui a cidadania de um município ou a cidadania de um cantão."

O sistema político-administrativo da Suíça integra três níveis territoriais de governo: a Federação, os cantões e os municípios.

A Federação

A Constituição de 1848, revista em 1874, definiu a Suíça, ou Confederação Suíça, como um estado federal constituído por 26 estados federados, designados "cantões". A Constituição de 1999 continua a garantir a soberania de cada cantão e a separação de poderes entre eles e a Confederação.

A Suíça tem um sistema de governo de base parlamentar, visto que o Governo é designado pelo Parlamento federal, origem da sua legitimidade política. Todavia, uma vez constituído, o Governo não responde politicamente perante o Parlamento, que o não pode demitir. Dado o facto de o Governo (designado Conselho Federal) funcionar como colégio, com presidência rotativa, costuma dar-se ao sistema de governo suíço a designação de "diretorial".

O Presidente da Confederação Suíça é eleito por um ano pela Assembleia Federal, cabendo-lhe presidir ao Governo.

De acordo com o artigo 148º da Constituição, a função legislativa é exercida pela Assembleia Federal, constituída por duas câmaras: o Conselho Nacional, formado por 200 membros eleitos de quatro em quatro anos por sufrágio directo e universal dos cidadãos suíços, segundo o sistema de representação proporcional, e o Conselho dos Estados, composto por 46 representantes dos cantões, eleitos directamente pela população de cada cantão, de acordo com o sistema estabelecido na respectiva Constituição.

Compete ao Parlamento federal nomear o Governo – o Conselho Federal –, presidido pelo Presidente da Confederação Helvética e formado por sete conselheiros responsáveis pelas pastas dos Assuntos Internos, Negócios Estrangeiros, Defesa, Justiça, Economia e Finanças, Energia e Comunicações.

Os 26 cantões

O segundo nível territorial da organização política da Confederação é constituído pelos 26 cantões soberanos, dotados de Constituição, parlamento e governo próprios.

Os parlamentos dos cantões são eleitos por sufrágio directo e universal, segundo o sistema de representação proporcional e com o prazo do mandato estabelecidos nas suas Constituições. Também a composição e organização do parlamento e do governo de cada cantão são definidas na respectiva Constituição.

Os poderes dos cantões são constitucionalmente definidos por exclusão dos poderes da Confederação: tudo o que a Constituição não reserve à Confederação é da competência dos cantões. É o que estabelece o seu artigo 3º ao dispor que "Os cantões são soberanos, desde que a sua soberania não seja limitada pela Constituição Federal; eles exercem todos os direitos não delegados à Confederação."

Entre outras funções, são da competência da Confederação as relações internacionais, o ensino secundário e superior, a formação profissional, a investigação científica, o fomento desportivo, a produção cinematográfica, as bases da planificação territorial, a política das águas, a protecção das florestas, os princípios sobre a pesca e a caça, a protecção dos animais, a regulação do tráfego rodoviário, a construção e conservação das estradas nacionais, a política fiscal, a energia nuclear, os correios e telecomunicações, a rádio e a televisão, o sistema bancário, a política financeira e monetária, a emissão de moeda, a produção agrícola, os jogos de azar e lotarias, a política de emigração, a legislação no âmbito do Direito Civil e a metrologia.

Por sua vez, o artigo 43º da Constituição dispõe que "os cantões definem quais as tarefas que cumprem no âmbito das suas competências." Insere-se nas atribuições dos cantões o ensino básico, a cultura, a escolha das suas línguas, as relações do Estado com as religiões, a protecção das crianças e dos jovens, a defesa do ambiente, o ordenamento do território e o urbanismo, a assistência a indigentes e a legislação no âmbito do Direito Penal.

Os cantões cooperam no âmbito de associações de cantões para a realização conjunta das suas atribuições.

Os 2 222 municípios

Os cantões dividem-se em 2 222 municípios, 25% dos quais tem menos de mil habitantes.

A Suíça é um dos estados da Europa onde o processo de fusão de municípios mais se intensificou nas últimas décadas: os 3 097 municípios existentes em 1950, passaram a 3 021 nos anos 1990, para estacionarem em 2017 nos actuais 2 222. A fusão de municípios foi justificada com a necessidade de reduzir a despesa pública e a falta de candidatos às eleições municipais.

Sem embargo da diversidade de estatutos municipais existentes no país, a sua organização é, em regra, constituída por uma assembleia deliberativa, eleita por sufrágio directo e universal para mandatos de quatro anos, e um órgão executivo unipessoal, responsável perante ela.

O número de membros das assembleias municipais não é uniforme no conjunto do território. A título de exemplo, no cantão de Genève a composição das assembleias varia entre nove membros, nos municípios com população até 600 habitantes, e 37, nos que têm mais de 30 mil habitantes. A sua eleição adopta o sistema maioritário nos municípios com 800 ou menos eleitores e o sistema da representação proporcional nos municípios com maior número de eleitores.

Por seu lado, no cantão de Neuchâtel o número de membros da assembleia municipal varia entre nove, nos municípios com menos de 300 habitantes, e um máximo de 41 membros, nos municípios mais populosos. A sua eleição processa-se, em regra, segundo o sistema da representação proporcional, podendo seguir o sistema maioritário nos municípios com menos de 750 habitantes.

Nalguns cantões as leis relativas à organização municipal preveem que nos municípios menos populosos a assembleia seja substituída pelo conjunto dos eleitores, que aprovam as medidas de gestão municipal em reuniões periódicas presididas por um cidadão eleito para o efeito.

Assimétrica é também a forma de eleição do órgão executivo municipal. No cantão de Genève esse órgão é constituído pelo presidente, eleito directamente pela população segundo o sistema maioritário, e dois adjuntos eleitos pela assembleia. No cantão de Neuchâtel o executivo municipal é composto por um presidente e dois, quatro ou seis membros, todos eleitos pela assembleia segundo o sistema de maioria absoluta, para mandatos de quatro anos.

Na maior parte das grandes cidades a administração municipal é chefiada pelo secretário municipal, um alto funcionário nomeado pelo órgão executivo que aconselha os órgãos municipais, assiste às suas reuniões e dispõe de competência para dirigir os serviços e organizar o trabalho dos funcionários. Nos municípios com mais de 10 mil habitantes o secretário municipal tem a designação de chanceler.

A definição das atribuições e da organização dos municípios suíços é matéria da competência dos parlamentos cantonais, sobre cuja regulamentação a população já tem sido chamada a pronunciar-se em referendo.

A inexistência de um estatuto municipal uniforme em todo o território faz com que as atribuições e competências municipais variem de acordo com a legislação aprovada pelos órgãos de cada cantão. Não obstante, existe um núcleo comum de atribuições municipais que inclui a administração do património próprio, o ordenamento do território, o licenciamento da construção, a realização de obras públicas, a polícia municipal (manutenção da ordem e controlo do trânsito), a saúde e higiene, os transportes públicos, a captação e distribuição de água potável, a recolha e tratamento do lixo, a promoção de actividades desportivas e culturais, a protecção civil e o combate a incêndios.

As deliberações das assembleias municipais podem ser submetidas a ratificação da população em referendo, se isso for requerido por uma certa percentagem dos eleitores do município.

A reduzida dimensão territorial dos municípios suíços fomentou o associativismo municipal. A criação de associações é livremente decidida pelos municípios e tem por finalidade a realização conjunta de algumas das suas atribuições, designadamente nos sectores do ordenamento do território, tratamento do lixo, fornecimento de água e educação.

3. ESTADOS POLITICAMENTE REGIONALIZADOS

ESPANHA

População – 46 940 000 hab.
Área – 505 970 km2

Nota histórica

Para além da divisão do território em províncias, fez parte da romanização da Península Ibérica a elevação dos principais assentamentos à categoria de *municipium*, como forma de atribuição da cidadania romana aos seus habitantes. A solidez desta nova instituição, reforçada durante a Monarquia Visigótica, permitiu-lhe sobreviver ao domínio muçulmano e ao próprio Estado Absoluto, mantendo as suas naturais características de autogoverno.

É, sobretudo, a partir do final do séc. XV que o direito local e as prerrogativas municipais e regionais (os *fueros*) foram sendo suprimidos pelo processo de centralização do poder régio. Com parte da Ibéria ainda sob ocupação islâmica, o casamento dos monarcas Isabel de Castela e Fernando II de Aragão (1469) deu origem à união dinástica dos dois mais importantes reinos cristãos de Espanha, de que nasceu a Monarquia Espanhola. O desígnio imperial da nova Monarquia levou os reinos cristãos menores da Península a resistirem à integração política, mas a supremacia militar de Castela e Aragão na luta contra o inimigo comum neutralizou a sua resistência, provocando a assimilação de uns e reduzindo outros à condição de vassalos.

Num estado habitado por numerosas comunidades judaicas e muçulmanas, a nova Monarquia ia-se consolidando pela força das armas e pelo terror da Inquisição Espanhola, que os monarcas fundaram (1478) para impor a ortodoxia católica e salvar as almas do reino.

Sob a protecção de uma forte centralização política, o embrião do Estado-Nação desenvolvia-se à sombra de três factores agregadores: o novo Direito nacional [24] , a unicidade religiosa e a imposição do Castelhano como língua oficial do Reino.

Depois de um longo período de declínio, a grande importância atribuída às autarquias locais no início do séc. XIX reforçou o municipalismo espanhol. A Constituição da Cádis (1812) [25], que instituiu a monarquia constitucional, de cariz liberal e representativo, limitou os poderes do monarca, extinguiu os privilégios da nobreza e da Igreja Católica, aboliu a Inquisição e instituiu um sistema administrativo baseado nas províncias e nos municípios. Mas o regresso de Fernando VII ao poder pôs fim aos curtíssimos dois anos do constitucionalismo liberal (1812-1814).

A Primeira Guerra Carlista (1833-1840) agitou uma vez mais a vida local, com a maioria dos municípios a alinharem com os partidários liberais da rainha Isabel II contra os absolutistas carlistas, apoiantes do infante Carlos de Bourbon.

Mais tarde, a renúncia do rei Amadeu I ao trono de Espanha permitiu a instauração da Primeira República Espanhola (Fev. 1873 - Dez. 1874). Por 219 deputados a favor e dois contra, as Cortes aprovaram a proposta de nova Constituição e proclamaram a República federal. O artigo 1º dessa Constituição estabelecia: "Compõem a Nação Espanhola os Estados de Andaluzia Alta, Andaluzia Baixa, Aragão, Astúrias, Baleares, Canárias, Castela a Nova, Castela a Velha, Catalunha, Cuba, Estremadura, Galiza, Múrcia, Navarra, Porto Rico, Valência e Vascongadas."

Foi esse o primeiro ensaio de federalismo que a Europa conheceu, depois da Suíça.

Não houve tempo para o consolidar. Insurreições do exército, levantamentos populares, intentonas golpistas, greves gerais, linchamentos de alcaides, fuzilamentos de militares e proclamações de independência de alguns municípios e províncias ilustram a luta entre os Unitários, defensores de uma corrente nacionalista e centralizadora, e os Federais, apologistas da descentralização política e administrativa a favor das regiões espanholas. A convulsão terminou com o pronunciamento militar do general Martinez Campos, que

[24] Que não impediu que, nalgumas regiões históricas de Espanha, os *fueros* (forais) e os direitos locais sobrevivessem até meados do séc. XX.

[25] A Constituição de Cádis foi a principal fonte da primeira Constituição portuguesa, de 1822.

derrubou a Primeira República e restaurou a Monarquia Bourbon na pessoa do rei Afonso XII (1874).

Durante o reinado de seu filho Afonso XIII, a derrota de Espanha na Guerra Hispano-Americana (1898) pôs fim ao império colonial espanhol, com a secessão de Cuba, Porto Rico e Ilhas Filipinas. Este choque moral, social e político abalou os espanhóis e inflamou a consciência de uma elite intelectual conhecida por *Geração de 1898*, a que pertenceram, entre outros, Miguel de Unamuno, Pio Baroja e Menendez Pidal, e cuja obra literária denunciava as injustiças sociais, revalorizava a linguagem e as tradições locais e acentuava a decadência de Espanha. O pessimismo e a contestação alimentavam a crise do nacionalismo espanhol e abalavam a confiança na Monarquia.

A incapacidade de o governo controlar militarmente a insurreição armada das tribos do Protectorado espanhol de Marrocos – conhecida pela Segunda Guerra do Rif – esteve na origem do golpe do general Primo de Rivera (13. Set. 1923). Durante a ditadura então instaurada foi aprovado o Estatuto Municipal (1924) e o Estatuto Provincial (1925), que conferiram um certo grau de autonomia às comunidades locais. Essas reformas granjearam popularidade ao novo regime, mas a Grande Depressão de 1929, a crise económica e financeira que se abateu sobre Espanha e o aumento galopante do desemprego minaram a credibilidade do governo. Confrontado com a contestação de sectores intelectuais, da burguesia liberal e dos meios operários, Afonso XIII demitiu Primo de Rivera (28. Jan. 1930).

Dois dias depois da vitória republicana nas eleições municipais de 12 de Abril de 1931, Afonso XIII fugiu de Espanha e exilou-se em Paris. Nesse mesmo dia foi proclamada a Segunda República espanhola, cujo parlamento aprovou uma nova Constituição (9. Dez. 1931) que manteve a divisão do país em municípios e províncias e permitiu que nestas fossem criadas comunidades autónomas.

Cinco anos mais tarde, um golpe militar contra a República desencadeou a Guerra Civil. De 1936 a 1939, a luta entre os Nacionalistas (aliados a monárquicos, fascistas e católicos, e apoiados militarmente por Mussolini e Hitler e logisticamente por Salazar) e os Republicanos (coligados com anarquistas e comunistas) arrastou a Espanha para um dos mais sangrentos períodos da sua história. A vitória dos Nacionalistas levou ao poder o seu principal líder, o general Francisco Franco, que instaurou no país uma férrea ditadura militar que só terminaria com a sua morte, em 1975.

Preparando a restauração da Monarquia Bourbon após o seu desaparecimento, Franco indigitou em 1969 o neto de Afonso XIII, Juan Carlos de Bourbon, como futuro rei de Espanha. Uma vez proclamado rei de Espanha pelas *Cortes Generales* (22. Nov. 1975), coube ao novo monarca fazer com sucesso a transição pacífica da ditadura para a democracia parlamentar. Nos últimos anos do seu reinado, Juan Carlos envolveu-se em vários escândalos passionais e financeiros que destruíram o seu prestígio e o obrigaram a abdicar do trono (2. Jun. 2014) a favor de seu filho, Filipe VI. Sujeito a investigação judicial por corrupção, branqueamento de capitais e fraude fiscal e arrasado pela opinião pública espanhola, Juan Carlos viu-se obrigado a abandonar o país (Agos. 2020) numa última tentativa de salvar a Monarquia.

A instabilidade política, as guerras, revoltas e pronunciamentos militares e as reivindicações autonómicas que atravessaram os quatro séculos da Espanha moderna ilustram a difícil coabitação de antigas nações históricas assimiladas desde o séc. XV num reino centralizado e nele mantidas pela força do mesmo exército e da mesma doutrina que após a Guerra Civil manteve no poder um regime de tipo fascista durante quase 40 anos.

A transição democrática pactuada iniciada depois da morte de Franco permitiu a convocação de eleições livres e a aprovação de uma Constituição. Uma das novidades foi a instituição da autonomia política regional, através das "comunidades autónomas".

Tradicionalmente, os níveis territoriais da Espanha unitária eram, para além do Estado, as províncias e os municípios. Com a transição democrática e a Constituição de 1978, que deu origem ao chamado "Estado das Autonomias", a Espanha tornou-se um estado politicamente regionalizado.

Nos termos da Constituição, a organização político-administrativa de Espanha integra quatro níveis territoriais de governo: o Estado, as comunidades autónomas, as províncias e os municípios.

O Estado

Constitucionalmente, a Espanha é uma monarquia constitucional, com um sistema de governo parlamentar.

O órgão supremo do Estado é o monarca reinante.

O poder legislativo é exercido por um Parlamento (as *Cortes Generales*) constituído por duas câmaras com mandato de quatro anos: o Senado, formado por 265 senadores eleitos por um sistema misto – uma parte é eleita pelas assembleias legislativas das comunidades autónomas, e outra é eleita por sufrágio directo e universal dos eleitores de cada província; e o Congresso dos Deputados, com 350 membros eleitos por sufrágio directo e universal dos eleitores de Espanha.

O Governo é nomeado pelo monarca, de acordo com os resultados eleitorais, e é politicamente responsável perante o Parlamento (sistema de governo parlamentar).

As 17 comunidades autónomas

A Espanha nasceu numa província romana – a Hispânia – e formou-se pela agregação de vários antigos reinos medievais independentes, fundados por diferentes grupos étnicos que foram sendo integrados na Monarquia Espanhola, a partir do séc. XV. Ao longo dos séculos, as particularidades étnicas e históricas desses reinos obstaram à total assimilação na Monarquia Espanhola e alimentaram reivindicações autonómicas fundadas no território, na raça e na língua. Os *fueros* regionais – cartas de privilégio territorial que reconheciam formas de autogoverno baseado nos direitos históricos medievais – mantiveram-se até ao séc. XX.

Essa herança histórica tem intensidades e expressões regionais variáveis, mas fomenta sentimentos autonomistas, e mesmo independentistas, em regiões como a Catalunha, a Galiza ou o País Basco. Os movimentos autonómicos surgidos em várias regiões em meados do séc. XIX inspiram-se numa herança histórica e cultural que fomenta a ideia de "nação", oposta à nação espanhola.

Reflectindo sobre o conceito de *iberismo*, Fernando Pessoa escreveu: "A primeira nação inimiga da Ibéria é a Espanha – no sentido de a actual Espanha, Castela imperando anti naturalmente num agrupamento que não conseguiu absorver, porque não absorveu a Galiza nem a Catalunha." [26]

[26] Excerto de "Problema Ibérico", *in* Raiz e Utopia, nº 7/8, 1978 – ed. Centro Nacional de Cultura, Lisboa.

O actual conflito político-constitucional na Catalunha confirma as palavras do poeta.

Durante mais de cinco séculos, a Catalunha foi um estado independente. A Constituição catalã de 1283 – a primeira Constituição aprovada em território da actual Espanha – foi obra das Cortes Catalãs do antigo Principado da Catalunha, um estado com língua própria – o Catalão –, fundado em 1162 e governado pela *Generalitat* catalã até 1715, ano em que foi suprimido por decreto de Filipe V.

No séc. V, os Suevos fundaram na antiga província romana da Gallaecia o Reino da Galiza, que existiu como unidade política autónoma durante 14 séculos. A manutenção até hoje da língua oficial desse Reino – o Galego –, com ostensiva recusa do uso do Castelhano, atesta a identidade étnica, cultural e linguística da região. Na Baixa Idade Média, enquanto a nobreza galega resistia à total integração na Monarquia Espanhola, o território era governado pela *Xunta irmandina* do Reino da Galiza, uma assembleia representativa do povo galego que se manteve até Fernando II decretar a sua extinção, em 1834.

No País Basco espanhol (ou País Basco do Sul, por oposição ao País Basco do Norte, em território da França), as "províncias foral" de Álava, Viscaia e Guipúzcoa da Comunidade Autónoma Basca e a Comunidade Foral de Navarra, correspondente ao antigo Reino de Navarra, gozaram de grande autonomia administrativa até meados do séc. XX, ao abrigo dos privilégios outorgados nos *fueros* da Baixa Idade Média. O Reino de Navarra, fundado no séc. IX, manteve a sua independência até ser incorporado na Monarquia Espanhola, em 1512. Ainda assim, os Bascos conservaram a sua língua nacional – o *Ueskara* – e uma administração regional própria que, até ao séc. XVIII, assegurava a justiça e a segurança pública e exercia funções fiscais e militares, desprezando a autoridade da Monarquia sob o lema "obedézase pero nom se cumpra".

A Segunda República reconheceu as particularidades culturais e históricas da Catalunha, do País Basco e da Galiza, outorgando o Estatuto Catalão, em 1932, o Estatuto Basco, em 1933, e o Estatuto Galego, em 1936. Também na Cantábria, La Rioja e Múrcia surgiram durante o franquismo partidos nacionalistas clandestinos que reivindicavam o autogoverno. De tal modo que, numa perspectiva histórica, pode afirmar-se que o derrube da Segunda República democrática e descentralizadora, a Guerra Civil de 1936-1939 e a feroz ditadura franquista uniram mais os nacionalismos regionais do que o nacionalismo espanhol. Hoje em dia, a identidade histórica e cultural de várias nações de Espanha continua a alimentar a luta dos movimentos autonómicos surgidos em meados do séc. XIX.

O problema colocado pela existência de várias línguas regionais é tão sensível que, após a morte de Franco, o hino espanhol foi despojado do texto castelhano e ficou reduzido à composição musical (a *Marcha Real*). Estes constrangimentos colocam a questão da legitimação do nacionalismo espanhol, imposto pelas conquistas da Monarquia Espanhola e mantido pela força das armas da facção vencedora da Guerra Civil.

Após a morte de Franco, as *Cortes Generales* aprovaram a Constituição de 1978, que criou 17 comunidades autónomas. A descompressão democrática do país permitiu efectivar um projecto de regionalização política, sem quebra da unidade do Estado.

Vista à luz das posteriores reivindicações independentistas da *Generalitat* catalã e do País Basco [27] essa opção constitucional pode parecer insuficiente, antes aconselhando a adopção da solução federativa. Mas Madrid resiste a ela porque, como é próprio do federalismo, isso implicaria atribuir a todas as regiões um estatuto político uniforme e mais enriquecido, o que seria entendido por algumas como a conquista de um novo patamar na escalada independentista.

O território de Espanha está dividido nas comunidades autónomas de Andaluzia, Aragão, Astúrias, Cantábria, Castela e Leão, Castilha-La Mancha, Catalunha, Comunidade de Madrid, Estremadura, Galiza, La Rioja, Múrcia, Navarra, País Basco, Valência, Ilhas Baleares e Ilhas Canárias.

Também em Espanha os legados da História moldaram as fronteiras das comunidades regionais que, à excepção dos dois arquipélagos, correspondem ao território de antigos reinos medievais. Os Reinos de Aragão, das Astúrias, de Castela e de Leão deram origem às comunidades autónomas dos mesmos nomes; a Cantábria foi um ducado criado pela Monarquia Visigótica no séc. VII; Castilla-La Mancha reúne dois feudos vassalos do Reino de Castela; a Catalunha sucede ao Principado da Catalunha, fundado no séc. XII;

[27] De entre os vários movimentos independentistas bascos destacou-se, pelo carácter terrorista da sua acção, o Euskadita Ta Askatasuna (em basco, "Pátria Basca e Liberdade"), mais conhecido pelo acrónimo ETA.

a Estremadura corresponde ao território espanhol da província romana da Lusitânia; a Galiza sucede ao reino do mesmo nome, fundado no séc. V; La Rioja é a designação de uma região natural onde teve sede a província histórica de Logroño, do início do séc. XVIII; Múrcia foi um reino vassalo do Reino de Castela; Navarra corresponde ao antigo reino do mesmo nome; o País Basco reúne três "províncias foral" históricas; e Valência, ou Comunidade Valenciana, é a antiga Taifa de Valência, criada após a conquista do Califado de Córdova, em 1010, da qual nasceu o Reino de Valência no séc. XIII.

A delimitação das comunidades autónomas de Espanha não se traduziu numa nova divisão directa do território; como determinou o artigo 143º da Constituição, resultou da agregação de actuais províncias com características históricas, culturais e económicas comuns. Aliás, os projectos dos estatutos de autonomia de cada comunidade foram elaborados por uma comissão composta por membros dos órgãos das províncias agregadas e deputados e senadores nelas eleitos.

Muito embora a Constituição espanhola coloque todas as comunidades autónomas em posição de igualdade perante o Estado, a verdade é que essa paridade é meramente formal.

A regionalização política espanhola tem assimetrias derivadas quer dos dois sub-sistemas distintos e muito particulares representados na Catalunha pela *Generalitat* e no País Basco pelo *Governo de Vitória,* quer do sistema de financiamento especial de que beneficiam o Pais Basco e Navarra. Para essa assimetria contribui também o facto de cinco das comunidades autónomas (Astúrias, Cantábria, Madrid, Múrcia e La Roja) terem apenas uma província, beneficiando simultaneamente do sistema de financiamento regional e das receitas provinciais. Um terceiro elemento diferenciador das regiões é a desigualdade do âmbito material da sua competência legislativa, definida em graus muito distintos nos estatutos de autonomia das várias comunidades.

A maior autonomia de sete comunidades de estatuto reforçado em relação às outras dez tem levado estas a reivindicar uma paridade estatutária que vai sendo obtida de um modo desigual, através de revisões pontuais dos seus estatutos.

A Constituição reconhece a existência de várias línguas em certas comunidades autónomas. É o caso do Catalão na Catalunha, do Galego na Galiza, do Euskara no País Basco, do Valenciano na Comunidade Valenciana, e do Catalão e Castelhano nas Ilhas Baleares.

O sistema de governo das comunidades autónomas compreende três órgãos: o parlamento regional, formado por um número variado de membros eleitos por sufrágio directo e universal, segundo o sistema proporcional, para um mandato de quatro anos; o presidente da região, eleito pelo parlamento; e o governo regional, designado pelo presidente.

As atribuições das comunidades autónomas não são uniformes, variando segundo o grau de autonomia atribuído pelos estatutos regionais. No entanto, o seu âmbito está condicionado pela reserva de competência exclusiva que a Constituição atribui ao Estado, designadamente nos seguintes domínios: relações internacionais; defesa; administração da justiça; sistema monetário; legislação civil, penal, comercial e laboral; marinha mercante e pescas marítimas; caminhos-de-ferro e transportes terrestres suprarregionais.

As atribuições comuns das comunidades compreendem o planeamento urbano e regional, o urbanismo e a habitação; as obras públicas regionais; os caminhos-de-ferro e as estradas cujo itinerário se desenvolva integralmente no seu território; os portos de abrigo, portos e aeroportos desportivos; a agricultura, a pecuária, a silvicultura e as pescas em águas interiores; o desenvolvimento económico em geral; a protecção do ambiente; a saúde; a assistência social; o ensino; a cultura, incluindo museus, bibliotecas e monumentos, e o turismo.

Os estatutos autonómicos das comunidades autónomas do País Basco, Catalunha, Galiza e Navarra atribuem-lhes o poder de criarem corpos de polícia própria.

As 50 Províncias

A Constituição de Cádis, aprovada em 1812 sob influência do sistema napoleónico, criou as províncias espanholas à semelhança dos departamentos franceses, como nível de administração desconcentrada do Estado e de tutela dos municípios. Em 1833, as províncias ficaram sob a autoridade de governadores civis nomeados pelo rei, supostamente incumbidos de tutelar os municípios e coordenar os serviços provinciais do Estado. No entanto, cedo se revelou a vocação desses agentes políticos para a fraude e manipulação eleitoral.

A Constituição de 1978 estabelece que a administração autónoma das actuais 50 províncias compete às *diputaciones*, cuja organização compreende três órgãos: o conselho provincial, o presidente da *diputation* e uma comissão de governo. Não dispondo de uma assembleia provincial directamente eleita, as províncias não são autarquias territoriais autónomas em sentido próprio.

De facto, o conselho provincial é constituído por deputados, em número variável entre 25 e 51, eleitos indirectamente pelos e de entre os conselheiros municipais. O presidente é eleito pelo conselho, cabendo-lhe constituir a comissão de governo e nomear os vice-presidentes, de entre os seus membros. A comissão de governo é formada pelo presidente e por conselheiros em número inferior ou igual a um terço dos membros do conselho, livremente nomeados e demitidos pelo presidente.

O regime jurídico das autarquias locais confere protecção legal aos forais históricos (os *fueros*) das províncias de Álava, Viscaia e Guipúzcoa do País Basco, permitindo-lhes "conservar ou, se necessário, restabelecer e actualizar a sua organização e as suas instituições próprias de governo." Evitando o qualificativo de "província", elas adoptam a designação de "territórios históricos".

Esses "territórios históricos" gozam de regime orgânico e eleitoral especial, diferente das outras províncias de Espanha. O seu órgão de governo tem a designação de "junta geral", distinta dos conselhos provinciais das restantes províncias espanholas. As funções executivas competem não a comissões de governo, como nas outras províncias, mas a *diputaciones forales* presididas pelo *diputado general*. E, contrariamente ao que se passa nas restantes províncias, os membros das juntas gerais do País Basco são eleitos por sufrágio directo.

Durante a ditadura franquista os governadores civis das províncias representavam a *longa manus* do regime em toda a Espanha. A representação ideológica e a função policial dos governadores civis no controlo da sociedade e na perseguição dos opositores políticos conferiram à província uma carga simbólica negativa. Por outro lado, a criação das comunidades autónomas roubou espaço institucional às províncias, vistas actualmente por alguns como autarquias locais dispensáveis no contexto político-administrativo de Espanha.

A questão da sua subsistência como subnível da administração local autónoma faz parte do debate de vários partidos políticos espanhóis. Isso explica o carácter residual das competências das províncias, limitadas à coordenação das actividades intermunicipais e ao apoio jurídico e técnico aos municípios. No entanto, as províncias exercem poderes delegados pelo Estado e pelas comunidades autónomas nos sectores do ensino, da saúde e assistência social, os transportes, da cultura e da prevenção e combate a incêndios.

Os 8 094 Municípios

Espanha é outro estado onde o processo de fusão dos municípios históricos foi muito acentuado. Em cerca de cinco décadas o país perdeu mais de 1 100 municípios: os 9 214 dos anos 1950 reduziram-se a 8 182 em 1992, baixando a 8 111 em 2007, para ficarem em 8 094 em 2017.

Os municípios constituem o segundo, mas principal, subnível da administração local de Espanha. Cerca de 90% dos municípios têm uma população inferior a 5 mil habitantes. Apenas 55 têm população superior a 100 mil habitantes.

O seu sistema de governo, de tipo parlamentar, é constituído por dois órgãos: o conselho municipal (*ayuntamiento*), composto por um número variável de conselheiros eleitos por sufrágio directo e universal, segundo o sistema proporcional, e o *alcalde*, eleito pelos conselheiros municipais.

O *alcalde* é assessorado pelo secretário municipal, um alto funcionário com competência para coordenar a actividade geral dos serviços e informar sobre a legalidade das decisões do conselho.

A Lei das autarquias locais atribui aos municípios competência em várias matérias, remetendo a regulamentação do seu exercício para leis do Estado e das comunidades autónomas.

Contrariamente ao regime jurídico dos municípios portugueses, que confere aos grandes municípios de Lisboa e Porto os mesmos poderes que atribui aos pequenos municípios de Barrancos ou Mesão Frio, as competências dos municípios espanhóis são fixadas segundo um regime gradualista baseado na população.

A lei define um núcleo mínimo de competências comuns que habilitam todos municípios a satisfazer as necessidades mais básicas da sua população: abastecimento de água, iluminação pública, recolha de lixos, rede de esgotos, abastecimento público, controlo da qualidade dos alimentos e bebidas, pavimentação da rede viária e manutenção dos cemitérios.

Para além desse núcleo mínimo, a atribuição de poderes adicionais aos municípios tem por critério o número de habitantes. Os que têm população superior a 5 mil habitantes são competentes também para o tratamento de resíduos sólidos, criação de bibliotecas públicas e gestão de parques. Os municípios com mais de 20 mil habitantes têm ainda competência para a criação de serviços de protecção civil, prevenção e extinção de incêndios, acção social e criação de equipamentos desportivos. Além de todos os poderes acima referidos, os municípios com população superior a 50 mil habitantes exercem competências nos domínios da protecção do ambiente e da criação e exploração de serviços de transporte de passageiros.

Essa diferenciação das atribuições em função do número de habitantes dos municípios determina que os mais populosos, que desempenham tarefas de nível superior, satisfaçam necessidades de municípios menores, que, por não terem a população exigida, exercem atribuições mais limitadas. É o caso, por exemplo, do tratamento dos resíduos sólidos, da protecção civil ou da luta contra os incêndios, que apenas estão confiadas aos municípios mais populosos.

Para além das competências próprias, os municípios podem exercer competências delegadas pelo Estado ou pelas comunidades autónomas.

Algumas comunidades autónomas decidiram manter no seu território as antigas *comarcas*, constituídas por municípios vizinhos. Trata-se de autarquias locais facultativas, estabelecidas por decisão das comunidades autónomas e dotadas de um conselho de comarca eleito, que exerce algumas funções administrativas definidas pelos órgãos regionais. O exercício pelos municípios de poderes delegados pelas comunidades autónomas fica, em muitos casos, condicionado à sua integração nas comarcas que tenham sido mantidas.

No entanto, a existência de comarcas não impede que os municípios nelas integrados cooperem na forma associativa. A pequena dimensão territorial dos 8 094 municípios espanhóis dificulta a prossecução das suas atribuições, de forma isolada. Este constrangimento estimula o associativismo municipal e leva-os a criar *mancomunidades*, que são associações voluntárias para a realização de fins específicos.

As áreas metropolitanas

A cooperação intermunicipal interessa também aos municípios mais populosos, onde se avolumam os problemas de qualidade de vida urbana.

As cinco áreas metropolitanas de Espanha associam as maiores cidades do país – Madrid, Barcelona, Bilbao, Valência e Sevilha – aos municípios circundantes, visando a gestão conjunta de sectores como o planeamento urbano, o desenvolvimento económico e os transportes.

A titulo de exemplo, a Área Metropolitana de Barcelona, criada pelo parlamento da Catalunha em Julho de 2011, reúne 36 municípios com um total de 3 100 mil habitantes, e tem atribuições nos sectores do desenvolvimento económico e social, ordenamento do território, urbanismo, ambiente, transportes urbanos, gestão da água e dos resíduos sólidos.

A sua gestão compete a um conselho metropolitano, formado pelos presidentes dos municípios constituintes e presidido pelo presidente do município de Barcelona, e a uma junta metropolitana de 18 membros eleitos pelos órgãos municipais.

Não dispondo de um órgão deliberativo directamente eleito, não estamos perante autarquias territoriais em sentido próprio, mas sim de entidades de tipo intermunicipal.

ITÁLIA

População – 60 782 600 hab.
Área – 302 073 km2

Nota histórica

A crescente pressão dos povos "bárbaros" sobre o vasto Império Romano do Ocidente acentuou o seu declínio militar e permitiu ao comandante germânico Odoacro depor o imperador Rómulo Augusto (ano 476). A queda do Império facilitou a chegada à Península Italiana de outros povos que nela formaram vários estados. Os mais importantes terão sido o Reino Ostrogótico (493-552), criado pelos Ostrogodos em sucessão do Reino de Odoacro, e o Reino Lombardo (568-774), fundado pelos Lombardos e mais tarde designado Reino Itálico.

O Reino Itálico estava repartido em dez ducados autónomos quando Carlos Magno o conquistou (ano 780) e submeteu ao Sacro Império Romano. A grande fragmentação territorial e as lutas entre o Império e os Estados Papais – independentes desde 756 – favoreceram a criação de comunas autónomas. Nas mais ricas dessas comunas surgiram cidades-estado, um conceito derivado da *polis* da Grécia Antiga [28].

Em 1176, a Liga Lombarda – uma aliança formada por 26 cidades do Norte, entre as quais Veneza, Verona, Milão, Bolonha, Bérgamo e Pádua – derrotou o imperador romano-germânico Frederico Barba Ruiva e garantiu a independência da maior parte das cidades-estado durante os séculos seguintes. Mas o seu envolvimento nas Guerras Italianas (1494-1559) custou a muitas a perda da independência. A sua submissão ao Reino de Espanha e, mais tarde, aos

[28] Como vimos no capítulo dedicado à Alemanha, o conceito de cidade-estado ainda hoje caracteriza o estatuto político das cidades de Berlim, Bremen e Hamburgo. Esse conceito continua a aplicar-se também ao Estado do Vaticano.

Habsburgo austríacos não impediu o desenvolvimento em muitas delas de um forte movimento artístico e cultural – o Renascimento –, apoiado no poderio económico dessas cidades e no mecenato das suas famílias mais abastadas.

Coube a Vitor Emanuel II [29], rei do Piemonte, no norte alpino, e da Sardenha, no sul, unificar a maioria desses estados e fundar o Reino de Itália (1861-1946), uma monarquia anti feudal e centralista com capital em Turim. O Reino expandiu-se com a conquista de Roma, dos Estados Papais, da Sicília e da Sardenha (1870). A anexação de Trentino, Tirol do Sul e Trieste após a Primeira Guerra Mundial permitiu fechar o *puzzle* e dar à Itália a sua configuração actual.

Mas a unificação de Itália não fortaleceu o Estado. As dificuldades económicas do pós-guerra provocaram uma profunda crise social. Os elevados índices de desemprego e pobreza da população do sul do país ameaçavam a ordem pública. A Igreja Católica recusava-se a reconhecer um regime constitucional que se tinha apropriado dos Estados Pontifícios [30]. Em muitas regiões do país a população recusava-se a trocar os seus dialetos locais pelo Italiano.

Foi este contexto de quebra da autoridade do Estado que levou o rei Vítor Emanuel III a entregar, em 1922, a chefia do governo ao líder do movimento *Fasci Italiani di Combatimento*, o jornalista e político fascista Benito Mussolini.

Nas vésperas da Segunda Guerra Mundial, Mussolini celebra com Hitler o Pacto de Aço (22. Maio.1939) e entrega os destinos de Itália aos caprichos da Alemanha nazi. Seis anos volvidos, a derrota militar colocou ambos os estados sob ocupação pelas potências vencedoras. Em 2 de Junho de 1946, os italianos elegem uma Assembleia Constituinte e realizam um referendo em que a maioria dos votantes defende a implantação da República. Forçado a abdicar, Humberto II, o último rei de Itália, abandona o país e exila-se em Portugal.

Em 1947, foi aprovada a Constituição da República Italiana, como estado unitário, mas incluindo regiões dotadas de autonomia política.

[29] Considerado pelos italianos o "Pai da Pátria", o rei Vítor Emanuel II foi pai de Maria Pia de Saboia, rainha consorte de Portugal por casamento com o rei D. Luís I.

[30] Só em 1929 esse conflito foi resolvido, quando o Tratado de Latrão levou a Igreja Católica a reconhecer o Estado Italiano em troca do estabelecimento do Estado do Vaticano em plena cidade de Roma e do pagamento de indemnizações pela perda dos Estados Pontifícios no processo de unificação de Itália.

O actual sistema político-administrativo de Itália compreende quatro níveis territoriais de governo: o Estado, as regiões, as províncias e os municípios, havendo, portanto, dois níveis de descentralização territorial entre o Estado e os municípios.

O Estado

De acordo com a Constituição de 1947, a Itália é uma república parlamentar.

O Estado é representado pelo Presidente da República, eleito pelo Parlamento para mandatos de sete anos.

O poder legislativo é exercido pelo Parlamento composto por duas câmaras eleitas por sufrágio directo e universal, para mandatos de cinco anos: a *Camara dei Deputati*, formada por 630 deputados, e o *Senato della Repubblica*, constituído por 315 senadores eleitos em representação das regiões [31], pelos antigos presidentes da República e por cinco cidadãos de reconhecido mérito escolhidos pelo Presidente da República.

Em Outubro de 2019, a Câmara dos Deputados aprovou uma revisão constitucional visando a redução da composição das duas câmaras do Parlamento. Esta alteração à Constituição foi aprovada por 70% do eleitorado italiano no referendo realizado em 20 de Setembro de 2020. A partir das eleições legislativas de 2023, a Câmara dos Deputados passará a ter 400 membros, e o Senado 200.

As duas câmaras do Parlamento gozam de iniciativa legislativa, devendo as leis ser aprovadas por maioria dos membros de ambas. O referendo realizado em Dezembro de 2016 rejeitou a proposta de revisão constitucional que retirava competência legislativa ao Senado e deixava a aprovação das leis dependente da votação exclusiva da Câmara dos Deputados.

O primeiro-ministro é nomeado pelo Presidente da República, e o Governo é politicamente responsável perante o Parlamento, configurando um sistema de governo tipicamente parlamentar.

[31] Segundo o art. 57º da Constituição italiana, nenhuma região pode ter um número de senadores inferior a sete, excepto a região do Molise, que tem dois, e a do Vale d'Aosta, que tem um.

As 20 regiões

A regionalização de Itália foi instituída pela Constituição de 1947 como forma de efectivar um projecto político de descentralização e pluralismo democrático. Esse projecto esteve na origem da criação de regiões de estatuto especial, correspondente a um regionalismo reforçado, dotadas de autonomia política, e de outras de estatuto ordinário, com poderes mais reduzidos.

A Itália foi regionalizada em três fases. Em 1947, apenas foram criadas quatro regiões especiais, ou seja, as regiões das duas grandes ilhas da Sicília e da Sardenha e duas regiões dos Alpes, designadas Vale d'Aosta e Trentino-Tyrol do Sul. Esta ficou dividida nas duas províncias autónomas de Trento e Bolzano que, em termos de competências, têm estatuto equiparável às regiões especiais. Em 1964, foi criada uma quinta região especial: a Friul-Venécia Júlia, que reúne duas regiões históricas de Itália. O país só ficou integralmente regionalizado em 1970 com a criação de 15 novas regiões de estatuto ordinário.

Também a delimitação das regiões italianas está associada à história do país. A Sicília e a Sardenha eram reinos independentes, fundados nos sécs. XII e XIII, respectivamente; o Vale d'Aosta correspondente ao Condado da Aosta, um reino governado pela Casa de Saboia, entre os sécs. XI e XVIII; o Trentino-Alto Ádige reúne a região da cidade de Trento, sede do Principado Episcopal de Trento desde início do séc. XI, e a parte do antigo Condado do Tirol anexada pela Itália em 1918, banhada pelo rio Ádige; o Piemonte, correspondente ao antigo Reino do Piemonte, teve origem no Grão-Ducado da Saboia; a Lombardia e a Toscana são terras que acolheram os Etruscos entre os sécs. XIII e VIII a. C., mais tarde integradas no antigo Reino dos Lombardos entre os sécs. VI e VIII, e cujas capitais – Milão e Florença – foram expoentes do Renascimento; o Vêneto foi, entre os sécs. VII e XVIII, a rica Sereníssima República de Veneza; a Emilia-Romagna reune duas regiões históricas com esses nomes; o Marche, região histórica de Itália, foi lugar de refúgio das Sibilas da mitologia da Grécia Antiga e pátria do pintor Rafael; a Abruzos, região histórica cuja capital – Áquila – foi cidade vassala do Reino da Sicília e, mais tarde, do Reino de Nápoles, dotada de assembleia de cidadãos e capitão régio entre os sécs. XIII e XVI; o Molise é uma região histórica do sul de Itália com forte presença de minorias étnicas de Croatas e de Arbëreshë albaneses; a Apúlia e a Calábria correspondem à província fundada pelo Império Romano no sul de Itália

[32], da qual se formou no séc. XI o condado com o mesmo nome, mais tarde integrado no Reino de Nápoles; a Basilicata, designação actual da antiga Lucânia do sul de Itália, foi promovida a região pela política nacional de coesão territorial entre a Itália rica do norte e o *Mezzogiorno* [33]; a Campânia, região agrícola [34] colonizada pelos Gregos fundadores de Nápoles e Pompeia, foi uma parcela do Reino de Nápoles e polo de grande desenvolvimento da arte barroca italiana; o Lácio, território histórico ocupado por um povo de origem indo-europeia – os Latinos –, é o lugar da fundação de Roma, porta de entrada do Latim [35] e do Cristianismo nos territórios do vasto Império Romano, tudo a justificar a atribuição do estatuto de autonomia regional; a Umbria, pátria dos Umbros – cujo idioma, o Umbro, se corrompeu no contacto com o Latim – é a região de concentração de magníficas cidades medievais, de que Assis, Espoleto, Gubbio, Todi e a capital Perúgia são exemplos; e a Ligúria, fundada por tribos de Ligures, corresponde à região turística da Riviera italiana, de que são expoentes as cidades de Génova e La Spezia e as estâncias cosmopolitas de Portofino, Portovenere e San Remo.

É ainda de assinalar que, tal como em Espanha, a criação das 20 regiões italianas não resultou de uma divisão própria do território, mas da agregação de províncias já existentes.

O sistema de governo das regiões é constituído por dois órgãos: a assembleia deliberativa (*consiglio regionale*), eleita por sufrágio directo e universal, segundo o sistema proporcional, para mandatos de cinco anos, e o executivo (*giunta regionale*), composto pelo presidente e vários ministros (*assessori*) eleitos pela assembleia.

O artigo 117º da Constituição define a reserva de competência legislativa do Estado em domínios como a política externa, emigração, defesa, mercados financeiros e moeda, sistema educativo, segurança social e órgãos de governo

[32] Foi na Apúlia que, em 279 a.C., foi travada a Batalha de Ásculo, em que o general grego Pirro, rei do Epiro e da Macedónia, derrotou os Romanos numa difícil batalha que lhe custou metade do exército. Esse episódio é, simbolicamente, designado a "vitória de Pirro".

[33] *Mezzogiorno* é a designação atribuída às regiões do sul de Itália, caracterizadas por um baixo nível de desenvolvimento económico e social.

[34] A palavra "Campânia" tem o étimo latino *campus*, terreno fértil.

[35] Durante o Império Romano a região do Lácio designava-se *Latim*.

e funções fundamentais dos municípios, províncias e cidades metropolitanas. São esses os limites materiais da competência legislativa das regiões.

Aquela norma constitucional atribui poderes legislativos às regiões em todos os domínios não expressamente reservados ao Estado. A competência do nível regional exerce-se, designadamente, nos sectores do ordenamento do território, urbanismo, rede viária e transportes públicos regionais, navegação e portos lacustres, divisão do território municipal, polícia urbana e rural, formação profissional, bibliotecas e museus, turismo e hotelaria, termas e águas minerais, indústrias extrativas, caça, pesca interior, agricultura e florestas e apoio ao artesanato.

As 63 províncias

Até 2011, o território de Itália estava dividido em 101 províncias, unidades administrativas criadas por Vítor Emanuel II à semelhança dos departamentos franceses.

A política de contenção orçamental levou o governo a aprovar, em Dezembro de 2011, um decreto-lei que extinguiu as províncias com menos de 300 mil habitantes ou menos de 3 000 km2 de superfície. Esta medida legislativa não se aplicou às províncias de Trento e Bolzano, por terem estatuto de regiões especiais.

A Itália ficou a contar com apenas 63 províncias. O seu território é delimitado por lei do parlamento nacional sob proposta dos municípios e após parecer da respectiva região, devendo, no entanto, ter uma população superior a 200 mil habitantes.

A administração das províncias é da responsabilidade de uma assembleia (*consiglio provinciale*) eleita por sufrágio directo e universal, segundo o sistema proporcional, e de um presidente também eleito directamente pelos eleitores da província.

Segundo a Constituição, as competências da província são definidas por lei do Parlamento, mas face à dificuldade de distinguir a nível central as funções que devem ser exercidas pelos níveis autárquicos sub-regionais, uma lei de 1990 atribuiu às regiões o poder de repartirem entre as províncias e os municípios as funções que, por não corresponderem a "necessidades de carácter unitário", devam ser exercidas pelas autarquias sub-regionais. Não existe, por isso, um elenco uniforme de competências provinciais. No entanto, de entre os sectores compreendidos nas suas atribuições contam-se o ordenamento do território, a protecção do ambiente e os transportes intermunicipais.

O Estado é representado em cada província por um prefeito nomeado pelo Governo, a quem a lei atribui competência para supervisionar os serviços desconcentrados do Estado e coordenar as actividades do Estado a nível provincial.

Os 8 079 municípios

O nível inferior da administrativa territorial autónoma é constituído por 8 079 municípios, cujos limites territoriais são definidos por lei das regiões. Contrariando a tendência para a agregação de municípios verificada nas últimas décadas em muitos países da Europa, a Itália viu crescer o número de municípios de 7 781 existentes em 1950 para os actuais 8 079.

O sistema de governo dos municípios, de tipo parlamentar, é constituído por três órgãos: o *consiglio comunale*, composto por um número variável de membros, entre 15 e 80, eleitos por sufrágio directo e universal; o *sindaco*, directamente eleito, como órgão executivo; e a *giunta comunale*, nomeada pelo *sindaco*.

Até ao ano 2000, o *sindaco* era eleito pelo conselho municipal, mas o Decreto nº 267, de 18 de Agosto desse ano, instituiu a eleição directa deste órgão. O seu regime eleitoral varia segundo a população do município. Nos municípios com menos de 15 mil habitantes, cada lista que se apresente à eleição do conselho municipal deve individualizar o seu candidato a *sindaco*, sendo eleito para esse cargo o candidato da lista que obtiver o maior número de votos. Nos municípios com 15 mil ou mais habitantes, os candidatos a *sindaco* apresentam-se individualmente ao eleitorado, mas devem indicar a sua ligação a alguma das listas candidatas ao conselho municipal. É eleito *sindaco* o candidato que obtiver a maioria absoluta de votos no primeiro escrutínio ou, caso não obtenha essa votação, num segundo escrutínio a que concorrem apenas os dois candidatos mais votados.

As atribuições dos municípios repartem-se pelos sectores sociais (promoção de cuidados primários de saúde e acção social) e da gestão do território (urbanismo, habitação, jardins e zonas industriais).

Nos termos da lei, o Estado pode delegar funções às regiões e às províncias, tal como a região pode delegar funções às províncias e aos municípios.

O Estado pode também delegar ao *sindaco* dos municípios algumas das suas funções, tais como os actos do registo civil, o recenseamento da população, os procedimentos eleitorais, o recenseamento militar e a recolha de informação estatística. Nestes casos, o presidente do município age como representante do Estado.

É interessante verificar o carácter dinâmico da descentralização italiana: a lei impõe aos municípios com mais de 100 mil habitantes que se subdividam em municípios menores para assumirem, desse modo, competências do nível provincial. Essa transformação pode também acontecer, com carácter facultativo e mais restritivo, nos municípios com população compreendida entre 30 mil e 100 mil habitantes.

As 14 cidades metropolitanas

Em 2014 e 2015, o Parlamento aprovou a criação em várias províncias de 14 cidades metropolitanas formadas pelas maiores cidades de Itália e pelos municípios dos seus arredores. Roma, Milão, Turim, Florença, Nápoles e Palermo são sede de algumas dessas unidades territoriais.

As funções das cidades metropolitanas têm por objecto a gestão conjunta de interesses comuns dos seus municípios nos sectores do planeamento do território, da protecção ambiental, da regulamentação dos transportes metropolitanos e da prestação de serviços policiais a nível local.

Cada cidade metropolitana é administrada por um presidente (*sindaco metropolitano*), de acordo com a estratégia definida pelo órgão deliberativo metropolitano (*consiglio metropolitano*) e pelo órgão consultivo (*conferenza metropolitana*).

O cargo de *sindaco metropolitano* é, por inerência de funções, exercido pelo presidente do município da capital da província. O *consiglio* é constituído por um número de membros variável, entre 18 e 24 conselheiros, consoante a população das cidades metropolitanas, eleitos pelos órgãos dos municípios que as constituem. A *conferenza* é composta pelos presidentes dos municípios que integram a cidade metropolitana.

Não dispõe de um órgão directamente eleito, não se trata de verdadeiras autarquias territoriais.

REINO UNIDO

População – 67 650 000 hab.
Área – 248 528 km2

Nota histórica

No período pré-romano, o território do Reino Unido – nome oficial da união da Grã-Bretanha e da Irlanda do Norte – era ocupado por Celtas, povos indo-europeus que, a partir do II milénio a.C., se espalharam pela Europa ocidental. De entre eles destacaram-se quatro grupos étnicos: os Bretões, um povo que habitava a região central da ilha da Grã-Bretanha, desde a Idade do Ferro; os Galeses, um subgrupo celta-bretão que ocupava a região do actual País de Gales; e os Pictos e os Escotos, igualmente celtas, que se estabeleceram no território da actual Escócia.

A oposição que Pictos e Escotos moveram aos invasores romanos chegados à ilha no ano 43 impediu que o Império Romano se expandisse para além do norte da Inglaterra [36]. No séc. V, os Escotos formaram o Reino da Dalriada, integrando o norte da Irlanda e a Escócia ocidental. Este reino manteve-se até ao séc. IX, altura em que os Escotos o unificaram com o Reino dos Pictos e estabeleceram o novo Reino da Escócia (*Scotland*).

O fim do Império Romano do Ocidente, no séc. V, atraiu à região vários povos oriundos do Centro e do Norte da Europa. De entre esses povos destacaram-se os Anglos, um povo germânico que por volta do séc. VI se estabeleceu no Leste da Inglaterra e aí fundou o Reino da Anglia Oriental, o mais importante reino anglo-saxão da Grã-Bretanha. No ano de 865, a ilha foi invadida pelos Vikings da Dinamarca e da Noruega, que se aliaram aos Anglos

[36] A ameaça que esses povos representavam à manutenção das fronteiras setentrionais do Império levou o Imperador Adriano a ordenar a construção da "Muralha de Adriano", com cerca de 118 quilómetros, entre as actuais Inglaterra e Escócia.

do Reino da Anglia Oriental para formarem o Grande Exército Viking, uma horda constituída por mais de 3 mil guerreiros, escravos e respectivas famílias, apostada em conquistar os outros reinos da Grã-Bretanha.

Como a historiografia revela, muitos dos povos que habitaram a ilha da Grã-Bretanha na Antiguidade viviam em confederações, que eram uniões de múltiplas tribos sem homogeneidade étnica. Este fenómeno verificou-se também com os Saxões – um povo germânico que chegou à ilha em meados do séc. X e que criou com os Anglos a confederação anglo-saxónica. Foi esta aliança política que permitiu a unificação inglesa e a criação do Reino da Inglaterra.

O domínio dos anglo-saxões (os ingleses) sobre o vasto território do Sul e Centro da ilha pôs fim à organização dos Bretões e provocou a sua dispersão. Uns foram assimilados no Reino de Inglaterra, outros mantiveram-se no País de Gales, e um terceiro grupo navegou para a região do noroeste de França que veio a chamar-se Bretanha.

A influência do Cristianismo celta favoreceu a cristianização de toda a Grã-Bretanha em finais do séc. VI, mas a ancestral divisão étnica do território refletir-se-ia na relação entre as suas parcelas ao longo da História.

Em Agosto de 1066, depois de ter obtido a aprovação do Papa Alexandre II, o duque da Normandia Guilherme, o Conquistador – descendente de Vikings que invadiram a França no séc. V – deu início à conquista normanda da Inglaterra à frente de um exército composto por Normandos, Franceses e muitos Bretões descendentes dos que tinham deixado a Grã-Bretanha um século antes. Tendo vencido a intensa resistência armada movida pela nobreza saxónica, Guilherme, o Conquistador foi coroado Rei de Inglaterra na Abadia de Westminster, precisamente no dia de Natal de 1066.

De entre as inúmeras reformas empreendidas pelo novo monarca destacam-se a abolição formal da escravatura – que, embora reduzida, ainda se manteve por dois séculos –, a reforma do sistema feudal e a reorganização do sistema administrativo inglês.

À semelhança do modelo continental, o sistema feudal inglês assentava no princípio "o senhor do meu senhor não é o meu senhor", o que permitia aos subvassalos lutarem contra o suserano do seu senhor sem serem acusados de traição. Guilherme inverteu esse princípio e obrigou toda a cadeia de vassalos a jurar-lhe fidelidade e a prestar-lhe todo o auxílio militar e económico de que precisasse.

Para efeitos administrativos, o território de Inglaterra estava dividido em condados (*shires*) e estes divididos em centúrias (*hundred*). Os condados eram administrados por *sheriffs* de nomeação régia, responsáveis pela administração da justiça, pela defesa dos habitantes e pela cobrança de impostos. Por sua vez as centúrias estavam sob a supervisão de delegados dos *sheriffs*. Guilherme demitiu toda essa gente e substitui-a por outra da sua confiança, a quem atribuiu novos poderes. Além disso, reformou as centúrias, substituindo-as por unidades administrativas de tipo comunal, à imagem da administração normanda.

Os históricos condados ingleses, que ainda hoje se inserem na organização administrativa britânica, tiveram origem em territórios tribais e nas divisões e subdivisões dos antigos reinos celtas e saxões que foram sendo anexados ao longo de vários séculos. É o caso dos condados de Norfolk e de Sofolfk, onde vivia o "povo do Norte" e o "povo do Sul" do antigo Reino da Anglia Oriental.

A secular ocupação multiétnica da Grã-Bretanha, a constituição de unidades de tipo feudal ao longo dos tempos e a variedade de formas de organização do seu território são factores que ajudam a explicar a heterogeneidade da administração territorial britânica.

Quanto à organização político-administrativa, os níveis territoriais de governo do Reino Unido são constituídos pelo Estado, pelas três regiões politicamente autónomas (Escócia, País de Gales e Irlanda do Norte) e pelos diferentes tipos de autarquias locais de cada uma das nações do país.

O Estado

O Reino Unido é uma monarquia constitucional em que vigora a mais antiga democracia parlamentar do mundo.

O chefe do Estado é o monarca reinante.

O poder legislativo é exercido por um Parlamento bicameral constituído pela Câmara dos Comuns, composta por 650 deputados eleitos por sufrágio directo e universal, e pela Câmara dos Lordes, formada por 760 representantes não eleitos da nobreza e da Igreja de Inglaterra [37].

[37] Com 1 410 membros, o parlamento do Reino Unido é o maior da Europa.

O Governo é presidido pelo primeiro-ministro, que, tal como os outros membros do gabinete, é designado pelo monarca, de acordo com os resultados eleitorais, de entre membros das duas câmaras do Parlamento.

A progressiva transferência de poderes legislativos a favor dos parlamentos da Escócia, do País de Gales e da Irlanda do Norte e o maior grau de autonomia política atribuída nos últimos anos a estas nações alteraram a natureza unitária do Reino Unido. O Estado assumiu a forma de um estado politicamente regionalizado assimétrico – pois a Inglaterra não goza de descentralização política –, cuja diversidade institucional reflecte as tradições políticas e os diferentes graus de autonomia das quatro nações que o constituem: Inglaterra, Escócia, País de Gales e Irlanda do Norte.

O Reino Unido não tem Constituição escrita. Desse facto resulta que o princípio da autonomia local não tem garantia constitucional expressa. A relação entre o Estado, as nações constituintes e as suas autarquias locais respeita, na forma e no conteúdo, a autonomia local e regional. No entanto, a tendência britânica para atribuir ao costume um grande valor normativo condicionou, em certas fases da vida política interna, o âmbito dos poderes das instituições de nível regional e distrital.

A este respeito merece referência o facto de as atribuições das autarquias locais britânicas não seguirem o princípio da cláusula geral, devendo as suas decisões fundamentar-se em normas legais ou consuetudinárias nem sempre ajustadas aos novos contextos administrativos criados pela dinâmica social.

Esse quadro normativo tem evoluído ao longo dos últimos três séculos com base na legislação aprovada pelo Parlamento e na jurisprudência dos tribunais comuns. Refira-se, a propósito, que a resolução de conflitos entre o Estado e as entidades autónomas é da competência dos tribunais comuns, já que no Reino Unido não existe tribunal constitucional nem jurisdição administrativa especial.

As 4 Nações

1. Inglaterra

Ao contrário das demais nações do Reino Unido, a Inglaterra não constitui uma entidade regional politicamente autónoma, não havendo um parlamento inglês dotado de poderes legislativos, nem um governo regional responsável perante aquele. É o Parlamento britânico que legisla para a Inglaterra e é o Governo britânico que a governa.

Quanto à administração local autónoma inglesa, ela assenta numa complexa teia administrativa constituída por diferentes tipos de autoridades com estatuto desigual.

Comecemos pela organização administrativa de Londres, que é um caso muito particular.

Tendo em vista a gestão integrada da vida urbana de Londres e da sua área envolvente, o Parlamento extinguiu, em 1965, o antigo Conselho do Município de Londres *(London County Council)*, circunscrito à administração da capital, e criou o Conselho da Grande Londres *(Greater London Council)* com a finalidade de gerir o sistema de transportes e o desenvolvimento urbanístico de toda a área metropolitana e de coordenar a actividade dos então criados 33 distritos londrinos, ou seja, os 32 *boroughts* e a *City* [38].

Em 1986, já com o governo conservador de Margaret Thatcher no poder, o Parlamento extinguiu o Conselho da Grande Londres *(Greater London Council)* e devolveu os seus poderes aos distritos, que passaram a ser o único nível da administração londrina, gerido por agentes nomeados pelo Governo. Para largos sectores da opinião pública, essa medida foi ditada por razões de ordem política, face à reiterada oposição dos trabalhistas do *Greater London Council* ao governo conservador.

No entanto, a breve prazo começou a sentir-se a falta de um nível administrativo superior que definisse e coordenasse a estratégia de desenvolvimento económico e urbanístico da Grande Londres. Até que, na sequência do referendo realizado em 7 de Maio de 1998, em que 72% dos londrinos se pronunciaram pelo restabelecimento de uma entidade territorial responsável pela gestão descentralizada da área metropolitana de Londres, o Parlamento aprovou o *London Government Act 1999*, ao abrigo do qual foi criada, em 2000, a Autoridade da Grande Londres *(Greater London Authority)* composta por um presidente (o *Mayor* de Londres) e por uma assembleia de 25 membros, todos eleitos por sufrágio directo e universal, com mandatos de quatro anos.

[38] Os distritos londrinos, ou *boroughts*, são unidades administrativas correspondentes a municípios. Também a *City* – o distrito financeiro de Londres – tem estatuto de município.

As principais atribuições da Autoridade da Grande Londres estão a cargo de quatro conselhos, designados *Transports for London, Metropolitan Police Authority, London Fire and Emergency Planning Authority* e *London Development Agency*, nomeados pelo *Mayor* e colocados sob a sua superintendência.

No nível inferior da administração descentralizada londrina encontram-se os conselhos dos 32 *boroughts* e o da *City*, também designados "conselhos unitários", constituídos por 60 membros eleitos por sufrágio directo e universal, que elegem anualmente um membro para exercer as funções de presidente. Esses conselhos têm estatutos uniformes e competência geral nos sectores descentralizados da educação, dos serviços sociais, da habitação, da recolha de resíduos urbanos, das vias urbanas e das bibliotecas e museus.

A título de curiosidade refira-se que Londres tem dois *mayors*: o *Mayor* da *Greater London Authority*, e o *Lord Mayor of London*, eleito anualmente, que preside ao conselho da *City (City of London Corporation)* e exerce funções sobretudo honoríficas e sociais.

Nas outras 36 maiores aglomerações urbanas inglesas o conjunto das atribuições descentralizadas está confiado aos conselhos de distritos metropolitanos, constituídos por um número variável de membros, entre 50 a 80, eleitos por sufrágio directo e universal, e pelo presidente eleito no seio do conselho para mandatos de quatro anos.

Na restante Inglaterra as estruturas administrativas variam. Na maior parte do território a autonomia local é representada por dois tipos distintos de autoridades administrativas: os 34 *counties* (condados ou províncias) divididos em 268 distritos não metropolitanos – que correspondem aos municípios da Europa continental. Noutras zonas do país existe apenas um nível autónomo formado pelas designadas *unitary authorities*, que concentram poderes daqueles dois tipos de autarquias.

São órgãos dos *counties* a assembleia, constituída por um número de membros variável, entre 60 e 100 membros, eleitos por sufrágio directo e universal para mandatos de quatro anos; e o presidente, eleito anualmente pela assembleia, de entre os seus membros.

As atribuições dos *counties* incidem em quatro sectores primordiais: planeamento (ordenamento do território, protecção do ambiente, controlo dos planos distritais, rede viária, com excepção das vias estruturantes, que competem ao governo central, e sistema de transportes); ensino e cultura (escolas do ensino primário e secundário, escolas de ensino especial e profissional, museus e bibliotecas); acção social (apoio a crianças e jovens, apoio aos sem-abrigo, lares para idosos, fornecimento de refeições a famílias carenciadas) e segurança pública (protecção civil, polícia urbana, defesa dos consumidores).

Por sua vez os 268 distritos não metropolitanos são administrados por dois órgãos: a assembleia, composta por membros eleitos por sufrágio directo e universal, em número de 30 a 60, consoante a população do distrito; e o presidente, que é eleito anualmente pela assembleia, de entre os seus membros. O mandato de ambos os órgãos é de quatro anos.

As atribuições distritais repartem-se pelos sectores do ordenamento do território, urbanismo e habitação (planeamento local, recolha de resíduos urbanos, licenças de loteamento e construção, renovação urbana, alojamento dos sem-abrigo); da circulação viária (conservação de ruas, parques de estacionamento automóvel, alguns transportes locais) e da cultura e lazer (museus, parques, campos de jogos, piscinas).

Importa referir que as autarquias locais inglesas não são competentes em matéria de fornecimento de gás, água e electricidade, sistemas de esgotos e serviços de saúde, sectores que estão a cargo de agências dependentes do governo central.

Distribuídas por várias zonas rurais de Inglaterra, num plano inferior aos distritos, existem cerca de 10 mil paróquias civis *(parishes)*, das quais apenas 8 mil são dotadas de uma assembleia de paróquia eleita por sufrágio directo.

Trata-se de unidades de administração de proximidade cujas atribuições – estabelecidas com base no costume – incluem a construção de salas comunitárias, a organização de actividades recreativas, o apoio às artes e ofícios tradicionais, a promoção turística, a instalação de abrigos de autocarros, a reparação da iluminação pública, a gestão de cemitérios e crematórios, a manutenção de percursos pedestres e a emissão de pareceres sobre os investimentos a realizar no seu território por outras autoridades.

As atribuições das paróquias sem assembleia própria são prosseguidas pelos conselhos dos respectivos distritos.

Depois da reforma de 1974, a reorganização da administração local inglesa generalizou o cargo de *chief executive*. Trata-se do funcionário superior dos *boroughts* e dos *countries*, nomeado pelos seus órgãos e responsável pela coordenação dos serviços sectoriais dirigidos por *chief officers*. Compete-lhe garantir a eficiência geral do conjunto do aparelho administrativo e assessorar os órgãos da autarquia. A lei confere ao *chief executive* o direito de assistir às reuniões da assembleia e de se sentar à esquerda do presidente para poder aconselhá-lo durante os trabalhos.

2. Escócia

A actual organização político-administrativa da Escócia foi estabelecida na sequência do referendo realizado em 11 de Setembro de 1997, no qual três quartos dos 60% dos participantes pronunciaram-se a favor da criação de um parlamento escocês com poderes legislativos próprios e de um órgão executivo perante ele responsável, transformando a Escócia numa comunidade politicamente autónoma.

O Parlamento foi eleito pela primeira vez em 6 de Maio de 1999, e, em 1 de Julho desse ano, ao abrigo do *Scotland Act* (Lei sobre a Escócia), o Parlamento do Reino Unido transferiu para o novo parlamento de Edimburgo os poderes legislativos que até então eram exercidos pelo ministro inglês dos Assuntos Escoceses.

Ao Parlamento da Escócia foi conferida competência legislativa primária nos sectores do desenvolvimento económico, ambiente, agricultura e silvicultura, pescas, saúde, sistema judiciário, polícia, protecção civil, educação, cultura, formação profissional, desporto, transportes, turismo, acção social e administração local, sobre os quais se exerce a acção do Governo escocês, unicamente responsável perante o Parlamento.

A Lei de 2012 sobre a Escócia conferiu ao Parlamento escocês novos poderes, designadamente o direito de fixar escalões do imposto sobre o rendimento diferentes dos que vigoram no resto do Reino-Unido, o direito ao imposto de selo sobre o imposto predial rústico e às taxas de remoção e aterro dos resíduos urbanos, o poder de criação de novos impostos e maior autonomia no recurso ao crédito.

Em 2014, a proibição do referendo sobre a independência da Escócia pelo Parlamento de Londres foi compensada com a atribuição de novos poderes à Escócia, designadamente o direito de o Governo emitir obrigações e de o Parlamento legislar em domínios como o armamento aéreo, a condução em estado de embriaguez e a limitação da velocidade rodoviária.

A independência da Escócia continua a estar na ordem do dia do povo escocês após ter votado maioritariamente pela manutenção na União Europeia (62% pela permanência, contra 38% pela saída) no referendo do *Brexit* realizado em 23 de Junho de 2016, que ditou o abandono do Reino Unido.

Para efeitos de administração local autónoma, o território continental da Escócia está dividido em 32 distritos (o equivalente de municípios) geridos por assembleias eleitas por sufrágio directo e universal para mandatos de quatro anos.

As funções dos distritos escoceses correspondem sensivelmente às dos distritos ingleses, e compreendem o planeamento local, urbanismo, habitação, recolha de resíduos urbanos, higiene alimentar, controlo da poluição, cemitérios e crematórios, centros comunitários, parques, bibliotecas, museus e galerias de arte.

Nos arquipélagos de Orkney, de Shetland e das Ilhas Ocidentais a autonomia local é exercida por uma assembleia eleita por sufrágio directo e universal para mandatos de quatro anos, com poderes de âmbito distrital.

3. País de Gales

O referendo realizado no País de Gales (na mesma data do referendo escocês) revelou que a maioria dos eleitores galeses defendia a criação de uma assembleia com competência legislativa própria, assim como um órgão executivo perante ela responsável. Porém, a menor identidade cultural do País de Gales ditou que, numa primeira fase, apenas fossem atribuídos ao seu novo parlamento poderes legislativos secundários. Em todo o caso, o País de Gales é também uma comunidade dotada de autonomia política.

Só em 2006, com a aprovação pelo Parlamento de Westmister do *Government of Wales Act* (Lei sobre o governo do País de Gales), o Parlamento galês passou a deter poderes legislativos primários, circunscritos aos seguintes sectores expressamente referidos nessa lei: desenvolvimento económico, agricultura, silvicultura, desenvolvimento rural, autoestradas e transportes, urbanismo e ordenamento do território, habitação, ambiente, água e protecção contra inundações, serviços de incêndios, alimentação, serviços de saúde, cultura, educação e formação, administração pública, administração local, protecção social, desportos e lazer, monumentos e edifícios históricos e protecção da língua galesa.

São estes os domínios reservados à acção do Governo galês, que é politicamente responsável apenas perante o Parlamento nacional.

Depois do referendo de Março de 2011 a assembleia galesa viu aumentados os seus poderes legislativos em sectores que já eram da sua competência, mas cujo exercício carecia de autorização do Parlamento britânico. Por outro lado, as propostas legislativas da assembleia deixaram de se chamar "medidas", para passarem a designar-se "projectos de lei", os quais uma vez aprovados têm o nome de "leis".

O sistema de administração local autónoma do País de Gales compreende 22 distritos dotados de assembleias eleitas por sufrágio directo e universal para mandatos de quatro anos, com funções muito semelhante às do sistema inglês.

Na maior parte do território rural galês existem ainda unidades administrativas (*communities*) com natureza e funções equivalentes às paróquias civis inglesas.

4. Irlanda do Norte

Remonta ao séc. XVI o início da resistência irlandesa contra o domínio dos reis de Inglaterra. A luta travada entre os Nacionalistas, apologistas do governo da ilha por um parlamento nacional, e os Unionistas, defensores da tutela inglesa, reforçou o centralismo de Londres e retardou a criação de unidades territoriais autónomas na Irlanda.

Foi necessário esperar por 1898 para que o Parlamento do Reino Unido aprovasse o *Local Government Act* que instituiu na Irlanda um sistema de governo local semelhante ao que já estava estabelecido na Inglaterra, País de Gales e Escócia.

A Irlanda foi então dividida em 32 *counties* (condados) dotados de autonomia administrativa e de assembleias eleitas pela população, que substituíram os antigos "grandes júris" designados pelos maiores proprietários rurais.

Até 1921 toda a ilha da Irlanda fazia parte do Reino Unido, mas no final da Guerra da Independência (1919-1921) o Tratado Anglo-Irlandês (6. Dez. 1921) fez da Irlanda um estado independente. No entanto, o Tratado admitia que os seis condados protestante do Norte, designados "Irlanda do Norte", voltassem a ligar-se ao Reino Unido, e eles assim decidiram no ano seguinte.

Face à secessão dos condados do Norte, os outros condados decidiram fundar um novo estado de maioria católica, designado República da Irlanda.

O Acordo de Belfast, também chamado de "Sexta-Feira Santa", assinado em 10 de Abril de 1998 entre os governos do Reino Unido e da República da Irlanda e representantes da Irlanda do Norte, instituiu dois órgãos independentes: a Assembleia da Irlanda do Norte e um Conselho de Ministros Norte-Sul com a República da Irlanda.

Graves conflitos políticos levaram à suspensão da Assembleia da Irlanda do Norte durante longos períodos de tempo. Foi apenas na sequência do *Accord of St. Andrews*, de Outubro de 2006, que foram organizadas eleições para a Assembleia da Irlanda do Norte e que esta reassumiu, em Maio de 2007, os poderes que durante os períodos da sua suspensão eram exercidos pelo *Nothern Ireland Office*, dependente do Governo londrino.

A Assembleia da Irlanda do Norte, eleita por sufrágio universal e directo, passou então a deter competência legislativa própria no âmbito dos mesmos sectores transferidos para os parlamentos da Escócia e do País de Gales.

Tal como a Escócia e o País de Gales, a Irlanda do Norte é um fenómeno de descentralização política através de entidades territoriais dotadas de autonomia política.

No que diz respeito à administração territorial autónoma da Irlanda do Norte, a reforma de 1973 extinguiu os seis condados históricos e substituiu-os por 26 distritos. No entanto, o reforço da autonomia da Irlanda do Norte face ao Parlamento inglês provocou uma recentralização de poderes que deixou os distritos quase integralmente despojados das suas competências. Estas foram distribuídas por serviços centrais e pelas nove *area board* [39], cujos membros são maioritariamente nomeados pelo Governo de Belfast.

Em conclusão, pode afirmar-se que o Reino Unido é um mosaico de sistemas de descentralização regional autónoma e de autonomia local muito distintos e heterogéneos, nos quais a autonomia regional e a ideia de *self government* vêm ganhando terreno, mas onde a tradição centralista ainda subsiste de forma muito acentuada.

[39] Trata-se de agências governamentais responsáveis pelos sectores da saúde, educação, habitação, transportes, ambiente, electricidade, água, segurança alimentar e desporto.

Os Territórios ultramarinos britânicos

"Territórios ultramarinos britânicos" – em inglês, *British Overseas Territories* – é a designação geral por que são conhecidos os 14 territórios sob soberania do Reino Unido.

Embora dele não façam parte, deixamos-lhe aqui uma breve referência.

No plano do Direito Internacional Público, os Territórios ultramarinos britânicos não se enquadram na categoria de "colónias", nem se equiparam às "Dependências da Coroa Britânica" – designação atribuída às Ilhas do Canal (Jersey, Guernsey e outras ilhas menores) e à Ilha de Man. Os *British Overseas Territories* também não fazem parte da *Communwealth.* O seu estatuto internacional aproxima-se da figura do "protectorado" – a situação de um estado semi-autónomo ("estado-protegido") que, por convenção internacional, aceita a tutela política e a protecção militar de outro estado.

A organização político-administrativa dos Territórios ultramarinos britânicos tem em comum dois elementos. O primeiro consiste na existência em cada um deles de um governador, representante da Coroa Britânica, que, nuns casos, exerce poderes próprios em determinadas áreas governativas, e noutros, controla a governação através da ratificação de determinados actos dos órgãos políticos locais. O segundo elemento comum traduz-se na instituição em todos os Territórios de sistemas de governo de tipo parlamentar (eleição directa do órgão legislativo e responsabilidade política do órgão executivo perante ele), à semelhança dos sistemas de governo das nações do Reino Unido.

No entanto, existem também dois elementos distintivos do estatuto dos *British Overseas Territories.* O primeiro releva do facto de apenas dois Territórios (Gibraltar e Ilhas Turcas e Caicos) terem Constituição própria – característica de uma autonomia política reforçada – e o segundo consiste em só alguns disporem de unidades de administração territorial descentralizada.

Vejamos, muito sumariamente, a organização político-administrativa dos Territórios ultramarinos britânicos.

- Acrotini e Deceleia é um Território situado na Ilha de Creta, onde estão instaladas bases militares inglesas dirigidas por um governador militar britânico. Pela sua natureza, o Território é desprovido de órgãos de governo eleitos.

- Os Territórios de Anguilla (com 14 distritos), das Ilhas Virgens Britânicas (com cinco distritos), das Ilhas Caimão (com sete distritos) e de Montserrat (com três paróquias), todos situados nas Caraíbas, têm assembleias legislativas, eleitas por sufrágio directo, e governo próprio – Conselho Executivo – liderado por um primeiro-ministro.
- Bermudas (o mais antigo Território ultramarino britânico, situado na América do Norte e dividido em dois municípios e nove paróquias) tem um parlamento bicameral, composto pelo Senado e pela Câmara de Assembleia, e governo liderado por um primeiro-ministro (*Premier*).
- Gibraltar (no sul de Espanha e desprovido de divisões administrativas), dispõe desde 2006 de uma nova Carta Constitucional, que substituiu a de 1969 e que estabelece um sistema de governo formado pelo governador britânico, pelo parlamento directamente eleito e pelo governo presidido por um primeiro-ministro designado pelo órgão legislativo.
- As Ilhas Malvinas (no Atlântico Sul e desprovidas de divisões administrativas) têm uma assembleia directamente eleita e um órgão executivo unipessoal por ela eleito.
- As Ilhas Pitcairn (no Oceano Pacífico e sem divisões administrativas) dispõem de um parlamento directamente eleito – Conselho da Ilha – e de um governo liderado por um presidente eleito pelo órgão legislativo.
- O Território das Ilhas Turcas e Caicos (nas Caraíbas e dividido em seis distritos) dispõem de Constituição própria desde 2006, sendo o seu sistema de governo constituído pelo parlamento directamente eleito – Câmara da Assembleia – e pelo governo chefiado por um primeiro-ministro, designado pelo órgão legislativo.
- O Território de Santa Helena, Ascensão e Tristão da Cunha (no Oceano Atlântico) tem uma assembleia, eleita por sufrágio directo – Conselho Legislativo – e um governo, formado por membros eleitos pelo órgão legislativo e presidido pelo governador. Apenas a Ilha de Santa Helena está dividida administrativamente em oito distritos.
- Finalmente, o Território Britânico do Oceano Índico, o Território Antártico Britânico e o Território da Geórgia do Sul e Ilhas Sandwich do Sul (este último localizado no Atlântico Sul) não dispõem de órgãos de governo de génese local, por serem territórios sem população estável ou permanente.

4. ESTADOS UNITÁRIOS

ALBÂNIA

População – 3 185 000 hab.
Área – 28 748 km2

Nota histórica

Segundo historiadores bizantinos e da Roma Antiga, existiu na região dos Balcãs um território chamado Ilíria por nele se terem instalado os Ilírios, um grupo étnico eslavo que habitou a região a partir do séc. IV a.C. Foram eles os primeiros povos a estabelecerem-se na Ilíria. Depois de uma tribo ilíria – os Albani, que a si próprios se designaram "homens das terras altas" [40] – ter ocupado a parte ocidental da Ilíria, esse território ganhou o nome de Albânia. Do Ilírio – língua dos Ilírios – derivou o Albanês.

Alexandre, o Grande da Macedónia conquistou a Ilíria, que mais tarde veio a tornar-se uma província de Roma. Com a divisão do Império Romano (395), a Ilíria ficou ligada a Bizâncio, até que a conquista de Constantinopla pelos Turcos otomanos a submeteu ao domínio do Império Otomano. Durante mais de cinco séculos, a Albânia foi uma província otomana. Essa tão prolongada presença turca tornou o Islamismo a religião dominante na Albânia, sem que, no entanto, o Cristianismo tivesse sido banido. A convivência pacífica entre as duas comunidades religiosas [41] preservou a unidade da nação albanesa e manteve viva durante cinco séculos a resistência à colonização otomana.

Em Novembro de 1912, por iniciativa do líder nacionalista Ismail Qemali, albaneses de várias zonas dos Balcãs foram chamados a participar no "Congresso Toda a Albânia", reunido na cidade de Vlorë. Movidos por um fervor patriótico que os fez esquecer os riscos que corriam, os congressistas logo ali declararam a independência do país (28. Nov.1912).

[40] A Albânia, assim como a palavra Alpes, tem por étimo o vocábulo de raiz celta *alp* (altura).
[41] Ainda hoje está presente o lema "A religião da Albânia é o albanês."

Em 1913, a Albânia independente foi reconhecida pelas potências europeias na forma de um principado autónomo, regido pelo príncipe prussiano Guilherme de Wied durante apenas sete meses [42]. Após a sua resignação logo se manifestaram os apetites expansionistas da Áustria, que invadiu o norte do país, e da Itália, que ocupou o sul.

Uma vez mais se ergueu a resistência albanesa contra o domínio estrangeiro. Em 1922, o militar aristocrata Ahmed Zogu [43] tomou o poder. Em 1925, Zogu conseguiu ser eleito presidente da República, e, em 1928, o Parlamento proclamou-o monarca, com o título de rei Zog I. Renascia, assim, a memória do antigo Reino da Albânia liderado no séc. XV pelo herói nacional Skanderbeg, comandante da rebelião vitoriosa contra o Império Otomano que permitiu a independência do país, entre 1443 e 1478.

Mussolini chegou ao poder em Itália animado pelo projecto de criar um novo Império Romano na Bacia Mediterrânica [44]. Decide então invadir a Albânia (numa Sexta-Feira Santa, dia 7 de Abril de 1939) e formar uma união pessoal entre os dois reinos, dirigida por Vitor Emanuel III, rei de Itália. A Albânia tornou-se, assim, um protectorado italiano. Apesar de desejada por sectores políticos albaneses, para quem Mussolini servia de protecção contra a ameaça da vizinha Grécia, a presença das forças militares e do funcionalismo italiano incendiou o nacionalismo albanês e abriu as hostilidades contra o ocupante. Incapaz de conter a revolta popular contra o domínio italiano e de recuperar o controlo do país, o rei Zog I fugiu com a família para Londres e o Reino da Albânia extinguiu-se nesse dia.

Mussolini instalou, então, em Tirana um governo fantoche chefiado pelo fascista albanês Shefqet Verlaci, que aceitou envolver a Albânia na Segunda Guerra Mundial.

Sob a orientação do Partido Comunista da Albânia [45], a resistência albanesa lutou contra o ocupante italiano e alemão e, em 19 de Novembro de

[42] Poucos meses após a sua investidura, Guilherme de Wied teve que fugir de Durrës, a capital nessa época, devido a uma revolta popular.

[43] Ahmed Zogu, filho de Paxá Zogolli, era um rico proprietário de terras, líder dos Gheg, o maior subgrupo étnico do norte da Albânia. No sul do país, os Tosk formam a etnia dominante. O *gheg* e o *tosk* são os principais dialetos do Albanês, ainda usados por esses clãs. Continuam a ser falados em certas zonas da Grécia, noutras regiões dos Balcãs e também por minorias albanesas do sul de Itália.

[44] A saudação fascista, de braço direito bem erguido, inspirou-se na saudação romana do tempo do Império. Hitler percebeu o seu significado e copiou-a.

[45] Em 1946, passou a designar-se Partido do Trabalho da Albânia.

1944, instalou um governo provisório chefiado pelo líder comunista Enver Hoxha [46].

Após a realização de eleições gerais (2. Dez. 1945), Hoxha tornou-se presidente da Albânia. Seguiram-se quarenta anos de isolamento internacional, até que a dissolução do Bloco de Leste abriu espaço ao surgimento de outros partidos políticos.

Em Março de 1991, realizam-se eleições para o novo Parlamento, mas a vitória do Partido Comunista foi contestada e gerou violentos confrontos que causaram milhares de mortos em todo o país. O impasse político criado foi desbloqueado pelas eleições de 1992, em que saiu vencedor o Partido Democrático liderado pelo antigo comunista Sali Berisha.

A nova Constituição albanesa só veio a ser aprovada em Outubro de 1998, na vigência de um governo socialista saído das eleições de 1997.

O sistema político da Albânia tem três níveis de governo: o Estado, as regiões e os municípios.

O Estado

Estabelece o artigo 1º da Constituição que a Albânia é um estado unitário de regime republicano e sistema parlamentar.

São órgãos políticos do Estado o Presidente da República, eleito pelo Parlamento para um mandato de cinco anos; o Parlamento unicameral (*Kuvendi*), formado por 140 deputados (12 dos quais representam as 12 regiões) eleitos por sufrágio directo, segundo o sistema proporcional para legislaturas de quatro anos; e o Governo, nomeado pelo Presidente da República e politicamente responsável perante o Parlamento.

[46] É interessante notar que foi, precisamente, essa data de 19 de Novembro de 1944 que serviu de termo inicial de constituição do direito à compensação pública por privação da propriedade privada durante o regime comunista. Assim estabeleceu o art. 2º da Lei nº 9235, aprovada pelo Parlamento da Albânia em 29 de Julho de 2004, que regulou a restituição e compensação da propriedade privada expropriada, nacionalizada ou confiscada pelo Estado a partir de 19 de Novembro de 1944. Relativamente à propriedade rústica, essa lei previu que o processo compensatório fosse organizado pelas direcções regionais da agricultura, sediadas nas 12 regiões criadas no ano 2000.

O artigo 108º, nº 1, da Constituição estabelece que as unidades do governo local são as municipalidades (as comunas e os municípios) e as regiões. O nº 3 do mesmo artigo designa as comunas e os municípios "unidades básicas da administração local", e é apenas em relação a estas que o artigo 109º institui um sistema de governo formado por um conselho e um presidente eleitos por sufrágio directo e universal. Relativamente às regiões, o artigo 110º da Lei Fundamental estabelece um regime eleitoral de sufrágio indirecto – o que lhes retira a qualidade de autarquias locais em sentido próprio.

As 12 regiões

A organização do nível intermédio da administração territorial da Albânia sofreu várias modificações ao longo do séc. XX[47].

Com a aprovação do Código da Administração Civil (22. Nov. 1913) o país foi dividido em oito prefeituras (*qarke*), subdivididas em distritos (*rrethe*), estes em províncias (*krahina*) e estas em municipalidades (*bashkia*). A Constituição de 1925 dividiu a Albânia em dez prefeituras e 57 distritos. O número de distritos passou a ser de 39 em 1927, de 30 em 1934, e de 61 em 1945. Em 1958, o número de distritos foi reduzido para 26, mas a Lei nº 7572 (10. Jun.1992) criou dez novos distritos. Nesse mesmo ano, a Lei nº 7608 (22. Set.1992) criou mais quatro prefeituras, formadas por dois a quatro distritos.

Tal como sucedeu noutros estados, também na Albânia a criação das maiores unidades administrativas – neste caso, as prefeituras – assentou em critérios de ordem histórica e de identidade geográfica.

A prefeitura setentrional de Shkodër corresponde ao território ocupado no séc. IV a.C. pelas antigas tribos ilírias dos Ardiaei e dos Labeates, onde se localiza o maior lago do sul da Europa – o lago Shkodër. A prefeitura de Kukës, também a norte, é um território cujo legado histórico é testemunhado por um vasto conjunto de antigos túmulos ilírios e pela bem conservada Via Egnatia, uma importante estrada romana do séc. II a.C. adjacente à Via Ápia na ligação a Roma. A prefeitura de Lezhë integra o território ocupado pelo sub-grupo étnico dos Lebeates, construtores das fortes muralhas defensivas

[47] Durante o regime comunista, os níveis administrativos de âmbito sub-nacional não dispunham de personalidade jurídica e autonomia administrativa. Eram circunscrições territoriais onde se encontravam sediados serviços desconcentrados do Estado.

ainda existentes na região onde os Gregos fundaram uma colónia no tempo de Dionísio I de Siracusa. Foi nela que, em 1444, os senhores feudais albaneses e os chefes tribais sérvios formaram uma aliança militar – a Liga de Lezhë – que combateu os Otomanos sob o comando do heroico patriota Skanderbeg. O território da prefeitura de Dibër – lugar do assentamento da tribo ilíria dos Penestae – corresponde ao antigo Principado de Kastrioti, anexado em 1444 pelo Império Otomano que nele estabeleceu o *Sanjak* de Dibra [48]. A cidade de Durrës – a segunda maior da Albânia e que foi a capital do efémero Principado da Albânia – é sede da prefeitura do mesmo nome. No séc. VII a.C. colonos gregos de Corinto e de Corfu fundaram aí a colónia de Dyrrachium, de onde derivou o nome da cidade e da prefeitura. O território da prefeitura de Elbasan desenvolve-se na confluência de dois ramos da Via Egnatia, que ligava a Costa Adriática à cidade de Bizâncio. Em meados do séc. XV, Sultan Mehmet II ordenou a construção no local de uma cidade fortificada, a que chamou Elbasan, e dela fez a sede do *Sanjak* de Elbasan [49]. A prefeitura de Fier abriga a antiga cidade grega de Apolónia, fundada em 588 a.C. por colonos de Corinto e de Corfu em homenagem ao deus Apolo. A proximidade do Mar Adriático fez de Fier uma importante zona comercial, que os romanos ocuparam em 229 a. C. Nesta prefeitura localiza-se também a cidade onde, após a extinção do Principado da Albânia, decorreu o Congresso de Lushnjë (29 a 31. Jan.1920) que declarou Tirana a nova capital do país. Situada na fronteira com a Grécia, a prefeitura meridional de Gjirokastir tem uma forte identidade cultural derivada do seu passado. Habitada na Antiguidade Clássica pela tribo grega dos Chaonios, a região conserva um valioso legado histórico constituído por inúmeros mosteiros bizantinos e ortodoxos e pelos edifícios da zona antiga da cidade de Gjirokastir, classificada como património mundial da UNESCO e descrita como "um raro exemplo de uma bem preservada cidade otomana, construída por agricultores de longa permanência." Registe-se ainda que Gjirokastir é a cidade natal do líder comunista Enver Hoxha e do poeta e ensaísta Ismail Kadare, laureado com o prémio Príncipe das Astúrias (2015) e a comenda da Legião de Honra da França (2016).

A nova Constituição de 1998 extinguiu as prefeituras e os distritos e criou regiões administrativas.

[48] Os *sanjak* ou *vilayet* eram as províncias otomanas dos Balcãs.

[49] Na língua turca, a palavra *elbasan* significa "região conquistada".

De acordo com o seu artigo 108º, a administração territorial autónoma é formada por municípios (designados comunas nos meios rurais) e regiões. No entanto, a regionalização da Albânia só viria a ser concretizada pela Lei nº 8 652, de 31 de Julho de 2000 (Lei sobre a organização e funcionamento da Administração local) que criou 12 regiões administrativas como nível superior da administração territorial autónoma. Nelas inclui-se a região de Tirana que, com cerca de um milhão de habitantes, concentra um terço da população do país.

As regiões albanesas são autarquias imperfeitas. Segundo o artigo 110º da Lei Fundamental o regime eleitoral das regiões é de sufrágio indirecto, o que lhes retira a qualidade de autarquias locais em sentido próprio. O conselho regional é composto pelos presidentes dos municípios da região e por membros dos conselhos municipais em número proporcional à respectiva população, com mandato de quatro anos; e o presidente da região é eleito pelo conselho, de entre os seus membros.

À semelhança das antigas prefeituras, as regiões exercem poderes muito limitados. Cabe-lhes promover o desenvolvimento regional em harmonia com as políticas nacionais nos sectores da economia, acção social, protecção do ambiente, fomento agrícola, protecção civil, cultura e turismo, e coordenar a actividade dos municípios. O artigo 12º da Lei nº 8 652 permite que as regiões exerçam poderes delegados pelo Estado e pelos municípios.

Nos termos do artigo 114º da Constituição, o Estado está representado em cada região por um prefeito com atribuições definidas por lei e competência para exercer a tutela sobre as regiões e os municípios.

Para além de serem unidades de administração territorial autónoma, as regiões são também circunscrições de administração desconcentrada do Estado. E, apesar de a Constituição ter extinto os distritos, também a antiga divisão distrital continua a abrigar serviços periféricos do Estado, dependentes dos seus serviços regionais.

Os 61 municípios

O nível básico do governo local é formado pelos municípios.

Até 2016, a Albânia estava dividida em 373 municipalidades, repartidas em 65 municípios (*bashkia*, as municipalidades urbanas) e 308 comunas (*komunë*, as municipalidades rurais). Nenhum tipo de subordinação funcional ou tutelar existia entre comunas e municípios, e esse facto facilitou a reforma territorial realizada em 2015/2016, que uniformizou a nomenclatura das autarquias sub-regionais, extinguindo as comunas e reduzindo a apenas 61 o número de municípios.

O sistema de governo municipal é constituído por dois órgãos: um conselho municipal, com um número variável de membros, consoante a população da autarquia, eleitos por sufrágio directo e universal, segundo o sistema proporcional, para mandatos de três anos; e um presidente, também eleito directamente, segundo o sistema maioritário.

Compete ao presidente coordenar a actividade do aparelho administrativo municipal.

Os municípios exercem funções próprias, partilhadas e delegadas. As competências próprias têm um âmbito muito reduzido, limitando-se à promoção do desenvolvimento económico, realização de actividades sociais e culturais, ordem pública, protecção civil, recolha de resíduos urbanos, manutenção da rede viária municipal, conservação de jardins, cultura e desporto.

As funções partilhadas com o Estado (artigo 10º da Lei nº 8 652) respeitam, sobretudo, aos sectores da educação, saúde, acção social e ordem pública, nos quais os municípios exercem com autonomia determinadas funções.

No domínio das funções delegadas, os municípios exercem poderes estaduais transferidos por lei (caso do registo civil) ou por protocolos celebrados com os serviços centrais, havendo em todos os casos lugar à transferência de recursos financeiros e submissão da autarquia delegada à tutela de mérito por parte do Estado.

Para a realização das suas funções, os municípios podem constituir associações geridas por representantes dos conselhos municipais, contribuindo cada autarquia com recursos humanos e financeiros para o seu funcionamento.

Segundo o artigo 115º da Constituição, os conselhos regionais e municipais podem ser dissolvidos pelo Conselho de Ministros em caso de violações graves da Constituição e da lei. Os órgãos dissolvidos dispõem de um prazo de 15 dias para impugnar essa decisão junto do Tribunal Constitucional, provocando assim a sua suspensão. Caso a dissolução não seja impugnada ou o Tribunal Constitucional confirme a decisão do Conselho de Ministros, cabe ao Presidente da República marcar a data da eleição do novo órgão.

BULGÁRIA

População – 7 245 000 hab.
Área – 111 002 km2

Nota histórica

O território da actual Bulgária foi ocupado por Trácios, Celtas e Macedónios antes de ser conquistado pelo Império Romano, no ano 45. No séc. VI, os Ávaros – um numeroso povo nómada oriundo da Eurásia – estabeleceram-se na Europa Central e Oriental. Assustado com o seu poderio, o imperador Justiniano ofereceu-lhes terras e avultadíssimas somas em dinheiro em troca de não invadirem o Império Bizantino. Os Ávaros aceitaram a proposta [50] e mantiveram-se em territórios que, no final do séc. VII, foram ocupados pelos Búlgaros, um grupo étnico de cultura eslava derivado da miscigenação de tribos trácias e eslavas que coabitavam os Balcãs.

Ávaros e Búlgaros aliaram-se e criaram um poderoso principado que se estendia da Panónia até à Ucrânia, mas essa aliança rompeu-se quando, cerca do ano 810, o chefe búlgaro Trúnio, o Horrível subjugou os Ávaros.

Entre esse período e o início do séc. XI, os Búlgaros ocuparam a maior parte dos Balcãs, anexando-a ao Reino da Bulgária. No entanto, a vitória do imperador Basílio II (conhecido como "o assassino de búlgaros") sobre o czar Samuel da Bulgária na Batalha de Clídio (1014) ditou o fim do Reino e a sua integração no Império Bizantino. Os vários séculos que passaram até este ser desmembrado e integrado no Império Otomano contribuíram para que a maioria dos búlgaros se mantivesse fiel ao Cristianismo ortodoxo de Bizâncio.

[50] Esse facto fez com que o nome dos Ávaros se tornasse sinónimo de indivíduos com muito amor ao dinheiro.

O acto final do Congresso de Berlim (1878) concedeu a autonomia à Bulgária, mas dividiu-a em três partes – a Bulgária Setentrional, a Roménia Oriental e a Macedónia. As duas últimas foram confiadas aos Turcos e a soberania búlgara ficou limitada ao novo Principado da Bulgária. Foi no período do Principado que foi criado o primeiro sistema de administração autónoma dos municípios búlgaros, então dotados de conselhos eleitos pela população.

Na Primeira Guerra Mundial a Bulgária aliou-se à coligação formada pelos Impérios Alemão, Austro-Húngaro e Otomano, e no final do conflito teve que ceder à Roménia a província da Dobruja que fazia parte da Bulgária Setentrional.

Durante a Segunda Guerra Mundial, a Bulgária foi ocupada pelo Exército Vermelho (Set. 1944) e, a partir de então, ficou sob controlo político da União Soviética. A Constituição de 1947 [51] estabeleceu um estado socialista de democracia popular que colapsou na sequência das revoluções de 1989 e da implosão do Bloco de Leste.

A Bulgária tem somente dois níveis de poder: o Estado e os municípios, sem nenhum nível intermédio entre eles.

O Estado

A Constituição de 1991 define a Bulgária como uma democracia parlamentar com sistema de governo de base parlamentar (responsabilidade parlamentar do governo), mas em que o Presidente da República também compartilha funções governativas, designadamente a política externa, o que leva, por vezes, a qualificá-lo como "semipresidencialista".

O Estado é representado pelo Presidente da República, eleito por sufrágio directo e universal para mandatos de quatro anos, e com poderes de veto das leis do Parlamento.

O poder legislativo é exercido por um Parlamento unicameral formado por 240 deputados eleitos por sufrágio directo e universal, segundo o sistema proporcional, para mandatos de quatro anos.

A função executiva é repartida entre o Governo e um Presidente legitimado pelo voto directo.

[51] Conhecida por Constituição Dimitrov (de Georgi Dimitrov, secretário-geral do Partido Comunista búlgaro), foi elaborada por juristas soviéticos a partir da Constituição Soviética de 1936.

As 28 regiões governamentais

O país está dividido 28 regiões desprovidas de autonomia. Trata-se de circunscrições de administração desconcentrada do Estado dirigidas por prefeitos e prefeitos-adjuntos nomeados pelo Governo. A divisão regional é aprovada por decreto do Presidente da República, na sequência de proposta do Governo.

Entre outras funções, compete aos prefeitos exercer a tutela de legalidade da actividade dos municípios. Para esse efeito, todos os actos dos conselhos municipais devem ser enviados ao respectivo prefeito no prazo de sete dias após a sua aprovação, podendo as deliberações dos conselhos municipais ser anuladas por ele no prazo de um mês, a contar da data do seu conhecimento. Já quanto às decisões dos presidentes dos municípios, elas não podem ser anuladas pelos prefeitos, mas apenas impugnadas junto dos tribunais administrativos.

Os 265 municípios

De acordo com o artigo 136º da Constituição, o município é a única unidade territorial dotada de personalidade jurídica e de autonomia administrativa.

Os actuais 265 municípios (mais um do que em 2012) agrupam várias vilas e aldeias vizinhas e devem ter o mínimo de 6 mil habitantes, necessário para a criação de municípios.

À semelhança do que se passa noutros estados submetidos até há três décadas por regimes políticos totalitários, também na Bulgária os municípios são o produto de um lento processo de afirmação política e cultural da democracia representativa.

Nos antigos estados comunistas do Leste europeu a eleição dos órgãos municipais por sufrágio directo conferia-lhes um certo grau de legitimidade formal. Porém, importa ter presente que a administração municipal desses países estava, em larga medida, formatada e condicionada pelo aparelho do partido único, cúpula política de um sistema de governo organizado segundo o princípio do centralismo democrático.

A relação hierárquica entre os vários escalões da organização partidária permitia ao governo central impor orientações aos órgãos políticos intermédios e a estes anular as decisões dos organismos de base, no âmbito de uma cadeia de governação centralizada que perdurou mais de meio século. Hoje em dia esse paradigma não foi integralmente eliminado em estados onde a cultura totalitária das suas lideranças resiste ao curso da História. Daí que, quando apreciamos o grau de descentralização existente na Bulgária, devamos ter em consideração que ela se insere num processo gradualista de restauração do Municipalismo liberal, herdeiro da ideia personalista de município medieval: autoridade local fundada nos conceitos de individualidade territorial e de autonomia política, mas em permanente tensão política com a vocação nacional e interventiva do Estado.

Naqueles países o município não era, até há três décadas, um ente público autónomo, mas uma circunscrição territorial onde se concentravam as delegações locais de vários ministérios do Estado (Defesa, Segurança Pública, Indústria, Ensino, Agricultura ou Saúde), cada uma com o seu corpo privativo de funcionários dependentes de dirigentes nomeados pelo governo central. O que está hoje em causa em cada um desses municípios é o sucesso ou o fracasso de uma operação que consiste em converter política e culturalmente um "ninho" de serviços governamentais numa nova instituição jurídica autónoma, plural e dotada de poderes e recursos suficientes para que a sua população sinta a vantagem da mudança democrática que ainda está em curso nesses países. Ora, esse processo continua a sofrer resistências na Bulgária, à semelhança do que se verifica noutros antigos estados totalitários, como a Rússia, a Sérvia, a Croácia, a Albânia ou a Hungria.

A Constituição de 1991 e a Lei de organização da autonomia local (17. Set.1991) estabelecem que o sistema de governo dos municípios é formado por um conselho municipal, um presidente do conselho municipal e um presidente do município.

O conselho municipal é constituído por um número variável de membros, de acordo com a população do município, eleitos por sufrágio directo e universal, segundo o sistema proporcional, para mandatos de quatro anos. O presidente do conselho municipal é eleito pelo e de entre os membros do conselho, podendo ser por ele demitido. Finalmente, o presidente do município é eleito por sufrágio directo e universal, segundo o sistema maioritário.

A Lei da organização da autonomia local adopta o sistema da enunciação taxativa das atribuições municipais, repartindo-as pelos seguintes sectores: propriedade municipal, empresas municipais, impostos e taxas locais, ordenamento e desenvolvimento do território do município e das localidades nele incluídas, urbanismo, ensino, saúde, cultura, serviços sociais, protecção do ambiente e dos recursos naturais, preservação do património histórico e cultural, desenvolvimento do desporto e turismo e lazer.

Algumas das atribuições municipais são prosseguidas no âmbito de associações de municípios, mediante a celebração de acordos entre eles. Os principais sectores de actuação das associações são a realização de projectos e obras de interesse comum, tais como a captação e distribuição de água, a protecção da natureza e a recolha e tratamento de resíduos.

Sem embargo, a autonomia dos municípios é muito mitigada. Para essa situação contribuem a grande insuficiência dos seus recursos financeiros, a tutela anulatória dos prefeitos das regiões governamentais e a competência conjunta de organismos centrais no exercício das funções municipais.

A Lei da divisão territorial da capital da Bulgária e das grandes cidades, de 25 de Julho de 1995, determinou a divisão obrigatória das cidades com mais de 300 mil habitantes em bairros administrativos, e definiu os seus limites. Por força dessa lei as cidades de Sofia, Plovdiv e Varna foram divididas em bairros.

Estas unidades administrativas não gozam de autonomia própria por serem entidades de administração desconcentrada dos respectivos municípios. A sua direcção compete a um presidente eleito pelos membros do respectivo conselho municipal.

CHIPRE

População – 1 170 000 hab.
Área – 9 251 km2

Nota histórica

Desde muito cedo a importância estratégica de Chipre no cruzamento das rotas comerciais da Antiguidade e a riqueza das suas minas de cobre [52] despertaram o interesse dos povos mediterrânicos na sua ocupação. Entre os sécs. XI e VIII a.C., a ilha de Chipre acolheu os Jónios – os primitivos Gregos – e a civilização fenícia. Após a sua conquista por Alexandre, o Grande (333 a.C.), Chipre tornou-se parte do Império Helénico. Por morte de Alexandre, a ilha passou a ser uma possessão da dinastia ptolemaica do Egipto, até ser anexada ao Império Romano (58 a.C.) e tornar-se a província senatorial de Chipre. Na sequência da divisão do Império, a ilha ficou ligada a Constantinopla e depois a Bizâncio, mantendo-se mais de três séculos sob o domínio otomano (1571-1914).

A partir de meados do séc. XVI, a ilha passou a ser habitada por duas comunidades étnicas e culturais muito distintas: os cristãos ortodoxos gregos e os islâmicos turcos. Em 1914, Chipre foi integrada no Império Britânico, mas as revoltas nacionalistas ocorridas após o final da Segunda Guerra Mundial permitiram-lhe alcançar a independência em 1960 [53].

À época, as comunidades cipriota-grega e cipriota-turca representavam, respectivamente, 82% e 18% da população. A Constituição aprovada em 1960 garantia a igualdade de direitos de Gregos e Turcos e a participação de ambas

[52] Foi este mineral que deu o nome à ilha. A palavra "cobre" deriva do grego *kýpros*.

[53] Apesar de ter conquistado a sua independência do Reino Unido, Chipre continua a ter quatro enclaves ingleses nas áreas das bases aéreas britânicas de Acrotini e Deceleia (Dhekelia), excluídos da soberania cipriota, mas reivindicados pelo governo de Chipre.

as comunidades na governação do país. No entanto, um golpe do *Enosis* [54] ocorrido em Julho de 1974 tentou incorporar Chipre no Estado grego. Em resposta ao golpe, a Turquia ocupou o norte da ilha em Agosto daquele ano e, em 1983, autoproclamou a República Turca do Chipre do Norte – um estado *de facto* que apenas foi reconhecido pela Turquia.

Desde então, Chipre é o estado da comunidade cipriota grega correspondente aos dois terços meridionais do território da ilha. As negociações entre os presidentes das duas partes da ilha, iniciadas em 2005 com vista à sua reunificação, mantêm-se sem qualquer resultado prático.

De acordo com a primeira e, até hoje, única Constituição, aprovada em 1960 e já alterada dez vezes, são três os níveis de governo de Chipre: o Estado, os municípios e as comunidades.

O Estado

Embora geograficamente não faça parte da Europa, Chipre é um país que se insere no espaço político e cultural europeu, sendo membro do Conselho da Europa, desde 24 de Maio de 1961, e da União Europeia, desde 1 de Maio de 2004.

Segundo o artigo 1º da Constituição, Chipre é uma democracia representativa com sistema de governo presidencial, em que o poder governamental pertence ao Presidente.

A Constituição atribui a presidência do Estado a um grego, e a vice-presidência a um turco, mas a divisão da ilha em duas partes suspendeu a aplicação dessa e de outras normas constitucionais. Presentemente cada comunidade tem presidente, parlamento, governo e sistema judicial próprio.

Chipre é representado pelo Presidente da República, eleito por sufrágio directo e universal da comunidade cipriota grega para mandatos de cinco anos.

O poder legislativo é exercido pela Câmara dos Representantes, constituída por 80 deputados eleitos por representação proporcional para mandatos de cinco anos. Desses 80 lugares apenas 56 estão ocupados, uma vez que

[54] Movimento da comunidade grego-cipriota favorável à união de Chipre com a Grécia.

os 24 lugares constitucionalmente reservados a cipriotas turcos não são atribuídos desde os conflitos de 1974.

O Presidente é o titular do poder executivo (sistema presidencialista), competindo-lhe nomear livremente o Governo, que é responsável perante ele.

Os 6 distritos governamentais

À data da independência de Chipre, a organização e funcionamento das unidades administrativas territoriais era regulada por leis coloniais aprovadas pelo parlamento britânico, e o sistema então vigente foi mantido pela legislação aprovada após a entrada em vigor da Constituição.

A ilha está dividida em seis distritos – Famagusta, Larnaca, Limassol, Nicósia, Paphos e Kyrenia, este último na parte turca da ilha – presididos por um comissário distrital nomeado pelo Governo, com funções de representação do Estado, coadjuvado por um comité de coordenação distrital composto por representantes dos departamentos desconcentrados da administração central, com competência para elaborar os planos de ordenamento do solo, aplicar a politica governamental de desenvolvimento rural, coordenar a organização dos processos eleitorais, emitir licenças e autorizações e exercer a tutela das autarquias locais.

Os 39 municípios

Desde o período colonial até 1999, o sistema de administração local autónoma era constituído por 571 autarquias de três tipos: 32 municípios (nas zonas urbanas), nove dos quais se encontram no território turco; 86 áreas de desenvolvimento (nas zonas rurais); e 453 autoridades de aldeia (nas povoações mais pequenas). A Lei nº 86 de 1999 (Lei das autarquias locais) alterou a nomenclatura das autarquias locais, passando as áreas de desenvolvimento e as autoridades de aldeia a designar-se comunidades. Regidos por um estatuto muito semelhante, os municípios e as comunidades constituem os dois níveis da administração local.

Para as cinco maiores cidades do país – Nicósia, Limossol, Famagusta, Larnaca e Paphos – o artigo 173º, nº 1, da Constituição previu a criação de dois municípios distintos ("*separate municipalities*"), representativos das comunidades gregas e turcas. Em cada uma dessas cidades existe um município grego e outro turco. Segundo o nº 2 dessa norma constitucional, naquelas cidades, o conselho dos municípios gregos é eleito pelos eleitores gregos e o conselho dos municípios turcos é eleito pelos eleitores turcos. O nº 3 do artigo 173º da Constituição previu a criação em cada uma dessas cidades de um órgão de coordenação, formado por dois membros escolhidos pelos conselhos de cada município e um presidente escolhido por acordo entre os conselhos municipais, com a função de articular o trabalho dos dois municípios e suprir as faltas que se verifiquem.

A cidade de Nicósia tem a particularidade de ser a capital do Chipre e da República Turca de Chipre do Norte. A cidade encontra-se dividida em duas partes, separadas pela chamada "linha verde" – uma zona desmilitarizada ocupada pela ONU: na parte cipriota, a sul, está sediado o município de Nicósia, e na turca, a norte, localiza-se o município de Nicósia do Norte.

Após a divisão da Nicósia cipriota em sete autarquias municipais, geridas por conselhos eleitos por sufrágio directo, Chipre passou a ter 39 municípios.

O sistema de governo municipal é constituído por dois órgãos: um conselho, formado por um número variável de membros, entre oito e 26, eleitos por sufrágio directo e universal, segundo o sistema proporcional, com mandato de cinco anos; e o presidente do município, que até 1999 era eleito pelo conselho, mas que desde então passou a ser eleito por sufrágio directo e universal para mandatos de cinco anos. Compete-lhe, designadamente, presidir ao conselho municipal e à comissão de gestão.

Esta comissão é uma das várias comissões executivas criadas pela Lei nº 86 de 1999, como órgãos municipais facultativos. A sua instituição concreta depende de deliberação dos conselhos municipais, que fixam as competências de cada comissão. Aquela Lei exige que todos os partidos políticos estejam nelas representados. Segundo o artigo 44º da mesma Lei, a comissão de gestão é composta pelos presidentes das várias comissões e por membros do conselho, num número variável entre um terço e metade dos conselheiros. Compete à comissão de gestão elaborar o projecto de orçamento e contas anuais e proceder ao controlo financeiro do município. As medidas tomadas pelas várias comissões devem ser ratificadas pelo conselho municipal.

As atribuições e competências municipais são muito limitadas e, em vários sectores, são objecto de competência conjunta de serviços estatais.

Incluem-se nas atribuições dos municípios os sistemas de abastecimento de água e energia eléctrica, a limpeza urbana, a recolha de esgotos, a toponímia das ruas e praças, a limpeza urbana, a gestão de cemitérios, o licenciamento dos estabelecimentos comerciais, a fiscalização das padarias, a instalação de balneários públicos, o controlo e abate de animais nas zonas urbanas, a criação de mercados e feiras, a regulação do trânsito, a construção de parques, piscinas e campos desportivos e a criação de museus, teatros e bibliotecas.

Em matéria de ordenamento do território apenas os maiores municípios dispõem de poderes de execução dos planos elaborados a nível distrital, uma vez que os mais pequenos não têm meios técnicos habilitados para o efeito.

As 383 comunidades

Até à entrada em vigor da Lei nº 86 de 1999, as 86 áreas de desenvolvimento estavam dotadas de um conselho igualmente eleito directamente por quatro anos, mas o seu presidente era, por inerência, o comissário do respectivo distrito. Relativamente aos membros das 453 autoridades de aldeia, a sua designação era feita por nomeação, sem prazo, pelo governador colonial inglês.

A Lei nº 86 substituiu as 539 áreas de desenvolvimento e autoridades de aldeia por 383 comunidades. Este processo implicou a agregação de muitas das antigas autarquias locais. O regime legal da fusão de autarquias prevê que o número de membros do novo conselho seja, pelo menos, o dobro do das unidades agregadas: metade dos seus membros é eleita por todos os habitantes da nova autarquia e a outra metade é escolhida pela população das aldeias ou áreas de desenvolvimento constituintes.

O sistema de governo das comunidades é constituído por dois órgãos: o conselho, formado por um número de membros, entre quatro e oito, eleitos por sufrágio directo e universal, segundo o sistema proporcional, para mandatos de cinco anos; e o presidente, eleito por voto maioritário dos eleitores da autarquia.

Cada município e comunidade tem um funcionário nomeado pelo conselho – o secretário municipal, ou de comunidade – responsável pela administração corrente dos assuntos da autarquia, gestão do seu pessoal, assessoria dos órgãos e participação nas suas reuniões.

CROÁCIA

População – 4 076 000 hab.
Área – 56 594 km2

Nota histórica

Os Croatas eram uma tribo eslava de língua iraniana que migrou para os Balcãs, vindos da região da actual Ucrânia. Em meados do séc. X, a Croácia tornou-se um reino reconhecido por carta papal, depois de Tomislav I ter dominado os Eslavos da Dalmácia e da Panónia. Localizado em grande parte da Península da Ístria, o Reino da Croácia sofreu uma crise dinástica no início do séc. XII que o fez perder a soberania e o submeteu ao governo do Reino da Hungria.

Em 1526, as tropas turcas venceram o exército húngaro na Batalha de Mohács e a Croácia foi incorporada no Império Otomano. A Croácia tornou-se então a fronteira entre o Catolicismo, a norte, o Cristianismo ortodoxo, a leste, e o Islamismo, a sul. Esta diferenciação religiosa e cultural, própria dos Balcãs, veio a revelar-se determinante na configuração política dos actuais estados da ex-Jugoslávia.

Após a dissolução do Império Otomano, o território da Croácia tornou-se parte do Reino dos Sérvios, Croatas e Eslovenos, renomeado em 1929 Reino da Jugoslávia.

No decurso da Segunda Guerra Mundial, a Alemanha nazi invadiu os Balcãs, desmembrou o Reino da Jugoslávia e instalou na Croácia um estado fantoche – o "Estado independente da Croácia" – chefiado pelo croata fascista Ante Palevic, líder do partido Ustase, que instalou no país uma feroz ditadura. Animado pelo lema "Matar um terço, exilar um terço e converter o outro terço ao Catolicismo", Palevic exterminou centenas de milhares de sérvios ortodoxos, judeus, ciganos e croatas oposicionistas no campo de concentração de Jasenovac, criado no norte do país.

A memória dos crimes cometidos pelo "Estado independente da Croácia", historicamente acusado de genocídio do povo sérvio, continua a ensombrar a difícil relação entre os dois povos e não foi estranha à guerra em que eles se envolveram após a dissolução da Jugoslávia.

No final da Segunda Guerra, a Croácia passou a ser uma das seis repúblicas socialistas integrada na República Popular Federativa da Jugoslávia, renomeada em 1963 República Socialista Federal da Jugoslávia. A política centralista e autoritária do seu presidente – o marechal Josip Broz Tito – e a sua neutralidade face ao movimento comunista internacional contiveram os sentimentos autonomistas das várias repúblicas e tornaram possível a sua coabitação num estado pluriétnico e multirreligioso. No entanto, a queda do Muro de Berlim e a autonomia conquistada pelos estados do antigo Bloco Soviético despertaram os sentimentos nacionalistas e democráticos das várias repúblicas jugoslavas e provocaram o desmembramento da Federação.

Na sequência das eleições parlamentares de 1990 e da aprovação da Constituição, a Croácia realizou um referendo sobre a independência (Maio.1991). Confortado pelo voto favorável de 93% da população, o Parlamento croata declarou a separação da Jugoslávia, em Junho de 1991. A oposição da Sérvia à independência da Croácia motivou a Guerra da Independência Croata, travada entre 1991 e 1995, com ambos os lados a realizarem operações de verdadeira limpeza étnica.

O sistema político croata é formado por três níveis de governo: o Estado, os condados e os municípios.

O Estado

A Constituição de Dezembro de 1990 dotou inicialmente a Croácia de um sistema de governo semipresidencial. No entanto, duas revisões constitucionais introduziram no país o sistema parlamentar: a de 2000, que alargou os poderes do Tribunal Constitucional e lhe deu competência para destituir o Presidente da República, e a 2001, que extinguiu a Câmara dos Condados e reforçou os poderes legislativos do novo parlamento unicameral.

A Croácia é uma república democrática representada por um Presidente eleito quinquenalmente.

O poder legislativo compete ao Parlamento (*Sabor*), constituído por 153 deputados eleitos por sufrágio directo, de quatro em quatro anos [55].

O Governo (*Vlada*) é nomeado pelo Presidente e responde perante o Parlamento.

Os 21 condados

O nível regional do sistema administrativo croata é formado por 21 condados (*zupanije*), incluindo Zagreb – a capital do país – que tem, simultaneamente, estatuto condal e municipal.

Os condados – cuja população varia entre 53 770 habitantes (Lika-Senj) e 803 900 habitantes (Zagreb) – assentam as suas raízes em territórios feudais de dois antigos reinos autónomos: o Principado da Croácia-Dálmata, estabelecido no séc. IX na antiga província romana da Dalmácia [56], e o Principado da Croácia-Panónia, existente entre os sécs. VIII e X na Planície da Panónia.

Os condados são administrados por órgãos próprios e representativos da respectiva população, eleitos de quatro em quatro anos. O conselho de condado é formado por membros eleitos por sufrágio directo e universal, em número variável, segundo a população. Três quartos desses membros são eleitos pelo sistema de representação proporcional, sendo o outro quarto eleito por escrutínio uninominal. Compete ao conselho eleger o presidente (*zupan*) e os outros membros do órgão executivo.

A lei reconhece aos condados atribuições comuns nos sectores do ordenamento do território, urbanismo, ensino secundário, ensino profissional e técnico, educação de adultos, lares de idosos, hospitais, captação de água, tratamento dos resíduos, rede viária condal, promoção económica, turismo, museus, bibliotecas e teatros. No entanto, cada condado tem um estatuto particular que regula a composição e a forma de eleição dos seus órgãos, as suas competências próprias, a sua organização administrativa, a forma de consulta dos seus habitantes e outros aspectos do seu funcionamento.

[55] Dos 153 deputados, 140 vêm dos condados, oito representam diversas minorias e cinco são eleitos pelos croatas da diáspora.

[56] Designação derivada do nome da tribo ilíria dos Dálmatas.

A lei prevê a delegação de algumas funções da administração central aos condados, exercendo o Estado em relação a essas uma tutela de mérito, e não só de legalidade.

Os condados são também unidades territoriais de administração desconcentrada. O sistema administrativo croata compreende órgãos periféricos do Estado sediados nas sedes dos condados, com funções de execução das políticas nacionais e de fiscalização da actividade das autarquias regionais e locais.

Os 555 municípios

O nível inferior da administração territorial autónoma é constituído por 555 municípios (menos um do que em 2012), dos quais 428 são municípios comuns (*opcine*) e 127 têm o estatuto de cidade (*gradovi*).

O critério distintivo destes dois tipos de municípios é demográfico e funcional. O estatuto de cidade é atribuído aos municípios de povoamento concentrado com mais de 10 mil habitantes. Esta regra sofre excepções nalgumas localidades de menor população, que por razões de ordem histórica ou económica merecem o estatuto de cidade. É o caso do município de Hum, fundado no séc. XI, que apesar de ter menos de 30 habitantes deve a categoria de cidade ao facto de ser o mais pequeno município do mundo [57].

Os órgãos deliberativos das cidades e dos municípios são, respectivamente, o conselho urbano e o conselho municipal, ambos constituídos por um número variável de membros, entre 13 nos municípios com menos de 3 mil habitantes e 51 no município de Zagreb, eleitos por sufrágio directo e universal, segundo o sistema aplicável à eleição da assembleia do respectivo condado. Tal como os conselhos dos condados, também os das cidades e dos municípios são eleitos para mandatos de quatro anos.

Os órgãos executivos das cidades e dos municípios, assim como os seus presidentes – designados, respectivamente, presidente da cidade e governador municipal – são eleitos pelos respectivos conselhos. No caso particular de Zagreb, o presidente da cidade não é eleito pelo conselho da cidade, mas pela assembleia do condado de Zagreb, segundo o sistema maioritário.

[57] Assim registado no *Guinness World Records*.

Refira-se ainda o facto de a lei não permitir a existência de órgão executivo nos municípios com menos de 3 mil habitantes. Esta situação pode também verificar-se, mediante deliberação do conselho, nos municípios com população entre 3 mil e 10 mil habitantes. Nessas autarquias é o presidente do órgão deliberativo que executa as funções normalmente atribuídas ao órgão executivo.

As cidades e os municípios têm atribuições comuns, destacando-se de entre elas o ensino pré-escolar, educação de adultos, creches e jardins-de-infância, cuidados primários de saúde, lares de idosos, urbanismo, captação de água, recolha de resíduos, cemitérios, protecção do consumidor, rede viária municipal, transportes urbanos, aquecimento urbano, fornecimento de água e electricidade, promoção económica, desporto e turismo. No entanto, as cidades com mais de 30 mil habitantes podem exercer competências dos condados, o que não acontece com os municípios comuns.

Tal como sucede a nível regional, o estatuto próprio de cada cidade e município define com mais pormenor os poderes que são confiados aos seus órgãos, a forma de organização da sua administração, o processo de consulta aos habitantes e outros aspectos do seu funcionamento.

Dispersos pelo território de muitos municípios rurais existem cerca de 6 800 povoados (*naselje*) dotados de um representante eleito pela comunidade, que transmite as necessidades da população aos órgãos do seu município e pode exercer algumas funções administrativas por eles delegadas.

DINAMARCA

População – 5 806 000 hab.
Área – 42 921 km2

Nota histórica

Juntamente com a Noruega e a Suécia, a Dinamarca foi a terra natal dos Vikings, um povo que surgiu na Península escandinava entre 650 e 800 d.C., descendendo de antigos aborígenes germanos do norte da Europa. A conversão dos Vikings ao Cristianismo depois do baptismo do seu líder Haraldo Dente Azul (960) criou uma base cultural comum aos povos dos Países Nórdicos, que foi mantida até à actualidade.

Sucessivas campanhas militares e alianças políticas bem conseguidas permitiram aos Vikings dinamarqueses a conquista de Inglaterra, Noruega, Suécia, Islândia e Gronelândia e a formação do primeiro império cristão da Europa – o Império Dinamarquês –, que se desmembrou em vários reinos no final do séc. XI.

Entre 1397 e 1523, o Reino da Dinamarca esteve ligado aos Reinos da Noruega e da Suécia através de uma união pessoal que ficou conhecida por União de Kalmar. Essa União foi extinta após a secessão da Suécia. Os outros estados fundaram, então, o Reino da Dinamarca e Noruega, uma monarquia absolutista e hereditária com sede em Copenhaga. A secessão sueca esteve também na origem da Guerra Nórdica dos Sete Anos (1563-1570), pela qual a Dinamarca tentou, sem sucesso, reconquistar a Suécia.

Depois da dissolução da união com a Noruega – que, entretanto, formou uma outra união com a Suécia –, a Dinamarca tornou-se uma monarquia constitucional regida pela sua primeira Constituição, aprovada em 1849.

São três os níveis territoriais de governo da Dinamarca: o Estado, as regiões e os municípios.

O Estado

À Constituição de 1849 sucedeu a de 1953, segundo a qual a Dinamarca é uma monarquia constitucional na forma de democracia representativa e com sistema de governo parlamentar.

O Estado é representado pelo monarca reinante, que desempenha funções essencialmente honoríficas.

O poder legislativo é exercido pelo Parlamento unicameral (*Folketing*), constituído por 179 deputados – dos quais dois representam a Groenlândia e dois as Ilhas Faroé – eleitos por sufrágio directo e universal, de quatro em quatro anos, segundo o sistema proporcional.

O primeiro-ministro é nomeado pelo monarca, de acordo com o resultado das eleições parlamentares, e o Governo responde politicamente perante o Parlamento.

As 5 regiões administrativas

Desde 2007, os níveis de administração territorial autónoma são as regiões e os municípios. A Reforma Municipal realizada nesse ano extinguiu os 14 condados (*amter*) então existentes e substituí-os pelas cinco regiões (*regioner*) administrativas continentais.

O seu sistema de governo é constituído por dois órgãos: o conselho regional, composto por 41 membros [58] eleitos por sufrágio directo e universal, segundo o sistema proporcional, para um mandato de quatro anos, e o presidente, eleito por maioria simples de entre os membros do conselho, perante o qual é politicamente responsável.

O presidente é o único eleito que exerce funções a tempo inteiro e o único a ser remunerado. Para além de presidir ao conselho, compete-lhe executar as deliberações desse órgão, dirigir o aparelho administrativo da região e coordenar o trabalho das várias comissões sectoriais. Estas são eleitas pelo conselho segundo o sistema proporcional, de modo a que as várias forças políticas estejam nelas representadas.

[58] O número de membros dos conselhos regionais dinamarqueses não depende do número de habitantes de cada região.

As regiões administrativas da Dinamarca não beneficiam da chamada cláusula geral de atribuições, que permite às autarquias ocuparem-se de todos os assuntos de interesse para as suas populações. Pelo contrário, as suas atribuições centram-se no sector da saúde. A saúde é a principal atribuição das regiões mono-sectoriais dinamarquesas; daí que sejam ironicamente chamadas "regiões sanitárias".

A gestão do serviço nacional de saúde é a principal atribuição das regiões, que exercem ainda competência residual nos domínios do turismo, da cultura e dos transportes públicos. As regiões gerem os centros hospitalares do país; são elas que constroem, mantêm e são proprietárias de todos os hospitais públicos. Esse facto é reflexo da política descentralizadora do Estado para esse sector.

Finalmente, refira-se que as regiões administrativas não têm receitas fiscais próprias. O seu financiamento é assegurado por transferências do Estado, contribuições dos municípios e receitas da exploração, directa ou concessionada, dos transportes públicos.

As 2 regiões autónomas

Para além das cinco autarquias regionais continentais, a organização político-administrativa da Dinamarca compreende também duas regiões autónomas insulares – as Ilhas Faroé e a Gronelândia –, com maior autonomia do que as regiões continentais.

Com uma população de cerca de 50 mil habitantes, as Ilhas Faroé adoptam como línguas oficiais o Dinamarquês e o Faroês, um idioma escandinavo de raiz germânica. Por seu lado, a população da Gronelândia – a maior ilha do mundo, quase integralmente coberta por gelo – é de cerca de 57 mil habitantes, 88% dos quais pertence à etnia inuit. Em 2009, o Gronelandês foi declarado a única língua oficial da região autónoma.

As particularidades étnicas e linguísticas das Ilhas Faroé e da Gronelândia, aliadas à longa distância que as separa da Dinamarca, permitiram-lhes conquistar o estatuto de autonomia política em 1948 e 1979, respectivamente.

O sistema de governo parlamentar das duas regiões autónomas replica o sistema de governo nacional. Ambas as regiões dispõem de um parlamento, constituído por 33 membros (Ilhas Faroé) e 31 membros (Gronelândia) eleitos, de quatro em quatro anos, por sufrágio directo e universal, pelo sistema proporcional, e de um governo próprio, com forte autonomia governativa, eleito pelo respectivo parlamento e politicamente responsável perante ele.

Os parlamentos regionais têm competência legislativa primária em relação a todos os assuntos de âmbito regional, incluindo o regime jurídico e financeiro dos respectivos municípios.

O Estado é representado em cada região autónoma por um alto-comissário nomeado pelo Governo.

As Ilhas Faroé estão divididas em 29 municípios (*kommunur*) dotados de uma assembleia eleita por sufrágio directo e universal, e de um órgão executivo eleito por ela. Os seis municípios mais populosos são sede de circunscrições distritais (*sýslur*), instituídas para efeitos de cooperação intermunicipal.

Até 2009, a única unidade autárquica de nível sub-regional da Gronelândia era o condado (*amt*), mas a reforma territorial em vigor desde esse ano alterou a nomenclatura das autarquias locais, convertendo os antigos três condados de raiz anglo-saxónica em quatro municípios (*qaasuitsup kommunia*) de tipo continental, que adoptam o mesmo sistema de governo parlamentar dos municípios das Ilhas Faroé.

Muito embora a Dinamarca seja um estado-membro da União Europeia, as Ilhas Faroé nunca aceitaram integrá-la, e a Gronelândia abandonou-a em 1979, limitando-se a manter o estatuto de estado-associado.

Os 98 municípios

Várias reformas territoriais reduziram progressivamente o número de municípios dinamarqueses (*kommuner*): em 1992, os 1 391 municípios então existentes foram reduzidos a 275, e em 2007 estes foram agregados em apenas 98. Em cerca de 40 anos a Dinamarca suprimiu 93% dos seus municípios.

A orientação estratégica de redução do número de municípios foi mantida na Reforma Municipal aprovada em 2007, segundo a qual os municípios não podem ter menos de 20 mil habitantes.

O artigo 82º da Constituição consagra o princípio da autonomia local ao reconhecer que "O direito de os municípios gerirem os seus assuntos de forma independente, mas sob o controlo do Estado, está previsto na lei."

O sistema de governo dos municípios está regulado na Lei nº 615, de 18 de Julho de 1995. A gestão dos municípios compete a três órgãos: o conselho municipal, o presidente e as comissões.

O conselho municipal é constituído por um número de membros entre nove e 31 [59], eleitos por sufrágio directo e universal para um mandato de quatro anos. O presidente, que é eleito pelo conselho de entre os seus membros para um mandato de igual duração, preside ao conselho e à comissão de finanças e supervisiona o funcionamento da administração municipal. Compete-lhe ainda exercer alguns poderes em nome do Estado, designadamente a celebração de casamentos civis. Finalmente, as comissões são formadas por membros eleitos pelo conselho e exercem funções de gestão sectorial, preparando as deliberações do conselho e formulando-lhe propostas e recomendações.

A lei estipula a existência obrigatória de uma comissão de finanças incumbida da preparação e execução do orçamento, da administração financeira e da gestão do pessoal. Para além da comissão de finanças, a lei exige a formação de, pelo menos, uma comissão permanente para a gestão dos outros sectores da actividade municipal.

Relativamente aos poderes dos municípios, a saúde é um dos poucos sectores que escapa à sua competência. As atribuições municipais incluem os sectores sociais (creches, jardins de infância, assistência à terceira idade, apoio a famílias sem alojamento), a educação (construção, financiamento e programas das escolas do ensino básico, construção de escolas secundárias e equipamentos desportivos), a cultura e lazer (museus, bibliotecas, centros culturais, parques), a habitação (alojamentos sociais, residências para jovens, lares para idosos), os serviços públicos (fornecimento de água, electricidade, gaz e aquecimento urbano), o saneamento e ambiente (recolha e tratamento de resíduos urbanos, redes de esgotos, limpeza urbana, centrais de tratamento de resíduos), a protecção civil (serviços de bombeiros, socorro em caso de catástrofe), o ordenamento do território (planos directores municipais [60], planos de urba-

[59] O conselho municipal pode fixar o número dos seus membros entre nove e 31, respeitando, porém, o número máximo permitido em função do número dos seus habitantes.

[60] Na sua elaboração devem observar os planos de nível superior, mas a sua eficácia não depende de aprovação do governo. No entanto, o governo pode decidir a sua anulação administrativa, em caso de ilegalidade.

nização e de pormenor), a rede viária (construção e manutenção das estradas municipais) e o desenvolvimento económico (criação de parques empresariais, apoio ao investimento, informação aos empresários sobre legislação, procedimentos administrativos e apoios comunitários, estabelecimento de redes entre empresas e estabelecimentos de ensino). Registe-se que os municípios não têm poderes de licenciamento urbanístico, matéria que é da competência de serviços regionais do Estado.

ESLOVÁQUIA

População – 5 450 000 hab.
Área – 49 035 km2

Nota histórica

No séc. VI, os Eslovacos – um grupo étnico de Eslavos ocidentais – fixaram-se no território da actual Eslováquia, que os Magiares anexaram no séc. X ao Reino da Hungria. A derrota do exército húngaro frente aos Turcos na Batalha de Mohács (1526) fez da Hungria um estado vassalo do Império Otomano. Após a ocupação de Buda pelos Turcos, no início do séc. XVI, a cidade de Bratislava, actual capital da Eslováquia, tornou-se a capital do Reino da Hungria e local de coroação dos monarcas húngaros [61].

A morte do rei Luís II da Hungria desencadeou uma crise sucessória e, na sequência de lutas entre facções partidárias do húngaro João Zápoly e do arquiduque austríaco Fernando I de Habsburgo, o Reino da Hungria foi dividido em três partes. Juntamente com a Boémia e a Morávia, o território correspondente à actual Eslováquia ficou sob a jurisdição da Casa de Áustria e foi, mais tarde, incorporado no Império Austro-Húngaro.

Após o colapso do Império no final da Primeira Guerra Mundial (1918), foi estabelecida uma união política entre a Eslováquia e os territórios checos da Boémia e da Morávia, que deu origem a um novo estado – a Checoslováquia.

Pelo Acordo de Munique (1938), os principais lideres europeus autorizaram Hitler a invadir a Boémia e a Morávia, alegadamente para proteger as populações Sudetas, de língua alemã. Mas a Alemanha foi mais longe e anexou a restante parte da Checoslováquia, estabelecendo no território eslovaco

[61] Até 1919, Bratislava era designada pelo nome alemão de Pressburg, com uma população de 42% de alemães, 40% de húngaros e apenas 15% de eslovacos.

um estado fantoche, designado República Eslovaca Independente, chefiado pelo sacerdote fascista Josef Tiso.

No fim da Segunda Guerra Mundial, a Checoslováquia foi restabelecida na forma de estado unitário, sujeito à tutela política da União Soviética, mas a identidade própria de Checos e de Eslovacos levou a que, em 1969, a Constituição de 1960 fosse revista e o país se tornasse uma federação formada pela República Socialista Checa e pela República Socialista Eslovaca. Aproveitando a abertura política promovida pelo presidente soviético Mikhail Gorbatchov, o Parlamento federal aprovou a dissolução da federação e a independência das duas repúblicas (31 Dez. 1992).

São três os níveis territoriais de governo da Eslováquia: o Estado, as regiões e os municípios.

O Estado

De acordo com a Constituição de 1992, a República da Eslováquia é um estado unitário que adopta a democracia parlamentar como forma de governo.

O chefe de Estado é eleito por sufrágio directo e universal para um mandato de cinco anos.

O poder legislativo compete a um Parlamento unicameral, designado Conselho Nacional da República Eslovaca (*Národná rada Slovenskej republiky*), constituído por 150 membros eleitos por sufrágio directo e universal para mandatos de quatro anos, segundo o sistema proporcional.

O poder executivo é exercido pelo Governo, que é nomeado pelo Presidente da República e confirmado pelo Parlamento, sendo responsável perante este (sistema de governo parlamentar).

As 8 regiões

O artigo 64º da Constituição, que classificou o município como a unidade básica da administração local autónoma, previu a criação de autarquias de âmbito supramunicipal, designadas "unidades territoriais maiores" (*vyssie územné celky*) [62], sem lhes atribuir designação própria.

[62] Ou seja, unidades maiores do que os municípios.

No entanto, essas unidades apenas foram criadas em 2002. Até lá, o território eslovaco esteve dividido em regiões (*kraje*) e distritos (*okresy*) governamentais, desprovidos de personalidade jurídica e autonomia administrativa. A reforma da divisão administrativa aprovada em 24 de Julho de 1996 elevou de seis para oito o número de regiões e diminuiu de 91 para 79 o número de distritos em que as regiões se dividiam. Os seus serviços eram dirigidos por governadores regionais nomeados pelo Governo, com a incumbência de executarem localmente as políticas nacionais e de coordenarem a actividade dos municípios e dos organismos da administração central sediados nas regiões.

Finalmente, em 2002 o Parlamento concretizou a norma constitucional que previa a instituição de "unidades territoriais maiores", convertendo as oito antigas regiões em regiões autónomas (*samosprávne kraje*). Os 79 distritos foram mantidos apenas para efeitos de administração periférica do Estado.

O sistema de governo das regiões é constituído por uma assembleia e um presidente, eleitos por sufrágio directo e universal para mandatos de quatro anos.

As suas atribuições incluem os sectores do desenvolvimento económico e social, do planeamento da ocupação do solo, do apoio à actividade produtiva da região, da educação, da cultura e do turismo. Compete às assembleias regionais elaborar planos de desenvolvimento económico e social dos respectivos distritos; coordenar a actividade dos municípios e dos agentes privados no âmbito do turismo, cultura, educação física e protecção da juventude; aprovar orientações em matéria de desenvolvimento dos municípios; coordenar a elaboração dos planos municipais de ordenamento do território; e definir as missões concretas que os municípios devem desempenhar em caso de urgência, sinistros graves e incêndios.

Os 2 875 municípios

Como acima dissemos, o artigo 64º da Constituição estabelece que o município é a unidade de base da administração territorial autónoma. A Eslováquia conta com um elevado número de municípios: os 3 359 existentes até 1997 deram lugar aos actuais 2 875, dos quais 136 são cidades.

O sistema de governo dos municípios está definido no artigo 69º da Constituição e é constituído por dois órgãos: o conselho municipal, cujos membros são eleitos por sufrágio directo e universal, segundo o sistema proporcional, para um mandato de quatro anos; e o presidente, também eleito por sufrágio directo e universal para um mandato de igual duração.

As cidades de Bratislava e de Kosice regem-se por estatutos especiais. O seu sistema de governo é formado por três órgãos: o conselho municipal (*mestské zastupitelstvo*), com funções deliberativas, formado por membros eleitos por sufrágio directo e universal para um mandato de quatro anos; o prefeito (*primátor*), com funções executivas, eleito pela mesma forma e com mandato de igual duração; e as comissões da cidade (*komisie mestského zastupitelstva*), compostas pelo prefeito da cidade, pelos seus adjuntos, pelos prefeitos dos bairros urbanos e por um máximo de dez membros do conselho municipal.

Bratislava está dividida em 17 bairros, dotados cada um de conselho de bairro e de presidente, eleitos por sufrágio directo e sem dependência do conselho da cidade. Por sua vez, Kosice está dividida em 28 bairros urbanos com regime de autonomia idêntico ao de Bratislava.

As atribuições dos municípios e das cidades repartem-se pelos seguintes sectores: apoio à actividade económica, ordenamento do território, construção e manutenção vias de circulação, habitação social, conservação dos espaços verdes, construção e manutenção de equipamentos culturais e desportivos, iluminação pública, captação e distribuição de água, conservação das redes de esgotos, transportes públicos locais, construção de mercados municipais, instalação de serviços sociais, polícia municipal e manutenção dos cemitérios.

O grau de autonomia das cidades é superior ao dos municípios. Em muitos domínios, estes exercem as suas funções em regime de competência conjunta com os serviços distritais do Estado, que têm uma intervenção mais limitada na gestão das cidades.

Em matéria de urbanismo, cabe aos municípios aprovar as normas relativas à construção, mas relativamente ao licenciamento de projectos urbanísticos a lei estabelece dois regimes: as construções até 16 m2 de área de implantação são licenciadas pela administração municipal, mas o licenciamento de edificações com área de implantação superior é da competência dos serviços distritais do Estado.

A lei prevê a criação de associações voluntárias de municípios destinadas à realização conjunta das suas atribuições. Em razão do seu objecto, a criação desse tipo de associações obedece a um critério geográfico, reunindo municípios da mesma área distrital. No entanto, existem associações de representação de interesses comuns que reúnem municípios sem afinidades territoriais. É o caso da União das Cidades ou da Associação dos Municípios com Termas.

ESLOVÉNIA

População – 2 081 000 hab.
Área – 20 273 km2

Nota histórica

Cerca do ano 1000 a.C., a tribo eslava dos Ilírios, oriunda da Europa central e oriental, estabeleceu-se na fértil Planície da Panónia, a sul dos Alpes Dináricos. Foi dessa tribo que descenderam os Eslovenos, os Croatas e os Sérvios.

No séc. I a.C., os Romanos fundaram nessa região a província da Ilíria, e quatro séculos depois dividiram-na nas novas províncias da Dalmácia e da Panónia [63].

Por volta do ano 800, a Panónia foi invadida pelos Magiares e mais tarde passou a fazer parte do Reino da Hungria (1000-1526), conquistado em meados do séc. XVI pelo Império Otomano. No entanto, a derrota infligida aos Turcos pelas tropas da Casa da Áustria, em 1686, colocou os domínios do Reino da Hungria sob o controlo dos Habsburgo. Os Eslavos tornaram-se, então, uma importante etnia do Império Austríaco distribuída pelas suas províncias da Caríntia, da Estíria e da Carníola. Foi nesta província que os Eslovenos criaram o Condado Celje, a unidade política vassala da dinastia de Habsburgo que deu origem à Eslovénia.

Após a dissolução do Império Austro-Húngaro no final da Primeira Guerra Mundial, o Movimento Pan-Eslavista logrou formar o Reino dos Sérvios, Croatas e Eslovenos, nomeado mais tarde Reino da Jugoslávia. Em 1946,

[63] Foi na Panônia que nasceu o primeiro bárbaro germânico a tornar-se imperador do Império Romano. Chamou-se Caio Méssio Quinto Trajano Décio, reinou entre 249 e 251 d.C., e ficou célebre por ter mandado matar o Papa Fabiano e perseguido implacavelmente os cristãos do Império. Morreu na Batalha de Abrito (actual Bulgária) em luta contra os Godos, ironicamente tão bárbaros germânicos como ele.

o Reino da Jugoslávia passou a designar-se República Popular Federativa da Jugoslávia, renomeada, em 1963, República Socialista Federal da Jugoslávia. A Eslovénia era, então, uma república socialista da Federação jugoslava.

Aspirando à autonomia política, a Eslovénia aproveitou o desmembramento da Jugoslávia e declarou a independência (Jun.1991), depois de ter realizado um referendo (Dez.1990) em que 88% dos eslovenos se pronunciaram nesse sentido. No entanto, a independência da Eslovénia só se consolidou após um breve conflito militar com a Sérvia, que ficou conhecido pela Guerra dos Dez Dias.

Constitucionalmente, os níveis de governo da Eslovénia são três: o Estado, as regiões e os municípios. Porém, as autarquias regionais ainda não foram instituídas.

O Estado

A Constituição de 1991 define a Eslovénia como uma república democrática parlamentar, regida pelo princípio da separação de poderes.

O Presidente da República é eleito por sufrágio directo e universal para um mandato de cinco anos.

O poder legislativo é exercido por um Parlamento bicameral, constituído pela Assembleia Nacional e pelo Conselho Nacional, com mandato de quatro anos. A Assembleia Nacional é formada por 90 deputados, 88 dos quais são eleitos por sufrágio directo e universal, e dois representam as minorias húngara e italiana; o Conselho Nacional é composto por 40 senadores que asseguram uma representação corporativa: 22 senadores são designados pelas autarquias locais e 18 representam as associações empresariais e laborais, os agricultores, os artesãos e as profissões liberais.

O Governo é nomeado pelo Presidente da República e responde politicamente perante o Parlamento (sistema de governo parlamentar).

As 12 regiões governamentais

O território da Eslovénia está dividido em 12 regiões governamentais (*statisticna regije*) para efeitos de desconcentração administrativa, correspondentes a NUTS 2 para fins estatísticos. Nestas unidades territoriais estão sediados vários serviços sectoriais do Estado que fiscalizam o funcionamento dos órgãos municipais. Estes estão sujeitos a uma tutela de legalidade em relação às suas atribuições próprias, e também de mérito quanto às funções delegadas pelos departamentos ministeriais.

As regiões administrativas

Está em curso, desde há alguns anos, o processo de criação das regiões administrativas previstas no artigo 143º da Constituição, mas, enquanto não forem instituídas, os municípios continuam a ser o único nível de poder autónomo infra-estatal.

Os 212 municípios

A democratização da Eslovénia pós-independência provocou um aumento muito acentuado do número de municípios, semelhante ao verificado no Portugal democrático ao nível das freguesias. Em 1991 o país tinha 147 municípios; em 1996 passou a ter 192; dez anos depois já tinha 210, e em 2016 chegou aos 212 [64].

Segundo a Lei nº 57/1994 (Lei da autonomia local), os municípios (*obcin*) devem ter uma população superior a 5 mil habitantes, salvo situações especiais que mereçam tratamento excepcional, como sejam a proximidade da fronteira, a importância histórica e a nacionalidade dos residentes. A população média dos municípios é de 13 530 habitantes. Porém, Osilnica, junto à fronteira da Croácia, é o município menos populoso do país, com apenas 403 habitantes.

O artigo 141º da Constituição eslovena reconhece aos povos o direito de exercerem poderes e funções relativas ao governo local através de municípios e de outros organismos com autonomia administrativa.

O sistema de governo dos municípios é constituído por três órgãos: o conselho municipal, o presidente e as comissões. O órgão deliberativo é o conselho municipal, formado por sete a 45 por membros, conforme o número

[64] Em 1947, a Eslovénia tinha 380 municípios, número que foi drasticamente reduzido durante os anos em que o país fez parte da Federação jugoslava.

de habitantes, eleitos de quatro em quatro anos por sufrágio directo e universal, segundo o sistema proporcional, se o conselho tiver mais de 12 membros, ou pelo sistema maioritário, se tiver menor composição. Nos municípios com comunidades húngaras, italianas ou ciganas, o conselho municipal deve ter, pelo menos, um representante de cada um desses grupos étnicos.

O órgão executivo é o presidente do município, eleito directamente pelos munícipes de nacionalidade eslovena (e só desta), segundo o sistema maioritário, para um mandato de quatro anos.

O presidente – que não pode ser destituído pelo conselho – goza do poder de se opor à aprovação das deliberações deste órgão que considere ilegais ou inconstitucionais, através de uma recomendação. Na eventualidade de o conselho desatender as razões do presidente, este tem o poder de impugnar contenciosamente as deliberações do conselho e, assim, suspender a sua eficácia até decisão com trânsito em julgado.

Mediante delegação ministerial, o presidente do município pode exercer algumas funções do Estado, designadamente celebrar casamentos civis.

A Lei da autonomia local impõe aos conselhos municipais a criação de duas comissões obrigatórias: a comissão de supervisão, incumbida dos assuntos financeiros e patrimoniais, e a comissão eleitoral, com competência para dirigir o processo eleitoral, aprovar as candidaturas, organizar as secções de voto e verificar o resultado das eleições.

Essa lei confere competência aos municípios para prover as necessidades colectivas mais elementares: cuidados primários de saúde, ensino básico, fornecimento de água e electricidade, serviços postais e acesso a uma biblioteca pública.

As leis sobre a organização municipal atribuem o estatuto de cidade (*mestna obcina*) aos municípios que tenham, pelo menos, 20 mil habitantes e cuja economia ofereça um mínimo de 15 mil empregos [65].

O sistema de governo das cidades é comum aos dos outros municípios, mas o mesmo não se passa em matéria de atribuições. Para além das funções dos restantes municípios, as cidades dispõem de competência para criar estabelecimentos do ensino secundário e profissional, institutos universitários, hospital, serviços de telecomunicações, bibliotecas especializadas, actividades

[65] São 11 os municípios com a categoria de cidade.

científicas e de pesquisa, teatro, museus e arquivos públicos, estações de rádio e de televisão e equipamentos desportivos e de lazer.

Os municípios e as cidades podem ainda exercer poderes delegados pelos departamentos da administração central, ficando sujeitos ao controlo de mérito do exercício dessas funções.

A coordenação do aparelho administrativo e a gestão do pessoal do município são da competência do secretário municipal, um alto funcionário nomeado e destituído pelo conselho municipal, por proposta do presidente.

ESTÓNIA

População – 1 328 000 hab.
Área – 45 227 km2

Nota histórica

Há cerca de 5 mil anos, os Éstios – um grupo étnico fino-báltico – estabeleceram-se na Livônia, território que incluía a região que veio a chamar-se Estónia.

Nos sécs. XII e XIII, os reis da Dinamarca e da Suécia e a Ordem Teutónica empreenderam uma campanha militar que ficou conhecida pelas Cruzadas do Norte, visando a cristianização dos bárbaros pagãos do norte da Europa. A conquista da região, em 1219, pelo rei dinamarquês Valdemar II colocou a Estónia sob o domínio da Dinamarca na forma de um ducado – o Ducado da Estónia. Este existiu até 1346, ano em que Valdemar IV o vendeu aos Cavaleiros Teutónicos e estes o incorporaram no Estado da Ordem Teutónica.

O território estónio foi prosperando por efeito do desenvolvimento económico da cidade de Tallin e da sua adesão à Liga Hanseática – uma confederação de importantes cidades mercantis do norte da Europa, regidas por princípios liberais e formas de autogoverno baseadas na Lei de Lübeck.

A Guerra da Livônia (1558-1582), travada por uma coligação militar de dinamarqueses, suecos e polacos contra o avanço dos russos na zona do Báltico, permitiu à Suécia conquistar Tallin e ocupar todo o território da Estónia. Mas a vitória das tropas do czar Pedro, o Grande sobre o exército sueco na Batalha de Poltava (1709) deu aos russos o controlo da Estónia e das restantes partes da Livônia. Depois de séculos de domínio dinamarquês, teutónico e sueco, a Estónia estava agora sob o domínio russo.

Os estónios tentaram aproveitar o caos político gerado pela Revolução Russa de 1905 para se libertarem do domínio czarista, mas uma feroz repressão abateu-se sobre eles. Foi só após a Revolução Bolchevique de 1917 que a Estónia conseguiu a sua independência. Por breves anos, no entanto. No decurso da Segunda Guerra Mundial, a União Soviética e a Alemanha nazi invadiram alternadamente o país, até que a ocupação soviética, em 1944, tornou a Estónia uma república constituinte da URSS, com a designação de República Socialista Soviética da Estónia.

A dissolução da União Soviética alimentou a esperança dos estónios na independência do país. No dia 23 de Agosto de 1989, dois milhões de cidadãos dos três Estados Bálticos deram as mãos e formaram a "Cadeia Humana do Báltico" que, com 600 quilómetros de comprimento, ligou Tallin, capital estónia, a Vilnius, capital lituana.

No dia seguinte ao golpe de estado falhado contra o líder reformista soviético Mikhail Gorbatchov, a Estónia declarou a independência (20. Agos.1991).

Os seus níveis territoriais de governo são apenas dois: o Estado e os municípios.

O Estado

De acordo com a Constituição de 1992, a Estónia é uma república democrática parlamentar.

O Estado é representado pelo Presidente da República, eleito pelo Parlamento para um mandato de cinco anos, que pode ser renovado por duas vezes consecutivas.

O poder legislativo é exercido pelo Parlamento unicameral (o *Riigikogu*), formado por 101 deputados eleitos por eleição directa e universal, segundo o sistema proporcional, para um mandato de quatro anos.

O Governo é chefiado pelo primeiro-ministro escolhido pelo Presidente da República e confirmado pelo Parlamento, sendo responsável perante este (sistema de governo parlamentar).

Apenas os cidadãos estónios podem participar na eleição do Parlamento, cujos membros não podem ser reeleitos na legislatura seguinte.

As 15 regiões governamentais

Com a aprovação da Lei de organização da administração local, em 1993, as antigas 15 administrações de condado passaram a designar-se regiões (*maakonnad*) e a constituir 15 novas circunscrições de administração desconcentrada do Estado, correspondentes a NUTS 2, onde várias agências governamentais aplicam as políticas nacionais.

Esses serviços são coordenados por governadores regionais, a quem a lei atribui competência para exercerem a tutela dos municípios (*omavalitsus*).

Os 79 municípios

A Lei-quadro da administração local, aprovada em 1989, inaugurou a primeira fase do processo de construção da administração local autónoma na Estónia com a criação de dois escalões: o primeiro formado pelos municípios, vilas e cidades, e o segundo constituído pelos condados e cidades independentes de condado. A segunda fase foi marcada pela aprovação da Constituição de 1992. Enquanto o seu artigo 154º reconhece a autonomia às "unidades da administração local", o artigo 155º concentrou essas unidades num único nível composto pelos municípios e pelas cidades. Por sua vez os condados foram convertidos nas 15 regiões governamentais a que acima nos referimos.

O primeiro parágrafo do artigo 155º da Constituição estabelece que a administração local autónoma é formada por municípios rurais (*vallad*) e cidades (*linnad*). Em conformidade com o segundo parágrafo daquele artigo – que permite a criação de outras formas de administração autárquica –, o artigo 2º da Lei da divisão administrativa da Estónia previu a criação de regiões administrativas, mas estas ainda não foram instituídas.

Sectores políticos do país defenderam durante alguns anos a agregação de municípios e a redução do seu número, com base em três ordens de razões: a existência de um grande número de pequenos municípios com poucos recursos para exercerem as suas funções obrigatórias; a convicção de que municípios com maior área conseguiriam uma gestão mais eficiente e com economia de recursos; as grandes diferenças entre a capacidade dos grandes e dos pequenos municípios para prestarem serviços públicos equivalentes.

Esta tese ganhou adeptos, e, em 1999, iniciou-se um processo de fusão de pequenos municípios, com a concessão de subvenções estatais aos novos municípios, de montante equivalente à população agregada. Os 253 municípios então existentes foram reduzidos a 247; em 2012 já eram 227, e actualmente são 79, repartidos entre 14 municípios urbanos, ou cidades, e 65 municípios rurais.

O sistema de governo municipal é matéria da competência reservada do Parlamento, que a regulou de forma uniforme para todo o país, adoptando o modelo parlamentar. Dele fazem parte um órgão deliberativo – o conselho municipal (*volikogu*) – eleito por sufrágio directo e universal para mandatos de quatro anos [66], e um órgão executivo – o governo municipal (*valitsus*) – eleito pelo conselho de entre os seus membros, formado por um prefeito (*volikogu esimees*) e vários adjuntos por ele propostos à votação do conselho.

Compete ao conselho aprovar o número de adjuntos do prefeito municipal e a remuneração dos membros do órgão executivo. Contrariamente às reuniões do conselho, que são públicas, as do governo municipal decorrem à porta fechada.

Não existe qualquer distinção estatutária entre municípios urbanos e municípios rurais; o critério diferenciador é meramente demográfico, e impõe que as cidades tenham mais de 10 mil habitantes. Ambos os tipos de municípios beneficiam da cláusula geral de atribuições, que lhes permite agir em sectores não expressamente confiados por lei à administração estadual, na medida em que os interesses locais o justifiquem.

O artigo 154º da Constituição prevê que os municípios exerçam funções obrigatórias e, complementarmente, funções facultativas. As funções obrigatórias visam realizar os interesses públicos mais imediatos, e neles incluem-se o fornecimento de água, a limpeza urbana, a organização de serviços sociais e de assistência, o bem-estar dos idosos, o apoio à juventude, a habitação social, o planeamento do território, os transportes públicos urbanos, a conservação da rede viária municipal, a manutenção dos estabelecimentos do ensino pré-escolar, básico e secundário, a criação de bibliotecas, centros comunitários, museus, equipamentos desportivos, abrigos e casas de acolhimento e instalação de cuidados de saúde. As funções facultativas não são definidas por lei,

[66] A primeira revisão constitucional, realizada em 2003, alargou para quatro anos o mandato dos órgãos municipais.

ficando a sua prossecução ao critério dos órgãos municipais, de acordo com a cláusula geral de atribuições.

Para além das suas competências próprias, os municípios podem exercer poderes delegados pelos departamentos ministeriais, mediante a celebração de protocolos.

A Lei da divisão administrativa da Estónia criou em Tallin oito bairros dotados de conselhos eleitos pelo conselho municipal e investidos em funções de proximidade delegadas pelos órgãos da cidade.

FINLÂNDIA

População – 5 518 000 hab.
Área – 338 435 km2

Nota histórica

As campanhas militares organizadas pelos reis católicos da Dinamarca e da Suécia e pela Ordem Teutónica para evangelização dos povos bárbaros do norte da Europa – designadas Cruzadas do Norte (sécs. XII e XIII) – foram aproveitadas pelo Reino da Suécia para ocupar a Finlândia. O domínio sueco prolongou-se por vários séculos sob a forma de uma permanente ocupação militar e de um processo de colonização que teve como instrumentos decisivos a divisão do país em 12 províncias controladas por governadores suecos, a imposição do Sueco como língua principal da Finlândia e o total banimento do idioma Finlandês.

Em resultado da vitória do Império Russo sobre o Reino Sueco na chamada Guerra Finlandesa (1809), a Finlândia foi ocupada pela Rússia. Foi então criado o Grão-Ducado da Finlândia que, embora gozasse de autonomia no seio do Império Russo, esteve ligado a ele por uma união pessoal liderada pelo czar Alexandre I.

O Grão-Ducado da Finlândia suprimiu as restrições que os Suecos tinham imposto ao uso da língua finlandesa e iniciou a emissão do marco finlandês, como moeda nacional. Essas reformas fortaleceram o sentimento patriótico dos Finlandeses e os movimentos nacionalistas que contestavam a soberania do czar russo sobre a Finlândia.

Após a Revolução de Fevereiro de 1917 e a abdicação do czar Nicolau II, os conservadores e os democratas finlandeses dividiram-se sobre a ligação do país à Rússia. Os conservadores começaram por defender a manutenção da soberania do czar, mas juntaram-se aos democratas na defesa da independência nacional quando os bolcheviques conquistaram o poder, em Outubro de 1917. Finalmente, em Dezembro desse ano, o Parlamento finlandês declarou a independência do país. Em 1919, foi aprovada a primeira Constituição finlandesa, que estabelece as estruturas e organização do Estado.

Durante a Segunda Guerra Mundial, a Finlândia juntou as suas tropas aos exércitos alemão e italiano no prolongado Cerco de Leninegrado (Set. 1941 a Jan. 1944). Na contraofensiva soviética, o Exército Vermelho perseguiu e derrotou as forças inimigas, ocupou a Finlândia e estabeleceu bases militares em solo finlandês. No final da guerra o país foi alvo de sanções russas e obrigado a ceder uma parte significativa do seu território à União Soviética.

Em Março de 1999, o Parlamento aprovou uma nova Constituição que entrou em vigor em 1 de Março de 2000.

O sistema político-administrativo da Finlândia compreende três níveis de poder: o Estado, as regiões e os municípios.

O Estado

A caracterização da Finlândia como um Estado unitário de democracia representativa e com sistema de governo parlamentar foi mantida na Constituição de 1999.

O chefe de Estado é o Presidente da República, eleito directamente para um mandato de seis anos, podendo ser reeleito para um novo mandato.

O poder legislativo é exercido pelo Parlamento unicameral (*Riksdag*), formado por 200 deputados eleitos por sufrágio directo e universal, segundo o sistema proporcional, para mandatos de quatro anos.

O sistema de governo é de tipo parlamentar, sendo o Governo aprovado pelo Parlamento, e politicamente responsável perante ele.

As 6 províncias governamentais

Em 1634, o território da Finlândia foi dividido em 12 províncias (*aluehallintovirasto*), mas a reforma administrativa de 1997 reduziu o seu número a seis (cinco continentais e uma autónoma, correspondente ao arquipélago de Aland) [67].

[67] A província de Aland, que actualmente é também uma região, goza de governo autónomo desde 1920.

As províncias não são autarquias locais, mas circunscrições de administração desconcentrada do Estado, dirigidas por funcionários nomeados pelo Governo, por períodos de três anos.

A administração provincial tem competência para coordenar a actividade de unidades administrativas dependentes de vários ministérios com jurisdição nas áreas da administração social e da saúde, da educação e cultura, do controlo alimentar e da protecção dos consumidores, dos serviços veterinários, da polícia, do registo civil, da investigação criminal e da administração judicial.

As 19 regiões administrativas

A reforma de 1997 instituiu um novo nível superior de administração territorial autónoma constituído por 19 regiões (*maakunta*).

Uma característica singular das regiões finlandesas é o facto de elas constituírem unidades de cooperação intermunicipal, criadas no âmbito das seis províncias. São os municípios constituintes que estabelecem as atribuições, o sistema de governo e os mecanismos de financiamento das regiões, às quais a Constituição atribui o estatuto de entidades regionais autónomas, de tipo associativo.

Também em relação às regiões finlandesas se verifica que a sua delimitação territorial assenta em razões de ordem histórica, cultural e linguística. Por exemplo, a região de Aland, um arquipélago de cerca de 80 ilhas habitadas, é uma área monoglota de língua sueca; a região de Varsinais-Suomi foi na Pré-História o território da tribo dos Finlandeses; a região de Uusimaa abriga os maiores parques nacionais do país; Satakunta é uma região cujos habitantes falam dialetos próprios, distintos do Finlandês; Kanta-Häme foi na Idade da Pedra a região da tribo dos Tavastianos; tal como Aland, Pohjanmaa é uma região cuja população fala Sueco; situada na fronteira com a Rússia, Pohjois-Karjala é a região dos Carélios, um grupo étnico fino-báltico que também habita os *oblats* russos de Novgorod e São Petersburgo; finalmente, Lappi (Lapónia, no extremo norte do país) é a região dos Lapões, das neves eternas, das auroras boreais e das majestosas renas (além de morada do "Pai Natal", no imaginário infantil...)

Contrariamente ao que se verifica nos estados que adoptam a forma federal ou regionalizada, em que os parlamentos federais ou regionais exercem poderes legislativos primários ou secundários, e também ao invés das assembleias regionais dos estados unitários, que detêm capacidade regulamentar própria, as regiões finlandesas não têm poderes normativos; as suas funções são administrativas por natureza.

A administração das regiões compete a três órgãos: um conselho regional (*maakunnan liitto*), constituído por membros eleitos pelos conselhos dos municípios constituintes, de forma proporcional à representação partidária no conjunto da região; um comité regional (*maakuntahallitus*), eleito pelo conselho; e o director da região (*maakuntajohtaja*), nomeado por este órgão.

A assembleia tem entre duas a quatro reuniões anuais para aprovação do orçamento (com participação financeira dos municípios), do plano de actividades de médio prazo e de programas de desenvolvimento regional.

As regiões exercem funções que lhes são delegadas pelos municípios e pelo Estado. As primeiras são exercidas, em especial, nos domínios da promoção turística, desenvolvimento de actividades culturais, educação e protecção de locais históricos. Entre as funções delegadas pelo Estado inclui-se o planeamento da ocupação do solo a nível regional e a implementação da política regional da União Europeia.

Uma nova lei sobre a gestão dos programas europeus, aprovada em 2000, conferiu às regiões competência exclusiva em matéria de aprovação de projectos comunitários e atribuição dos financiamentos comunitários.

Os 311 municípios

A Finlândia é mais um estado da Europa que nas últimas sete décadas realizou reformas da divisão administrativa tendentes à diminuição do número de municípios. Em vários processos de fusão, os 547 municípios (*kunta*) existentes em 1950 foram reduzidos a 455 em 1992, passaram a ser 416 em 2007, caíram para 336 em 2012 e limitam-se actualmente a 311.

O seu sistema de governo é constituído por três órgãos: o conselho municipal, cujos membros são eleitos por sufrágio directo e universal, segundo o sistema proporcional, para mandatos de quatro anos; o comité municipal, eleito pelo conselho e com mandatos de igual duração; e as comissões especializadas, também eleitas pelo conselho para gestão dos assuntos relativos à educação, serviços de saúde, acção social, habitação e ambiente.

Os membros do comité e das comissões são eleitos de forma proporcional à representação das forças políticas no conselho municipal. O comité é, em geral, formado por membros do conselho, mas pode integrar cidadãos não eleitos. O conselho pode demitir qualquer dos membros do comité e das comissões, mas para a demissão do presidente do comité a lei exige o voto favorável de dois terços dos conselheiros.

Durante as últimas décadas as funções confiadas aos municípios foram muito ampliadas. A sua actividade subordina-se à cláusula geral de atribuições, consagrada na Lei Municipal de 1995. Segundo ela, os órgãos municipais podem exercer funções próprias – a que a lei chama "poderes gerais" – em todos os sectores de interesse local não reservados às autoridades estaduais. Para além disso, os municípios podem exercer competências delegadas pelo Estado – os designados "poderes expressos".

Vejamos o âmbito das principais atribuições próprias dos municípios. No domínio da educação e ensino, os municípios gerem as escolas de ensino básico, os estabelecimentos de ensino secundário, os institutos de formação profissional, as bibliotecas e outros serviços de cultura. As linhas gerais do ensino nas escolas de ensino básico são definidas pelo Ministério da Educação e os municípios estabelecem os seus programas de acordo com elas. As minorias étnicas têm direito a receber ensino na sua própria língua, desde a escola primária até à universidade. Os estabelecimentos de ensino secundário, bem como 90% dos institutos de formação profissional, são propriedade dos municípios e mantidos por eles. Os estabelecimentos de ensino politécnico são municipais, enquanto as universidades são criadas e geridas pelo Estado.

No âmbito da cultura e lazer, cabe aos municípios criar e gerir teatros, orquestras, museus, bibliotecas fixas e móveis, equipamentos desportivos, bem como apoiar a actividade das associações culturais e desportivas. Compete-lhes ainda fomentar a prática de desportos náuticos e manter os parques e outros espaços verdes.

No sector da saúde, as associações de municípios asseguram a maior parte dos cuidados prestados aos seus habitantes. Cabe aos municípios criar e gerir os centros de saúde, mas os hospitais são geridos pelas administrações distritais de saúde do Estado. Mais de metade dos funcionários municipais exerce funções nos serviços de saúde e apoio social, incluindo na assistência a idosos, a deficientes físicos e incapazes mentais. O funcionamento dos serviços de saúde e apoio social absorve mais de 40% dos orçamentos dos municípios.

Os municípios têm competência para aprovar planos de ocupação do território e licenciar a construção civil. Em matéria de protecção ambiental, a lei confere-lhes poderes para monitorar a qualidade do ar, recolher e tratar os resíduos sólidos e controlar a poluição das linhas de água. Os municípios podem licenciar as descargas de efluentes, as emissões atmosféricas e o tratamento de lixos por entidades privadas, mediante aprovação prévia das autoridades estaduais. Compete também aos municípios a captação e distribuição de água e o saneamento básico, cobrando taxas que, em regra, cobrem os custos dessas actividades.

As vias de comunicação e os transportes são atribuições repartidas entre o Estado, os municípios e o sector privado. Compete ao Estado a construção e manutenção das vias de ligação das cidades às estradas nacionais, sendo os municípios responsáveis pela rede viária urbana. Nas zonas escassamente povoadas, as estradas são privadas e administradas por associações de proprietários dessas vias. O serviço público de transportes nos municípios é, em geral, assegurado em cooperação com empresas privadas do sector. O serviço público de transportes nas grandes cidades e seus arredores é financiado pelos municípios da aglomeração urbana, enquanto nos pequenos municípios e nas áreas rurais é mantido com financiamento estatal e municipal.

Apenas os municípios mais populosos dispõem de autonomia energética. Esse sector está confiado a uma autoridade energética municipal que é responsável pela produção e distribuição da energia eléctrica pelo próprio município. Nos outros municípios essas funções são desempenhadas por empresas privadas ou intermunicipais.

O vasto âmbito das atribuições municipais induziu a criação de associações de municípios em todo o país. Existem cerca de 230 associações que desenvolvem actividade, sobretudo, nos domínios da gestão das escolas profissionais, dos centros de saúde e dos hospitais municipais.

A tutela administrativa dos municípios e suas associações tem um baixo grau de intensidade, apenas podendo ser exercida nos termos previstos na lei. A orientação geral consiste na emissão de instruções pelos serviços do Estado, que os municípios, em regra, observam.

A área metropolitana de Helsínquia

Dotada de uma população de 1 300 mil habitantes, a área metropolitana de Helsínquia constitui uma entidade de base associativa à qual os municípios constituintes (Helsínquia, Vantaa, Espoo e Kauniainen) delegaram poderes no âmbito do planeamento territorial, serviços de transportes e recolha e tratamento dos resíduos.

Em 2010, àqueles municípios juntaram-se os de Kerava, Tuusula e Siunto na criação da TSL – *Helsingin Seudun Liikenne,* uma agência intermunicipal que absorveu o sector dos transportes da região de Helsínquia.

A TSL supervisiona o funcionamento de todos os modos de transporte público da Grande Helsínquia (metro, autocarros, eléctricos e bicicletas partilhadas), mas não opera material circulante; o serviço é prestado por empresas privadas, sob a supervisão da TSL.

FRANÇA

População – 67 348 000 hab.
Área – 642 834 km2

Nota histórica

No séc. I d.C., o Império Romano anexou grande parte do território dos Gauleses – povos celtas que ocupavam a actual França desde o ano 800 a.C. – e integrou-o na província da Gália. A partir do séc. V, algumas tribos bárbaras foram-se instalando na Gália como aliadas de Roma, com a contrapartida de protegerem o Império da invasão de outros povos germânicos. Depois da queda do Império Romano do Ocidente essas tribos criaram vários reinos bárbaros, de que são exemplo o Reino dos Visigodos, o Reino dos Burgúndios e o Reino dos Francos.

A Igreja Católica foi a única instituição organizada que sobreviveu ao Império Romano. Após a sua queda, os bispos passaram a desempenhar nas antigas províncias romanas funções até então exercidas por funcionários imperiais. Isso permitiu-lhes exercer grande influência junto das respectivas populações, cristianizar os reinos bárbaros surgidos no final do Império e aumentar o poder da Igreja no governo dos estados emergentes.

Este processo estreitou a relação entre os poderes temporal e espiritual e fez surgir um modelo de reinos cristãos cujos monarcas dependiam da aprovação papal. A partir do papado de Gregório, o Grande (540-604) foi instituída a prática de os reis serem coroados pelo líder da Igreja Católica, como forma de sublinhar a supremacia papal sobre o poder temporal. Os monarcas passaram a ser legitimados pela Igreja e a ser por ela investidos numa posição que lhes conferia especial autoridade sobre a nobreza feudal.

Um importante aliado dos monarcas franceses no controlo dos poderes feudais foi o movimento comunal. A atribuição de cartas comunais conferia autonomia e representatividade política à burguesia emergente e retirava influência à nobreza feudal. Esse processo teve início no séc. XIII no âmbito das conquistas territoriais de Philippe II de França, que reduziram a menos de metade a extensão dos feudos da nobreza francesa e inglesa. A continuação desse movimento nos reinados seguintes foi adensando progressivamente a rede dos municípios medievais franceses.

França era então uma sociedade muito estratificada, na qual a Igreja Católica tinha grande preponderância social e económica. A autoridade da Coroa encontrava fundamento na doutrina do *Direito Divino dos Reis* – uma teoria de génese católica que o protestantismo não combateu –, ao abrigo da qual a Igreja autorizava os monarcas a exercer o poder temporal a troco de protegerem o papa e a fé católica. A "origem divina do poder real" reforçava a posição da Igreja, mas também a dos monarcas medievais por gerar a convicção de que era Deus, e não os senhores feudais, que lhes concedia o direito de governar. Por outro lado, permitia que qualquer contestação ou tentativa de deposição dos monarcas fosse considerada uma heresia e sancionada como uma ofensa à vontade de Deus.

Os movimentos religiosos criados pela Reforma Protestante (1517) lançaram a Igreja em profunda convulsão. As famosas 95 Teses de Martinho Lutero tinham por alvo a venda de indulgências e diversos dogmas do Catolicismo, mas acabaram por desencadear lutas entre facções religiosas opostas, guerras civis, conflitos armados entre diferentes reinos da Europa e revoltas populares contra a exploração da Igreja e da realeza. Grande parte da nobreza de França aderiu às ideias reformistas, desejosa de tomar posse das propriedades da Igreja Católica que perfaziam um quinto do território francês. A Europa vivia um clima de grande crise social, que pôs em causa a estabilidade política de vários dos seus reinos.

Por influência de teóricos como Jean Bodin (1530-1596) e Jacques Bossuet (1627-1704) desenvolveu-se em França, no fim do séc. XVI e início do séc. XVII, a ideia da necessidade de um governo forte, capaz de pacificar a sociedade. Segundo eles, o caos social só podia ser controlado por um poder real dotado de todos os poderes. Protegido pela doutrina do *Direito Divino* e pela necessidade de paz social, o Absolutismo implantou-se. As identidades culturais e os privilégios locais foram esmagados, o Reino de França padronizou-se e a Monarquia Francesa foi consolidada sob a direcção de um monarca autocrático. *L'État c'est moi!* terá exclamado Luís XIV, o Rei-Sol, perante os membros dos *parlements* franceses (antigos tribunais de recurso) [68].

O fundamento doutrinário da Monarquia absolutista foi posto em causa pelo pensamento Iluminista, representado em França por filósofos como Voltaire, Diderot e Montesquieu, adeptos do Liberalismo político e do princípio da separação de poderes.

A contestação ao Antigo Regime acentuou-se com os conflitos ocorridos nos Estados Gerais de Luís XVI (Maio.1789) sobre a representação parlamentar da burguesia comercial e rural. A crise política agravou as contradições no seio das classes dominantes e acentuou a fraqueza do monarca. A conquista da Bastilha – símbolo do poder real – pelo povo de Paris em armas (14. Jul. 1789) marcou o fim do Antigo Regime e desencadeou a Revolução Francesa. Sob o lema "Liberdade, Igualdade e Fraternidade", a nova Assembleia Nacional Constituinte aprovou a Declaração dos Direitos do Homem e do Cidadão, aboliu os direitos feudais e extinguiu as imunidades das províncias e dos municípios.

Em Setembro de 1791, foi aprovada a primeira Constituição francesa. Por força do nº 1 do seu Título II, o país foi dividido em 83 departamentos, repartidos em distritos e estes em cantões. O nº 8 do mesmo Título reconheceu a autonomia das comunas e o nº 9 conferiu aos franceses o direito de elegerem representantes responsáveis pela administração dos assuntos municipais. Respeitando a história e a tradição municipalista, a Revolução Francesa manteve as mais de 38 mil comunas então existentes.

De acordo com a Constituição de 1958, França tem quatro níveis territoriais de governo: o Estado, as regiões, os departamentos e os municípios.

68 A frase não tem confirmação historiográfica, mas é atribuída a Luís XIV em defesa do édito real de aprovação dos novos impostos sobre o comércio e as terras, criados pela reforma fiscal do seu ministro de Estado, Jean-Baptiste Colbert.
França dispunha então de 13 tribunais de última instância, com competência territorial própria, designados *Parlements*. A entrada em vigor dos decretos reais nos diferentes territórios de França dependia da aprovação desses órgãos, de cujo nome derivou a designação dos *Parlamentos*, como órgãos legislativos.

O Estado

O artigo 1º da Constituição de 1958 define a França como uma "República indivisível, laica, democrática e social", regida por um sistema de governo semipresidencial, em que o poder governamental é compartilhado entre o Presidente, directamente eleito, e um Governo por ele nomeado, mas politicamente responsável perante o Parlamento.

A chefia do Estado compete ao Presidente da República, eleito por sufrágio directo e universal para mandatos de cinco anos.

O poder legislativo é exercido por um Parlamento bicameral, constituído pela Assembleia Nacional, composta por um máximo de 577 deputados eleitos por sufrágio directo e universal para mandatos de cinco anos, e pelo Senado, formado por um máximo de 348 senadores eleitos indirectamente por representantes das autarquias locais e regionais para mandatos de seis anos[69].

O Governo, chefiado por um primeiro-ministro, é nomeado pelo Presidente da República e politicamente responsável perante o Parlamento. O conselho de ministros, constituído pelo primeiro-ministro e ministros, é presidido pelo Presidente da República.

O artigo 1º da Constituição estabelece que a organização da França é descentralizada. A administração territorial autónoma de França – cujo sistema serviu de modelo a outros estados europeus – é formada pelos cinco tipos de *collectivités territoriales* previstos no artigo 72º da Constituição: municípios, departamentos, regiões, comunidades de estatuto especial e comunidades ultramarinas.

O Estado é representado nas regiões e nos departamentos por um prefeito – o equivalente dos prefeitos italianos e dos antigos governadores civis portugueses – que exerce a tutela administrativa das autarquias.

As 18 regiões

A reforma aprovada pela Lei de 2 de Março de 1982 (Lei da descentralização) dotou a França de 27 regiões: 22 no território europeu, uma correspondente à Córsega e quatro nos territórios ultramarinos. A Lei de 16 de Janeiro de 2015, relativa à divisão regional, agregou várias regiões e reduziu o seu

[69] Metade dos lugares são renovados por eleição de três em três anos.

número a 18: 13 na França continental (incluindo a Córsega) e cinco nos territórios ultramarinos. Refira-se que a Córsega, apesar de ser insular, sempre foi considerada uma região continental, beneficiando, porém, de um estatuto especial, dotado de mais poderes do que as outras regiões.
Cada região integra um ou vários departamentos.

Também em França, como noutros estados da Europa, a configuração geográfica das regiões reflecte a memória histórica e cultural de antigos ducados e condados medievais. Disso são exemplo as regiões da Borgonha, da Bretanha, da Córsega, do Grande Leste (juntando a Alsácia e a Lorena), da Normandia, da Aquitânia, da Occitânia ou da Provence-Côte d'Azur.

Durante a década de 1960, a pressão regionalista de uma elite política e cultural da Bretanha – que se estendeu a grande parte de França – levou o governo a criar organismos regionais, designados *établissements publics régionaux*. Essas instituições eram pessoas colectivas de direito público, financiadas por fundos públicos, com a função de promover o desenvolvimento das regiões. Mas não eram autarquias regionais. No seu conselho tinham assento delegados dos departamentos e dos municípios, representantes das organizações representativas dos interesses económicos e sociais da região e os prefeitos departamentais. Cabia-lhe definir as estratégias de desenvolvimento da região, propor medidas ao Governo central e pressionar as administrações estatal e departamental a satisfazer interesses regionais.

Esses organismos foram extintos com a Reforma de 1982, que alterou profundamente o sistema administrativo francês. Os seus aspectos fundamentais consistiram na criação das regiões, na eliminação do controlo prévio do Estado dos actos administrativos das autarquias locais e na descentralização de poderes do Estado para os vários níveis da administração territorial autónoma.

O sistema de governo das regiões compreende três órgãos: o conselho regional, com um número variável [70] de membros eleitos por sufrágio directo e universal, segundo o sistema proporcional, para um mandato de seis anos; o presidente da região, eleito pelo conselho de entre os seus membros; e o conselho económico e social, com funções consultivas, que, à imagem dos antigos *établissements publics régionaux*, é formado por representantes de organismos

[70] Este número varia entre 41 membros na região de Guadalupe e 209 na região Île-de-France.

de carácter económico, social, profissional, familiar, educativo, científico, cultural, desportivo e de protecção ambientalista da região.

O estatuto especial da Córsega dotou esta região não só de poderes suplementares relativamente às outras regiões, mas também de instituições únicas no âmbito da organização político-administrativa regional: criação do cargo de presidente da Assembleia da Córsega e do Conselho executivo da Córsega, chefiado por um presidente equiparado a primeiro-ministro. O projecto governamental de estatuto da Córsega, aprovado pelo Parlamento francês, previa ainda o reconhecimento do "povo córsego", mas o Tribunal Constitucional rejeitou esta medida, entendendo que o povo da França não é outra coisa senão o "povo francês".

Outro aspecto importante da Reforma de 1982 foi a definição das competências próprias de cada tipo de autarquia.

Até então a relação entre as autarquias francesas caracterizava-se por cada nível administrativo poder exercer competências do nível inferior. Muito embora as autarquias beneficiassem do princípio da cláusula geral de atribuições, a indeterminação do que eram os interesses locais e departamentais gerava uma enorme indefinição sobre as competências próprias de cada nível administrativo. Esta questão tinha especial relevância na relação entre os departamentos e os municípios e tornava muito aleatório o cálculo dos recursos financeiros a afectar pelo Estado a essas autarquias.

A Reforma de 1982 não resolveu este problema, mas atenuou os seus efeitos ao definir a vocação dominante de cada nível administrativo: ao município devia caber o controlo do território, isto é, o essencial das competências no sector do urbanismo e dos equipamentos de proximidade; o departamento devia exercer uma função de solidariedade e de perequação pela gestão dos serviços de apoio social e por uma redistribuição financeira entre os municípios; finalmente, a região devia combinar o seu papel de estudo e reflexão com o impulso em matéria de planificação, de ordenamento do território e, de uma forma geral, de acção económica e desenvolvimento. Por seu lado, o Estado devia conservar as grandes funções de soberania, designadamente os negócios estrangeiros, a defesa, a justiça, os equilíbrios económicos e o controlo da administração local, exercido pelos prefeitos regionais e subprefeitos departamentais.

Ainda assim a indefinição quanto às competências dos diferentes níveis de governo territorial manteve-se. Para tentar resolver, finalmente, este problema, a Lei de 7 de Agosto de 2014 suprimiu a cláusula geral de atribuições para os departamentos e regiões, mantendo-a apenas em relação aos municípios.

As atribuições regionais centram-se especialmente nos domínios do desenvolvimento regional, formação profissional, construção e manutenção de liceus, apoios ao acesso ao ensino universitário, habitação social e cultura. A referida Lei de 2014 reforçou a competência das regiões em matéria de transportes não urbanos, sob forte contestação dos departamentos que exerciam competência neste sector.

Tal como a generalidade das regiões europeias também as francesas têm gabinetes sediados em Bruxelas incumbidos do acompanhamento dos projectos submetidos a financiamento comunitário.

Os 101 departamentos

Os departamentos foram criados como nível intermédio da administração territorial por lei da Assembleia Nacional Constituinte de 26 de Fevereiro de 1790, em substituição das províncias do *Ancien Régime.*

A delimitação geográfica dos 83 departamentos então criados obedeceu a dois critérios: dividir a área das províncias históricas de modo a quebrar antigas relações de dependência, e colocar a sede dos departamentos a uma distância dos seus municípios que pudesse ser percorrida a cavalo, nos dois sentidos, entre o nascer e o pôr-do-sol.

Uma lei aprovada em *28 pluviôse ano VIII*[71] criou os órgãos dos departamentos – prefeito, conselho geral e conselho departamental[72] –, cujos titulares eram nomeados pelo governo. Pela Lei de 22 de Junho de 1833, os membros do conselho geral passaram a ser eleitos por sufrágio censitário. Finalmente, a Lei de 10 de Agosto de 1871 conferiu autonomia aos conselhos gerais, estabeleceu a sua eleição por sufrágio directo e universal pelo período de seis anos e atribuiu-lhe competências próprias, distintas das dos prefeitos. No entanto, estes continuaram a deter o poder decisório.

[71] Data do calendário revolucionário francês adoptado pelos republicanos jacobinos em substituição do calendário gregoriano, correspondente ao dia 17 de Fevereiro de 1800.

[72] O prefeito era o titular do poder executivo, o conselho geral tinha funções consultivas e o conselho departamental era um órgão jurisdicional.

Essa situação manteve-se até à entrada em vigor da Lei de 2 de Março de 1982, que conferiu autonomia plena aos 101 departamentos e dotou-os de um sistema de governo próprio [73]. Desde então, os departamentos passaram a ter uma dupla natureza: a de uma circunscrição administrativa do Estado, dirigida por um prefeito nomeado pelo Governo e incumbido de exercer funções de soberania; e a de uma autarquia local com atribuições próprias, prosseguidas por órgãos eleitos.

No entanto, entre 2011 e 2019, cinco autarquias departamentais (Mayotte, Guyane, Martinique, Rhône e Paris) foram extintas por efeito da transferência das suas competências para as respectivas regiões administrativas. Em resultado disso, existem actualmente 101 departamentos de natureza estadual e apenas 96 departamentos autárquicos.

São órgãos dos departamentos autárquicos o conselho geral, constituído por membros eleitos por sufrágio directo a nível dos cantões de cada departamento, em número variável segundo o número de habitantes [74]; e o presidente do conselho, eleito de entre os seus membros. O mandato do conselho é de seis anos, mas metade dos seus membros é renovada de três em três anos.

De um modo geral, as competências dos departamentos exercem-se no âmbito de atribuições comuns às regiões e aos municípios. Veremos abaixo como é feita a repartição dos poderes dos três níveis em vários sectores de acção comum.

Os 35 357 municípios

A França é o país da Europa com maior densidade de municípios porque os poderes públicos sempre evitaram desfazer a rede municipal herdada do *Ancien Régime*. Ainda assim, mais de 3 mil comunas foram suprimidas nos últimos 70 anos, e as 38 814 existentes em meados do séc. XX reduzem-se actualmente a 35 357, das quais 90% tem menos de 2 mil habitantes.

[73] Desses 101 departamentos, 96 localizavam-se na metrópole e cinco nos territórios do ultramar.

[74] Os cerca de 4 mil cantões são meras divisões territoriais dos departamentos. Foram criados após a Revolução Francesa como subdivisões administrativas dos departamentos e agrupamentos de comunas. Nos nossos dias, não fazem parte da administração descentralizada de França, servindo apenas de círculos eleitorais das eleições dos conselhos departamentais.

A uniformidade do estatuto das *collectivités locales*, que era uma herança dos princípios igualitários da Revolução Francesa, já não é uma característica da administração local do país: nem todo o território está dividido em departamentos; algumas atribuições municipais só podem ser prosseguidas em regime de associativismo; as grandes cidades têm formas especiais de administração; e não existe uniformidade em matéria de regime eleitoral.

Os municípios são administrados por dois órgãos: o conselho municipal e o presidente do município (*maire*). O conselho é formado por um número variável de membros, entre 9, nos municípios com menos de 100 habitantes, e 49, quando tenham mais de 300 mil habitantes, eleitos por sufrágio directo e universal para mandatos de seis anos.

O regime eleitoral do conselho municipal varia consoante o município tenha mais ou menos de 3 500 habitantes. Nos municípios com mais de 3 500 habitantes os conselheiros são eleitos em duas voltas, segundo um sistema misto que combina o método proporcional com o maioritário: a lista vencedora (com maioria absoluta na primeira volta, ou com maioria relativa na segunda) elege metade dos lugares e concorre à outra metade na proporção do número de votos obtido por cada lista. Nos municípios com menos de 3 500 habitantes vigora o escrutínio maioritário, também a duas voltas.

O conselho municipal tem quatro reuniões ordinárias por ano. Na primeira reunião de cada mandato o conselho deve eleger, de entre os seus membros, um presidente (*maire*) e um número variável de vereadores (*adjoints*), entre dois e 13, e designar mais alguns, entre um e cinco, sob proposta do *maire*.

O *maire* é, simultaneamente, o órgão executivo da comuna e o representante do Estado na circunscrição municipal. Muito embora lhe caiba supervisionar a administração municipal, a coordenação da actividade diária dos serviços nos municípios de maior dimensão está a cargo do secretário municipal – um alto funcionário responsável perante o *maire* e com competência para emitir orientações e coordenar o funcionamento dos serviços, exercer poderes hierárquicos sobre os funcionários e fazer recomendações aos órgãos municipais [75].

Vejamos como se repartem esses poderes no âmbito de algumas das atribuições comuns aos vários níveis de poder.

[75] É comum o cargo de secretário municipal ser ocupado por administradores diplomados pela prestigiada École Nationale d'Administration - ENA.

No domínio da educação e ensino, os municípios são responsáveis pela criação, construção e manutenção das escolas primárias; aos departamentos compete a criação, construção e manutenção das escolas preparatórias (os *collèges*); as regiões são responsáveis pela criação, construção e manutenção das escolas secundárias (os liceus) e dos estabelecimentos de formação especializada; e ao Estado compete a elaboração dos programas e remuneração dos professores, para além da construção e manutenção das universidades.

Os poderes em matéria de transportes escolares estão repartidos entre os municípios, que organizam e financiam esses transportes nos perímetros urbanos, e os departamentos que os organizam e financiam fora dos perímetros urbanos.

A acção social e a saúde são atribuições dos departamentos, aos quais compete o apoio domiciliário, o apoio social à infância e às famílias, aos deficientes e aos idosos, a protecção maternal e infantil, a luta contra a tuberculose e o cancro, e a gestão dos estabelecimentos sociais do departamento. Aos municípios cabe participar nas despesas departamentais. Por seu lado, o Estado assegura as prestações de inserção social e de subsistência, a luta contra a toxicodependência, a protecção da saúde mental e a gestão dos estabelecimentos hospitalares públicos.

No sector dos portos e canais, compete aos municípios a manutenção dos portos de recreio; aos departamentos a manutenção e gestão dos portos de comércio e de pesca, às regiões o ordenamento e conservação dos portos fluviais e das vias navegáveis; e ao Estado cabe construir e manter os portos de interesse nacional e exercer poderes de polícia.

A acção cultural é um sector em que se verifica a intervenção dos três níveis autárquicos através da organização de iniciativas culturais e da instalação de equipamentos culturais, tais como bibliotecas e museus.

As matérias relativas ao urbanismo, ambiente e património são objecto da actividade regulamentar dos três níveis autárquicos, exercida através da elaboração e execução dos planos directores e de programas operacionais, cabendo ao Estado exercer poderes de controlo. Os municípios são competentes para o licenciamento da construção e loteamentos, limpeza pública, rede viária urbana, gestão de empresas municipais e de equipamentos de proximidade; aos departamentos cabe a construção e manutenção das estradas departamentais e a definição de itinerários de passeios; à região compete gerir os parques naturais regionais e ao Estado cabe a protecção do património arquitectural e dos parques nacionais.

No que respeita ao desenvolvimento económico, aos municípios compete elaborar as cartas intermunicipais de desenvolvimento; aos departamentos incumbe realizar programas de ajuda ao equipamento rural; à região cabe a elaboração do plano regional de desenvolvimento; e ao Estado aprovar e financiar contratos-plano de desenvolvimento em parceria com as regiões e os departamentos. Os municípios das zonas rurais podem criar supermercados, cafés e outros tipos de estabelecimentos comerciais, quando a iniciativa privada não o faça.

Os três maiores municípios franceses (Paris, Lyon e Marselha) estão divididos em *arrondissements*, num nível administrativo inframunicipal correspondente a bairros municipais. Paris tem 20, Marselha 16 e Lyon nove *arrondissements*, dispondo cada um de um *conseil* com poderes mais reduzidos do que o conselho municipal e formado por membros eleitos para este órgão por sufrágio directo dos eleitores de cada bairro.

O elevadíssimo número de municípios franceses torna imperiosa a cooperação intermunicipal, que é promovida através de uma panóplia de formas associativas instituídas com esse objectivo. É o caso das associações (*syndicats*) de fins múltiplos (cerca de 2 300), das associações de fim único (mais de 13 mil), das associações de estudos e programação, das *communautés de communes*, das comunidades urbanas, dos distritos (mais de 300) e outras instituições intermunicipais que, em muitos casos, se sobrepõem no mesmo território.

As 21 regiões metropolitanas

Para a cooperação intermunicipal também contribuem as 21 *métropoles* instituídas por lei de Janeiro de 2014 nas maiores aglomerações urbanas de França. As regiões metropolitanas de Paris, Lyon, Marselha/Aix-en-Provence, Nice, Toulouse, Bordéus e a de Lille/Kortrijk (esta juntando municípios franceses e belgas) são alguns desses organismos públicos de cooperação intermunicipal, dotados de fiscalidade própria.

A lei atribui estatuto comum a 18 dessas 21 metrópoles, mas a Metrópole da Grande Paris e a Metrópole de Marselha/Aix-en-Provence gozam do regime especial de intermunicipalidade (com poderes mais efectivos do que as associações de estatuto comum), enquanto a Metrópole de Lyon tem estatuto de autarquia local de regime especial.

A Metrópole da Grande Paris, criada em 2014, agrega a cidade de Paris e 130 municípios em seu redor, com uma população total de 7 300 mil habitantes. Os seus órgãos são o conselho metropolitano, formado por 209 membros eleitos pelos conselhos municipais das comunas integradas, e o conselho de desenvolvimento, constituído por representantes dos sectores económicos, sociais e culturais da metrópole e com funções meramente consultivas.

A Metrópole de Marselha/Aix-en-Provence, criada em 2016, agrega 92 municípios com um total de 1 800 mil habitantes. O seu conselho é constituído por 240 membros eleitos pelos conselhos municipais.

Finalmente, a Metrópole de Lyon, criada em 2015, agrupa 59 municípios com cerca de 1 500 mil habitantes.

Não dispondo de um órgão deliberativo directamente eleito, as regiões metropolitanas não são autarquias em sentido próprio, avultando a sua natureza intermunicipal.

Constituem atribuições das metrópoles a planificação do território, o sistema de transportes, o desenvolvimento económico e social, o ordenamento urbano, a habitação, o desenvolvimento sustentável e a energia. O conselho da Metrópole de Marselha/Aix-en-Provence exerce ainda as atribuições do departamento em que se insere, designadamente, o desenvolvimento urbano, a mobilidade, a acção social, o apoio aos idosos e aos deficientes, a família e a educação (escolas preparatórias).

As autarquias ultramarinas

A França tem sob a sua soberania 14 territórios ultramarinos que, até 2003, tinham a designação de *"territoires d'outre-mer"*, abreviadamente conhecidos por *TOM*. Por terem estatuto departamental, alguns desses territórios eram designados *"departements d'outre-mer"* (*DOM*). No entanto, a revisão constitucional aprovada em 28 de Março de 2003 criou a categoria das *"collectivités d'outre-mer"* (abreviadamente, *COM*) destinadas a substituir os *"territoires d'outre-mer"*.

Estabelecendo que "A República reconhece, no seio do povo francês, as populações ultramarinas, num ideal comum de liberdade, de igualdade e de fraternidade.", o artigo 72º-3 da Constituição enumera as dez *"collectivités d'outre-mer"*: Guadalupe, Guiana, Martinica, Reunião, Mayotte, São Bartolomeu, São Martinho, São Pedro-e-Miquelão, ilhas de Wallis e Fortuna e Polinésia Francesa.

O mesmo artigo 72º-3 da Constituição confere à Nova Caledónia um estatuto especial, distinto do das *"collectivités d'outre-mer"*, e remete para a lei a definição do regime legislativo e da organização particular das Terras Austrais e Antárticas francesas, bem como de Clipperton.

Localizada em plena Oceania, a cerca de 16 000 quilómetros de França, e habitada maioritariamente por canaques e vietnamitas, a Nova Caledónia alimenta antigas pretensões independentistas. No referendo sobre a independência, realizado em 4 de Novembro de 2018 com a participação de 80,6% dos eleitores, a maioria (56,4%, contra 43,6%) optou por continuar integrada na República Francesa. Em 4 de Outubro de 2020, foi realizado um novo referendo sobre a independência da Nova Caledónia com a participação de 85% dos seus 181 000 eleitores, dos quais 53,26% pronunciaram-se contra a independência, e 46,74% a favor.

Nos termos do artigo 74º da Constituição, as *COM* são dotados de estatuto próprio e diferenciado, aprovado por lei orgânica, segundo as respectivas especificidades e interesses particulares. A mesma norma constitucional distingue as *COM* "que são dotadas de autonomia" das que têm estatuto comum.

Das dez colectividades ultramarinas, apenas Guadalupe, Guiana, Mayotte, Martinica e Reunião são dotadas de autonomia ao abrigo do estatuto de região administrativa ultramarina. Tinham ainda a particularidade de serem regiões com um único departamento (regiões mono-departamentais), acumulando os estatutos de região e de departamento. Para evitar essa sobreposição, foram instituídas as denominadas *"collectivités uniques"*, que designam os departamentos e as regiões ultramarinas com sobreposição territorial.

Entre 2011 e 2019, foram extintos os departamentos ultramarinos de Mayotte, Guiana e de Martinica, tendo as suas competências sido absorvidas pelas respectivas regiões, no quadro do regime das *"collectivités uniques"*. Nesse período foram também extintos os departamentos de Rhône e Paris, levando a que, dos 101 departamentos em que a França está territorialmente dividida, apenas em 96 exista uma administração investida em atribuições e poderes tipicamente departamentais.

Tal como no território continental, os departamentos ultramarinos subdividem-se num elevado número de municípios, cujas atribuições são em geral prosseguidas no âmbito de associações de municípios.

O sistema de governo e as atribuições e poderes das autarquias locais e regionais ultramarinas seguem o regime aplicável às correspondentes autarquias da França continental.

GRÉCIA

População – 10 720 000 hab.
Área – 131 957 km2

Nota histórica

Ocupada por povos que migraram há 4 mil anos para a Península Balcânica – os Helénicos –, a Grécia Antiga foi o berço da civilização ocidental. A democracia, a filosofia, a historiografia, a ciência política, a literatura, o teatro, os Jogos Olímpicos e a mitologia (ao mito grego da princesa Europa, filha do rei da Fenícia, deve-se o nome do nosso Continente...) são fruto da cultura clássica grega.

Ainda hoje Atenas conserva intacto o local fundador da democracia: uma suave colina fronteira à Acrópole – designada *Pnyx* – encimada por um largo planalto com uma tribuna esculpida na rocha granítica. Era nesse mesmo lugar que há 2 800 anos os políticos da cidade proferiam acalorados discursos e expunham os assuntos que deviam ser decididos pelos atenienses, ali reunidos em assembleia (*ekklesia*).

As conquistas de Alexandre, o Grande levaram esse legado cultural para Oriente e, mais tarde, o Império Romano espalhou-o pela Europa.

Nessa época, a civilização grega estava organizada em torno de cidades-estado (*polis*), como Atenas, Esparta e Tebas, detentoras de autonomia política e governo próprio. Este modelo foi replicado nas repúblicas italianas de Veneza, Génova, Amalfi e Pisa (sécs. X a XIII), nas cidades da Liga Hanseática (sécs. XII a XVII), na cidade marroquina de Tanger (até meados do séc. XX), e ainda hoje tem expressão nas cidades-estado alemãs de Berlim, Bremen e Hamburgo e na cidade-estado do Vaticano.

A ocupação da Grécia pelos Turcos no séc. XIV fez dela uma parcela do Império Otomano. Mas a vitória da Primeira República Helénica na Guerra da Independência (1821-1829) tornaria a Grécia o primeiro país cristão a libertar-se do domínio otomano, abrindo o caminho da independência a outras nações da Europa Central.

Na sequência da independência, foi criado o Reino da Grécia.

Após a deposição do rei Otão, o trono foi entregue a Guilherme da Dinamarca, que o ocupou com o nome de Jorge I. No seu reinado o Parlamento aprovou a Constituição de 1864, na qual o Estado grego reconheceu pela primeira vez o princípio da descentralização territorial, baseada na eleição dos órgãos das autarquias locais pelos respectivos habitantes.

A derrota na Guerra Greco-Turca (1919-1922) levou à instauração da Segunda República Helénica. Dez anos depois, a vitória eleitoral da extrema-direita nas eleições de Setembro de 1932 desencadeou uma sucessão de conflitos políticos e sociais que abalaram a República e levaram os gregos a decidir em referendo restaurar a Monarquia constitucional (Nov. 1935).

Após a ocupação da Albânia por Mussolini, as tropas fascistas invadiram a Grécia (Out. 1940), mas a firme reacção grega obrigou os italianos a regressar a solo albanês. No ano seguinte a Grécia foi ocupada pelas tropas da Alemanha nazi que instalaram em Atenas um governo fantoche chefiado pelo general Geórgios Tsolákoklu. Findo o conflito mundial, a Grécia viveu um período de guerra civil (1946-1949) entre monárquicos e comunistas, que se saldou na ilegalização do Partido Comunista pelo governo do marechal Aléxandros Papagos.

A crise política desencadeada com a demissão de Georgios Papandreu pelo rei Constantino II (Jul. 1965) levou um grupo de oficiais a desencadear um golpe de estado que instaurou a Ditadura dos Coronéis (1967-1974). A Junta Militar permitiu o regresso ao país do antigo primeiro-ministro Konstantinos Karamanlís, que promoveu um novo referendo (Dez. 1974) em que 68% dos gregos votaram pela abolição da Monarquia. Iniciava-se, assim, a Terceira República Grega.

Em 1975, o Parlamento grego aprovou a nova Constituição, que estabeleceu a democracia parlamentar.

O sistema político-administrativo da Grécia dispõe de três níveis territoriais de poder: o Estado, as regiões e os municípios.

O Estado

A Constituição de 1975 instituiu originalmente um sistema de governo semi-presidencial, mas a supressão de vários poderes do chefe do Estado na revisão constitucional de 1986 tornou a Grécia uma república parlamentar.

São três os órgãos políticos do Estado. O Presidente da República, eleito pelo Parlamento por um período de cinco anos [76] e dotado de poderes honoríficos e de representação nacional.

O Parlamento unicameral, composto por 300 deputados eleitos por quatro anos, segundo um complexo sistema proporcional (em 2020 cessou o bónus de 50 lugares conferidos ao partido mais votado).

O Governo, nomeado pelo Presidente de acordo com a composição parlamentar, é politicamente responsável perante o Parlamento.

As 13 regiões

A Constituição grega não reconhece explicitamente formas de governo regional autónomo. Mas o seu artigo 102º estabelece que a administração dos assuntos locais será promovida por órgãos de governo local de primeiro e segundo nível. É precisamente nesse segundo nível da administração local que se inserem as 13 regiões administrativas gregas, como verdadeiras autarquias regionais.

Historicamente, o território da Grécia dividia-se em 52 prefeituras e mais de mil municípios. Porém, a adesão da Grécia à então Comunidade Económica Europeia (CEE), em 1 de Janeiro de 1981, obrigou a adaptar a divisão administrativa do país à configuração territorial da política europeia de desenvolvimento regional, baseada em NUTS de larga escala. Foi essa a justificação da criação, em 1986, das 13 regiões de planeamento, dependentes do governo central, com a missão de promover a planificação económica e social.

Até 2010, existiram na Grécia três formas de administração territorial: as 13 regiões (*periferia*), divididas em 50 prefeituras (*nomos*) que se subdividiam em 1 034 municípios (*dèmes*) e comunidades. As regiões eram circunscrições

[76] O nº 4 do art. 30º da Constituição grega estabelece que em caso de guerra o mandato do presidente da República prolonga-se até ao final da guerra.

de administração desconcentrada do Estado, enquanto as prefeituras e os municípios dispunham de personalidade jurídica própria e autonomia administrativa.

As prefeituras eram administradas por uma assembleia e por um prefeito, ambos eleitos por sufrágio directo e universal, com atribuições nos seguintes domínios: desenvolvimento económico, protecção do ambiente, educação, apoio financeiro a pessoas desfavorecidas e deficientes, saúde pública, fomento agrícola, pescas e turismo.

Em larga medida, as atribuições prefeiturais coincidiam com as municipais, gerando frequentes conflitos de competência entre os dois níveis administrativos.

Pressionado pela profunda crise financeira que estrangulou a economia grega e atirou milhões de gregos para a pobreza, o Parlamento aprovou em 2010 a Lei nº 3852/2010 que aplicou à administração local uma reforma de grande alcance: suprimiu as 50 prefeituras; conferiu personalidade jurídica e autonomia administrativa às 13 regiões; distribuiu os poderes das antigas prefeituras entre as regiões e os municípios; reduziu radicalmente o número de municípios e comunidades, que de 1 034 passou a 325; alargou de quatro para cinco anos o período do mandato dos órgãos autárquicos; e reforçou a descentralização de poderes do Estado ao nível municipal.

À excepção das regiões da Ática e de Creta, cujo território ficou a corresponder às prefeituras do mesmo nome, as outras regiões foram formadas pela fusão de duas ou três antigas prefeituras.

Para além disso, a administração desconcentrada do Estado sedeada nas prefeituras também foi reestruturada, passando a concentrar-se em apenas sete circunscrições [77] chefiadas por um secretário-geral nomeado pelo Governo, com competência nos sectores do planeamento do território, licenciamento urbanístico, administração florestal e tutela das regiões e municípios.

O único território do país a que esta reforma não se aplicou foi à Região Aghion Oros, localizada na Península de Atos. Esta região é um estado monástico autónomo da Grécia, de população masculina, dotado de um "antigo

[77] Designadas Macedónia, Macedónia Ocidental-Epiro, Tessália-Grécia Central, Peloponeso-Grécia Ocidental-Ilhas Jónicas, Ática, Egeu e Creta.

estatuto privilegiado de autogoverno" reconhecido pelo artigo 105º da Constituição grega.

Essa norma constitucional estabelece que o território da Região Aghion Oros é dividido pelos "20 Mosteiros Sagrados" nela construídos entre os sécs. X e XIII [78], e atribui a sua administração a um Conselho Teocrático da Igreja Ortodoxa Grega, designado "Comunidade Sagrada", constituído por representantes dos 20 mosteiros. A região tem uma população de cerca de 1 500 homens, uma vez que a presença de mulheres é rigorosamente proibida.

A protecção do Estado à Região Aghion Oros revela-se ainda noutras normas do artigo 105º da Constituição. O seu nº 1 estabelece que "Todas as pessoas que sigam aí uma vida monástica adquirem a cidadania grega sem mais formalidades para além da admissão como noviços ou frades." E o nº 2 daquele artigo proíbe qualquer expropriação na Península de Atos.

O sistema de governo das regiões administrativas é constituído por um órgão deliberativo e por um executivo duplo. O órgão deliberativo, designado conselho regional, é composto por um número variável de membros, entre 41 e 101, consoante a população da região, eleitos por cinco anos, por sufrágio directo e universal, segundo o sistema proporcional. O órgão executivo bicéfalo divide-se em dois comités: o comité executivo, formado pelo governador da região, os vice-governadores (que exercem funções no território das antigas prefeituras integradas na região) e três conselheiros escolhidos pelo governador; e o comité económico, composto pelo governador da região, um vice-governador e três conselheiros designados pelo governador. A competência do comité económico circunscreve-se à gestão financeira e à contratação pública.

Tal como o conselho regional, também o governador é eleito por sufrágio directo e universal. O governador da região preside a todos os órgãos da autarquia e dirige o funcionamento da administração regional. Uma vez que os vice-governadores asseguram directamente a representação dos interesses das extintas prefeituras, o número de candidatos propostos a esses cargos nas listas eleitorais deve ser igual ao dessas antigas autarquias.

A lei estabelece o princípio da uniformidade das atribuições das regiões e confere-lhes competências administrativas nos sectores da educação

[78] A Península de Atos é património mundial da UNESCO. Foi ocupada pelo exército nazi durante a Segunda Guerra Mundial, mas os seus mosteiros não sofreram danos.

(formação profissional e de adultos), saúde (autorização e controlo das instituições de saúde, consultórios médicos e laboratórios), apoio social (execução de programas sociais, criação de centros sociais e habilitação e controlo dos seus trabalhadores), desenvolvimento económico (projectos de desenvolvimento regional, criação de sociedades regionais e agências de desenvolvimento, avaliação e apoio de projectos de investimentos privados, apoio a actividades económicas nos sectores primário, secundário e terciário), ambiente (avaliação do impacto ambiental, gestão dos resíduos e fiscalização das actividades com impacto ambiental, podendo aplicar coimas), e rede viária e transportes (construção, gestão e manutenção das estradas regionais, licenciamento e controlo dos autocarros de transporte público de passageiros). No entanto, a autonomia das regiões é muito limitada porque em vários desses sectores os seus poderes são meramente consultivos, e noutros são exercidos em regime de competência conjunta com o Estado e os municípios.

As regiões podem ainda exercer poderes delegados pela administração central, mediante a celebração de protocolos com serviços sectoriais do Estado.

Os 325 municípios

Aquando da sua independência, a Grécia estava dividida em 5 959 municípios e comunidades[79], mas no início do séc. XX esse número era de apenas 1 034. A reforma realizada em 2010 fundiu centenas de comunidades e alguns municípios e reduziu-os aos actuais 325.

O sistema de governo municipal compreende três órgãos: o conselho municipal, composto de 11 a 41 membros, consoante a população, eleitos de cinco em cinco anos por sufrágio directo e universal; o presidente do município, que é o primeiro candidato da lista mais votada na eleição do conselho; e a comissão municipal, formada pelo presidente e por dois, quatro ou seis conselheiros (segundo o número de membros do conselho) eleitos por esse órgão por um período de dois anos.

Compete ao conselho eleger o seu próprio presidente, de entre os seus membros. À comissão municipal cabe preparar as decisões do conselho e elaborar e submeter à aprovação deste órgão documentos de gestão, designadamente o orçamento e as contas anuais, propostas de empréstimos,

[79] As "comunidades" designavam os municípios com menos de 5 mil habitantes.

programas de concursos de alienação de bens municipais e procedimentos de contratação pública.

O regime eleitoral do conselho garante a formação sistemática de maiorias absolutas. Três quintos dos conselheiros pertencem à lista que obtém maioria absoluta. No caso de a lista mais votada apenas ter obtido a maioria relativa, as duas listas mais votadas são submetidas a nova eleição, uma semana depois. Os restantes dois quintos de lugares são distribuídos proporcionalmente pelas listas menos votadas.

O presidente do município não é membro do conselho, mas participa obrigatoriamente nas suas reuniões, sem direito de voto. Compete-lhe, designadamente, representar o município, executar as deliberações do conselho e da comissão, dirigir os serviços municipais e gerir o respectivo pessoal. O presidente do município exerce também funções como agente do Estado no âmbito do registo civil, cabendo-lhe manter actualizado o registo de nascimentos, casamentos e falecimentos a nível municipal.

Nos municípios com mais de 5 mil habitantes o presidente é coadjuvado por vice-presidentes, em número de um a quatro, consoante a população, escolhidos por ele de entre os conselheiros eleitos na sua lista. O regime eleitoral do órgão executivo assegura-lhe homogeneidade política e estabilidade funcional.

As atribuições municipais restringem-se aos sectores do ensino básico, abastecimento de água e energia eléctrica, recolha e tratamento de esgotos e resíduos urbanos, conservação da rede viária municipal, manutenção de parques e jardins, equipamentos desportivos e culturais e gestão de cemitérios.

As cidades com mais de 150 mil habitantes podem dividir-se em bairros administrativos, que são serviços de proximidade criados pelos órgãos do município. É o que se passa em Atenas, dividida em sete bairros, e em Salónica e Pireu, ambas divididas em dois bairros.

Cada bairro administrativo é gerido por um conselho eleito pelo conselho municipal; o presidente do conselho de bairro tem assento nas reuniões do conselho municipal, sem direito de voto.

HUNGRIA

População – 9 879 000 hab.

Área – 93 024 km2

Nota histórica

Em finais do séc. IX, os Magiares – um povo originário dos Montes Urais, descendente de tribos fino-úgricas que se misturaram com tribos eslavas – fixou-se numa parte da antiga província romana da Panónia e fundou o Reino da Hungria. Foi o seu primeiro rei, Estevão I, quem, no séc. X, estabeleceu a primeira organização administrativa do país, dividindo-o em condados reais (*comitatus*).

O Reino manteve-se independente até ser vencido pelos Turcos otomanos na Batalha de Mohács (1526) e dividido entre o Império Otomano e a Casa de Áustria. Em finais do séc. XVII, a Áustria conseguiu o controlo de todo o Reino da Hungria, incluindo o Principado da Transilvânia.

Os húngaros não abdicaram da luta pela sua independência. As revoltas populares contra a fome e a exploração, aliadas à insatisfação da nobreza húngara contra o domínio austríaco do país tiveram o seu auge na Revolução de 1848-49 – um movimento armado nacionalista e liberal apostado em reconquistar a independência da Hungria. À Revolução respondeu o Império Austríaco com forte repressão, mas o incremento do nacionalismo húngaro levou-o a optar por políticas de apaziguamento: no Compromisso de 1867 o Império dos Habsburgo reconheceu a autonomia do parlamento e do governo húngaros e formou com o Reino da Hungria uma união pessoal que ficou conhecida por Áustria-Hungria, ou Império Austro-Húngaro.

A derrota na Primeira Guerra Mundial ditou a dissolução do Império e a proclamação de repúblicas independentes em cada um dos estados. Ao último imperador – Carlos I – restou o exílio na Ilha da Madeira, de onde fez várias tentativas de restauração monárquica, e onde morreu.

Após declarada a independência, a paz firmada pelo Tratado de Trianon (1920) com os países vencedores do primeiro conflito mundial impôs à Hungria a perda de 70% do seu território e de 65% da sua população para a Áustria, Checoslováquia e Roménia.

Quando, em plena Segunda Guerra Mundial, a Hungria foi ocupada pelas tropas nazis (1944), Hitler instalou em Budapeste um governo fantoche chefiado por Ferenc Szálasi, líder do partido fascista húngaro, que envolveu o país na guerra ao lado das potências do Eixo. A libertação do país pelo Exército Vermelho deu vantagem a Moscovo no controlo do território.

Após as eleições de 1947, a Hungria tornou-se um estado socialista – a República Popular da Hungria – sob influência política da União Soviética. Em Outubro de 1956, uma manifestação de estudantes em Budapeste contra a ocupação soviética do país foi o rastilho de uma revolução popular e democrática, rapidamente esmagada por tropas do Exército Vermelho. Mas, em finais da década de 1980, a *perestroika* e a *glasnost* do presidente Mikhail Gorbatchov minaram os fundamentos totalitários do Bloco Soviético e a URSS entrou em colapso.

Num acordo celebrado entre os dois estados (Abril.1989), a União Soviética aceitou retirar as suas tropas no prazo de dois anos. Mas o país estava impaciente, e em Outubro de 1989 o Parlamento declarou constituída a nova República da Hungria. Mais de um século depois de ter sacudido o domínio austríaco, a Hungria libertava-se da tutela soviética.

São três os níveis territoriais de governo da Hungria: o Estado, os condados e os municípios.

O Estado

A Hungria foi o único estado do antigo Bloco de Leste que não aprovou uma nova Constituição após o colapso da União Soviética. O estabelecimento do novo regime democrático foi feito através de alterações à Constituição de 1949, aprovadas entre 1989 e 1990, que instauraram no país um sistema de governo parlamentar.

Em 18 de Abril de 2011, a Assembleia Nacional da República da Hungria aprovou uma nova Constituição que reforçou os poderes do Governo e reduziu a competência do Tribunal Constitucional. A Constituição de 2011 e as suas revisões foram obra do partido conservador, nacionalista e populista *Fidesz*, chefiado pelo primeiro-ministro Viktor Orbán e detentor de uma maioria de dois terços de deputados. É a este político de direita antiliberal, líder do governo desde 2010, que se deve a transformação da Hungria num estado autoritário que actualmente não teria condições para aderir ao Conselho da Europa ou à União Europeia [80].

Importa referir que a situação política da Hungria foi alvo de uma Recomendação do Parlamento Europeu (5. Jul. 2011) em que se defendem os valores da Democracia e do Estado de Direito e se apela, em tom crítico, ao respeito pela liberdade política e pelos Direitos do Homem. Mas o seu efeito foi nulo!

O Estado é representado pelo Presidente da República, eleito pelo Parlamento por um período de cinco anos, renovável uma vez.

O poder legislativo é exercido pela Assembleia Nacional (*Országgyulés*), formada por 199 deputados eleitos por sufrágio directo e universal.

O Governo é nomeado pelo Presidente da República após o Parlamento indigitar o primeiro-ministro, sendo responsável perante o órgão legislativo (sistema de governo parlamentar).

Os 19 condados

A Lei da autonomia local, de 1990, pôs fim a um sistema assente no princípio da unidade administrativa pública, segundo o qual todos os serviços da Administração pública, incluindo a municipal, eram considerados elementos de um edifício único, dependente e sujeito à orientação política do Estado.

Essa lei instituiu uma administração territorial autónoma e descentralizada, cujo nível superior é formado por 19 condados, correspondentes aos condados históricos do séc. XIX. No entanto, em cada condado estão sediados departamentos estaduais coordenados por um delegado governamental competente, nomeadamente, para exercer a tutela das autarquias locais.

[80] Entre os mais recentes atentados à vida democrática contam-se as restrições impostas à formação de grupos parlamentares pelos partidos da Oposição, o controlo e censura das actividades culturais e os novos cortes ao regime fiscal dos municípios.

São órgãos dos condados a assembleia de condado e o presidente de condado. A assembleia é eleita por sufrágio directo e universal, cabendo-lhe eleger o presidente. Ambos os órgãos exercem um mandato de quatro anos.

As principais atribuições dos condados centram-se na manutenção de certos serviços públicos, designadamente os hospitais e os equipamentos sociais. Tal como sucede nos municípios, a coordenação dos serviços dos condados está a cargo do secretário do condado – um alto funcionário público designado pela assembleia, por um período de tempo indeterminado.

Os 3 155 municípios

O número de 3 177 municípios existente à data da independência subiu para 3 201, até 2007, mas baixou ligeiramente nos últimos anos para os actuais 3 155. São eles que constituem o escalão inferior da administração local descentralizada. Desse grande número de municípios fazem parte a cidade de Budapeste e outras 23 grandes cidades (que são municípios com estatuto equiparado ao de condado), 304 municípios-cidade, 122 municípios-vila e 2 705 municípios sediados em aldeias [81].

O sistema de governo dos municípios é formado por três órgãos: o conselho municipal, as comissões e o presidente. O conselho é constituído por um número variável de membros, entre três e 13, eleitos por sufrágio directo e universal para mandatos de quatro anos. O conselho exerce as suas funções através de comissões eleitas de entre os seus membros. Nos municípios com mais de 2 mil habitantes é obrigatória a existência de uma comissão financeira. O presidente é o representante político do município, igualmente eleito para mandatos de quatro anos. A forma da sua eleição é variável, segundo a população dos municípios. Nos que têm menos de 10 mil habitantes, o presidente é eleito por sufrágio directo; nos municípios com maior número de habitantes, é eleito pelo conselho municipal.

A função executiva do presidente é exercida com o apoio de um ou dois adjuntos eleitos pelo conselho, e do secretário municipal, que é um funcionário

[81] Os municípios têm formado a principal frente de oposição à autocracia de Viktor Orbán, cujo partido sofreu a única derrota dos últimos 13 anos nas eleições municipais de Dezembro de 2019. O desaire sofrido nas principais cidades do país, incluindo em Budapeste, é sintoma do descontentamento da população dos centros urbanos em relação à governação do país.

com qualificação especial, nomeado pelo conselho com a incumbência de dirigir os serviços municipais por um período de tempo indeterminado.

Os municípios têm atribuições obrigatórias e facultativas. As atribuições obrigatórias incidem sobre as necessidades básicas da população e respeitam ao fornecimento de água potável, ao urbanismo e construção, à criação de jardins-de-infância, ao ensino primário, aos cuidados de saúde primários, à assistência social, à iluminação pública, à conservação de estradas, à conservação dos cemitérios e à defesa dos direitos das minorias étnicas e nacionais residentes no município. Em alguns desses sectores, as atribuições municipais são exercidas em regime de competência conjunta com a administração desconcentrada do Estado.

No âmbito das atribuições facultativas dos municípios insere-se a prossecução de outros interesses colectivos da população, mas a natureza centralista do sistema administrativo e a sua enorme dependência financeira do Estado impede-os de exercer esses poderes.

A actuação autocrática do actual governo é fortemente limitativa da autonomia local e tende a reconduzir as autarquias locais a serviços da administração indirecta do Estado.

Refira-se ainda que, por absoluta incapacidade administrativa e financeira, as atribuições dos 2 705 pequenos municípios sediados nas aldeias são prosseguidas por municípios-cidade ou municípios-vila situados na sua proximidade.

O município metropolitano de Budapeste

O município de Budapeste tem um estatuto especial. Actualmente com cerca de 1 750 mil habitantes, a cidade foi elevada, em 1873, à categoria de município metropolitano.

A cidade de Budapeste está dividida em 23 distritos – unidades administrativas com estatuto de município, equivalentes aos bairros de Bratislava ou aos *arrondissements* de Paris. Cada distrito dispõe de assembleia e prefeito próprios, eleitos por sufrágio directo e universal dos eleitores das respectivas circunscrições.

O sistema de governo do município metropolitano de Budapeste é formado por dois órgãos: o deliberativo, designado conselho metropolitano, composto por 33 membros (os 23 prefeitos dos distritos, nove membros eleitos directamente através de listas partidárias e o prefeito de Budapeste), e o órgão executivo, que é o prefeito de Budapeste, igualmente eleito por sufrágio directo.

Compete ao conselho metropolitano aprovar os planos de ocupação do solo, definir a política de transportes públicos, definir as taxas dos impostos, criar e manter sistemas de recolha e tratamento dos resíduos, zelar pela segurança pública e criar bibliotecas e instalações desportivas e culturais. O prefeito de Budapeste preside ao conselho metropolitano e é responsável pelos serviços sociais, polícia municipal, gestão dos serviços contra incêndios e administração do domínio público e privado do município.

IRLANDA

População – 4 860 000 hab.
Área – 69 797 km2

Nota histórica

Milénios de história passaram desde a ocupação da ilha da Irlanda por sucessivos grupos étnicos: primeiro, os Celtas (300 a.C.), de cuja língua descende o Gaélico; depois, os Vikings (séc. VIII), vindos da Escandinávia para fundar a cidade de Dublin; mais tarde, os Normandos (séc. XII), um povo germânico descendente de Vikings que já colonizava a Normandia. Um século depois iniciou-se o domínio anglo-saxão, após o rei Henrique II de Inglaterra nomear lorde da Irlanda (1177) o seu filho João Sem Terra, então uma criança de dez anos.

A intensa acção evangelizadora de São Patrício – um missionário galês radicado na Irlanda na primeira metade do séc. V, que é o padroeiro do país – levou a maioria dos irlandeses a aderir ao Catolicismo. Durante os séculos seguintes irlandeses e ingleses mantiveram-se fieis à Igreja de Roma, mas em 1534 o rei Henrique VIII rompeu com ela, declarou o Anglicanismo a religião oficial do Reino de Inglaterra e intitulou-se chefe supremo da Igreja de Inglaterra. Os irlandeses não aceitaram a tutela espiritual de um rei excomungado pela Santa Sé e o conflito religioso então criado entre católicos e protestantes anglicanos marcou de forma sangrenta a vida da Irlanda até aos nossos dias.

O diferendo religioso anglo-irlandês assumiu a forma de conflito militar ao longo da História dos dois países.

A partir da primeira metade do séc. XVII, a Inglaterra empreendeu um longo processo de extermínio do povo da Irlanda. No último ano do seu reinado (1603-1625), James I emitiu um édito, conhecido por Proclamação de 1625, em que condenava os presos políticos irlandeses a serem expulsos do seu país e vendidos a colonos ingleses na América do Norte. Nesse mesmo ano, mandou vender 30 mil prisioneiros irlandeses como escravos para o Novo Mundo. Essa prática foi zelosamente continuada por Charles I (1625-1649), de tal modo que entre 1641 e 1652 mais de 350 mil irlandeses foram vendidos como escravos para as Índias Ocidentais. Os historiadores são unânimes em considerar que a maioria dos primeiros escravos da América do Norte eram brancos – brancos irlandeses – e não pretos africanos.

Em meados do séc. XVII, a Irlanda aproveitou a rebelião dos escoceses contra Charles I para se revoltar e matar centenas de milhares de colonos ingleses e escoceses. Em resposta a isso, as tropas inglesas comandadas por Oliver Cromwell invadem a Irlanda e iniciam o massacre sistemático dos irlandeses. Mais de 700 mil pessoas – cerca de metade da população da ilha, a começar por padres e monges católicos – são mortas e as suas terras distribuídas pelos soldados ingleses, em recompensa pela chacina que ficou conhecida por "etnocídio irlandês". E para impedir a reposição da taxa de natalidade, Cromwell ordenou que 2 500 crianças entre os dez e 15 anos fossem levadas para a Jamaica e aí vendidas como escravos a colonos ingleses. Entre meados e finais do séc. XVII, a população da Irlanda desceu de 1 500 mil para pouco mais de 600 mil habitantes.

O sistema esclavagista inglês manteve-se no século seguinte. Influenciados pelos ideais liberais das Revoluções Americana e Francesa, um grupo de republicanos irlandeses desencadeou a Rebelião Irlandesa de 1798, que se saldou na morte de mais de 25 mil irlandeses e no degredo de 80 mil, vendidos como escravos para a América e a Austrália.

A subjugação da Irlanda agravou-se com a expulsão dos católicos do parlamento irlandês, que, em 1800, aprovou o Acto da União, fundindo o Reino da Irlanda ao Reino da Grã-Bretanha, formada pela Inglaterra, Gales e Escócia. A Irlanda tornou-se, assim, parte do Reino Unido da Grã-Bretanha e Irlanda.

A Grande Fome (1845-1849) – que causou 800 mil mortos e um milhão de emigrantes – reacendeu a revolta irlandesa contra o governo britânico, motivada, num primeiro momento, pela sua incapacidade em controlar a situação e, depois, pelo boicote que promoveu à ajuda internacional prestada à Irlanda por países amigos.

O conflito religioso voltou a ganhar feição militar na chamada Revolta da Páscoa (Semana Santa de 1916) e na Guerra da Independência (1919-1921), travada entre o Exército Republicano Irlandês e o Exército Britânico.

A esse conflito pôs termo o Tratado Anglo-Irlandês (1921) que dividiu a ilha da Irlanda em duas partes: o Estado Livre Irlandês, ou República da

Irlanda, formado por 26 dos 32 condados da Irlanda, e a Irlanda do Norte, nação constituinte do Reino Unido.

Em 1937, foi aprovada a Constituição da Republica da Irlanda, mas o cargo de Presidente da República não foi ocupado porque a Irlanda manteve-se parte da *Commonwealth* e a chefia do Estado continuou a pertencer ao monarca britânico.

Só em 1948 foi assinado o Acto da República da Irlanda, que declarou o país uma república e investiu o Presidente da Irlanda na chefia do Estado.

A organização política da Irlanda compreende três níveis de governo: o Estado, as regiões e os municípios.

O Estado

A Constituição irlandesa de 1937 estabelece que a Irlanda é uma república na forma de democracia representativa, com sistema de governo parlamentar, em que o Governo é aprovado pelo Parlamento e responde politicamente perante ele.

O Presidente da República é eleito por sufrágio directo e universal para um mandato de sete anos, podendo ser reeleito uma vez. As suas funções são, sobretudo, honoríficas e representativas, não tendo poderes governativos.

O poder legislativo é exercido pelo Parlamento Nacional (*Oireachtas*) constituído por uma câmara alta (*Seanad Éireann*) e uma câmara baixa (*Dáil Éireann*). A câmara alta é composta por 60 senadores designados pelos partidos políticos e pelo Presidente da República, enquanto a câmara baixa é formada por 160 deputados eleitos por sufrágio directo e universal, pelo sistema proporcional de voto único transferível [82].

[82] O voto transferível (em inglês "Single Transferable Vote") é uma forma de representação proporcional criada em Inglaterra e usada na Irlanda, Irlanda do Norte, Escócia (eleições locais), Malta e Austrália (eleições locais e eleições legislativas em alguns estados federados) e noutros países. Segundo o STV – que pressupõe círculos plurinominais – o eleitor vota num único candidato, mas pode votar subsidiariamente noutros candidatos, atribuindo um número a cada candidato para os ordenar pela sua preferência. No processo de apuramento dos votos, se o candidato preferido do eleitor não tiver votos suficientes para ser eleito, o voto é transferido para o candidato que lhe sucede nessa ordenação.

O Governo é nomeado pelo Presidente da República, após aprovação pela câmara baixa do Parlamento Nacional, sendo responsável perante este (sistema de governo parlamentar).

As 3 regiões

A Irlanda dispunha, até 2014, de dois tipos de autoridades regionais instituídas para efeitos estatísticos e dependentes do governo central. O nível superior, criado em 1999 como NUT 2, era constituído por duas regiões de planeamento, e o inferior, que datava de 1994, era formado por oito unidades sub-regionais do tipo NUT 3.

Em 2014, entrou em vigor uma reforma territorial que se traduziu na reorganização das regiões, na extinção dos condados, na redução das atribuições do nível regional e, em última análise, no reforço do centralismo.

O nível regional passou a ser constituído apenas pelas regiões, que, de duas, passaram a três: a do Sul, a do Leste e Centro e a do Norte e Oeste.

Os membros dos novos conselhos regionais, cujo número é fixado por lei, são eleitos indirectamente pelos e de entre os membros dos conselhos municipais da região. Ao presidente da região, que é eleito pelo conselho, compete dirigir as reuniões deste órgão, mas não exercer funções executivas.

O órgão executivo é o administrador da região (*region manager*), nomeado pelo conselho regional através de concurso público. Cabe-lhe executar as decisões do conselho, assistir às suas reuniões, coordenar os serviços e exercer a hierarquia sobre os funcionários regionais. Em regra, esses funcionários são destacados pelos municípios da região, podendo também ser contratados.

As competências das regiões repartem-se por dois sectores. O primeiro é a gestão dos fundos comunitários, incluindo a preparação de projectos de desenvolvimento regional ou municipal, a preparação dos relatórios de execução e a distribuição das verbas atribuídas; o segundo respeita à elaboração de planos regionais de ordenamento do território, com base nos quais são aprovados os planos municipais.

Os 31 municípios

O artigo 28º-A da Constituição reconhece a autonomia das autarquias locais.

A reforma administrativa de 2014, que criou as três regiões, também incidiu sobre a organização dos municípios. Até então, a Irlanda tinha 114 autarquias locais divididas em dois tipos: um nível superior formado por 34 conselhos de condado (*county councils*) e de aglomeração (*city councils*) e um inferior constituído por 80 assembleias de cidade (*town councils*) e de bairro (*borough councils*). Todos estes órgãos eram eleitos por sufrágio directo e universal e dispunham de um relativo grau de autonomia em relação ao Estado.

É interessante notar que esses condados constituíam parcelas das quatro províncias medievais (Uladh, Laighean, Connachta e Mumha) formadas a partir dos cinco *cúigí* (quintos) em que a ilha estava dividida no séc. VI.

A reforma de 2014 aboliu o nível superior da administração local formado pelos condados e aglomerações urbanas e fundiu as autarquias do primeiro nível, ficando a administração local reduzida a 31 municípios.

Os municípios irlandeses caracterizam-se por serem, actualmente, os maiores da Europa, com uma área média de 2 251 km2.

Os seus conselhos (*town councils*) são formados por um número variável de membros eleitos por sufrágio directo e universal. O órgão executivo é o administrador municipal (*town manager*), nomeado pelo conselho mediante recomendação de um organismo central – a *Local Appointments Commission* – responsável pela formação profissional dos altos dirigentes da administração local.

As atribuições dos municípios compreendem os sectores do desenvolvimento económico, ordenamento do território, protecção do ambiente, urbanismo, abastecimento de água e energia eléctrica, ensino básico, habitação social, luta contra incêndios, equipamentos culturais, desportivos e de lazer, rede viária e cemitérios.

No âmbito dos poderes municipais a lei distingue as "funções reservadas" (*reserved functions*), pelas quais se concretiza a competência deliberativa do conselho, das "funções executivas" (*executive functions*) que estão cometidas ao administrador municipal (*town manager*), enquanto órgão executivo do município.

Compete ao administrador participar sem direito de voto nas reuniões do conselho, aconselhar os seus membros, executar as deliberações do conselho e tomar todas as decisões em matéria de celebração de contratos, atribuição de habitações sociais, licenciamento urbanístico e gestão do pessoal da autarquia.

LETÓNIA

População – 1 920 000 hab.
Área – 64 573 km2

Nota histórica

Por volta do ano 3 000 a. C., algumas tribos fino-bálticas estabeleceram-se num território da Livónia correspondente à actual Letónia. Da miscigenação desses povos surgiram os Letões que, no início do séc. XIII, foram dominados e evangelizados pelos Cavaleiros da Ordem Teutónica.

No contexto da Guerra dos 30 Anos (1618-1648) a Suécia protestante conquistou a Letónia, e o Luteranismo tornou-se a religião dominante do país. Mas a derrota do exército sueco frente às tropas do czar Pedro, o Grande na Batalha de Poltava (1709) colocou a Letónia sob o domínio do Império Russo.

Após a conquista do poder pelos bolcheviques (Out. 1917), a Rússia assinou com os impérios alemão, austro-húngaro e otomano o Tratado de Brest-Litovski (3. Mar.1918) que formalizou a retirada da Rússia da Primeira Guerra Mundial. Na sequência do abandono da Letónia pelos russos, formou-se o Conselho Letónio que proclamou a independência do país (18.Nov.1918) e declarou constituída a República Independente da Letónia.

Em 1922, o Parlamento aprovou uma Constituição, mas após o golpe de estado de 1934 o parlamento foi suspenso e o país entrou em ditadura. Ao abrigo do Pacto Ribbentrop-Molotov, que tinha assinado, em 1939, com a Alemanha nazi, a Rússia invadiu a Letónia (Jun.1940) e o país passou a designar-se República Socialista Soviética da Letónia.

A crise política da União Soviética subsequente à chegada ao poder de Mikhail Gorbatchov permitiu a realização de eleições em Março de 1990, a que se seguiu a proclamação da independência pelo novo Parlamento, sufragada em referendo realizado um ano depois.

Com apenas 88 artigos, a Constituição de 1922 limitava-se a estabelecer a estrutura e organização dos órgãos do Estado, mas, em 1998, o Parlamento aprovou um novo capítulo dedicado aos Direitos Humanos.

De acordo com o ordenamento político-constitucional da Letónia, o país tem somente dois níveis territoriais de poder: o Estado e os municípios.

O Estado

A Letónia é uma república parlamentar.

O chefe de Estado é eleito pelo Parlamento para um mandato de quatro anos, renovável uma vez.

O poder legislativo é exercido pelo Parlamento (*Saeima*), constituído por 100 deputados eleitos por sufrágio directo, segundo o sistema proporcional, para mandatos de quatro anos.

O Governo é indigitado pelo Presidente da República e confirmado pelo Parlamento, sendo politicamente responsável perante este (sistema de governo parlamentar).

Durante o período da ocupação soviética uma elevada percentagem da população era de origem russa [83]. Em 1994, cerca de 46% da população não pertencia à etnia letã, mas 85% dos eslavos étnicos estavam em condições de requerer a cidadania letã.

De acordo com a Lei da Cidadania aprovada nesse ano, apenas os cidadãos da Letónia e seus descendentes podem agora pedir a cidadania. A concessão da nacionalidade implica o domínio do idioma letão, o juramento de lealdade ao Estado, o conhecimento da Constituição e a renúncia à cidadania anterior. Podem ter dupla cidadania os cidadãos que abandonaram o país durante a ocupação soviética e tenham adoptado outra nacionalidade. Os antigos agentes da polícia política soviética (KGB) não têm direito à cidadania letã [84].

[83] A população era formada por 46,1% de letões, 43,6% de russos, 2,3% de bielorrussos, 2% de polacos, 2% de ucranianos e 4% de outros povos.

[84] A Lei da Cidadania da Letónia tem precedentes históricos noutros estados, nomeadamente em França que, quando recuperou a Alcácia-Lorena, em 1919, não concedeu a cidadania francesa aos alemães que aí viviam desde a anexação alemã, em 1871.

As 5 regiões governamentais

O território da Letónia está dividido em cinco regiões classificadas como NUT 2, criadas para efeitos estatísticos e de programação de investimentos submetidos a financiamento comunitário. Estas regiões são instituições dependentes do Governo, embora da sua administração faça parte uma assembleia constituída por representantes dos municípios integrados em cada região.

É curioso verificar que estas cinco regiões correspondem a territórios históricos da Letónia medieval. As regiões de Kurzeme e de Zemgale formavam entre 1561 e 1791 o Ducado da Curlândia e Semigália; a região de Vidzeme ocupa a parte central do antigo Ducado da Livónia; a região de Lategale é a de maior variedade étnica em toda a Letónia, com elevado número habitantes descendentes de russos, bielorrussos e polacos anteriores à ocupação soviética; e a região de Riga tem sede na capital do país, que foi uma das principais cidades mercantis da Liga Hanseática.

Os 119 municípios

A administração territorial autónoma da Letónia é constituída por um único nível de poder: os municípios (*rajoni*).

A Constituição não contém qualquer norma sobre a administração local. No entanto, a Lei das autarquias locais reconhece personalidade jurídica e autonomia administrativa aos municípios.

A Letónia concretizou vários processos de agregação de municípios que permitiram reduzir o seu número de 560, em 1998, para os actuais 119. Essa redução foi conseguida, sobretudo, à custa da supressão de várias centenas de pequenos municípios rurais (*pagasts*), cuja população oscilava entre cerca de 300 e 1 000 habitantes. Dos 119 municípios, nove têm a categoria de cidade (*pilséta*), por terem mais de 25 mil habitantes. A cidade menos populosa (Jekabpils) tem cerca de 29 mil habitantes.

Não existem diferenças no estatuto e na forma de governo dos dois tipos de municípios. A sua gestão compete a um conselho municipal (*dome*) eleito por sufrágio universal e directo, segundo o sistema proporcional, para um mandato de quatro anos, a quem cabe eleger o seu presidente.

Os municípios não têm um órgão executivo distinto do deliberativo. A função executiva é da responsabilidade de um alto funcionário – o director executivo – nomeado pelo conselho, a quem cabe, designadamente, promover a aplicação das decisões do conselho, orientar a actividade geral da autarquia, apresentar ao conselho propostas de anulação dos actos ilegais dos serviços municipais, propor ao conselho a nomeação e demissão dos seus coordenadores e exercer a hierarquia sobre eles, fazer propostas ao conselho em matéria de formação profissional e de reorganização e dissolução de instituições e empresas municipais, gerir o património e os recursos financeiros em conformidade com as orientações do conselho, preparar o plano de desenvolvimento económico e social e o orçamento do município e coordenar a elaboração do projecto de plano de ordenamento do território, cuja aprovação compete à administração regional do Estado.

As atribuições dos municípios são as seguintes: fornecimento de água, sistema de saneamento urbano, distribuição domiciliária de calor, recolha e tratamento dos resíduos urbanos e industriais, construção e conservação da rede viária municipal, distribuição de energia eléctrica, serviços de protecção civil, gestão dos cemitérios e de locais para enterramento de animais, exploração das florestas públicas, prestação do ensino primário e secundário, organização da formação dos professores, criação de estabelecimentos culturais e apoio às associações de cultura e defesa do património, prestação de cuidados de saúde, promoção da assistência a famílias desfavorecidas e criação lares para idosos, órfãos e crianças abandonadas e asilos noturnos para os sem-abrigo, emissão de licenças para a criação de empresas, garantia da ordem pública e combate ao alcoolismo e à vagabundagem, cumprimento do plano de desenvolvimento e de ordenamento do território, realização dos actos do registo civil, recolha das informações necessárias ao serviço nacional de estatísticas públicas, organização das eleições dos jurados, participação nas acções de defesa civil e organização de serviços de transportes públicos urbanos.

LITUÂNIA

População – 2 795 000 hab.
Área – 65 300 km2

Nota histórica

A ameaça causada pelas Cruzadas do Norte, empreendidas pelos reis da Dinamarca e Suécia e pela Ordem Teutónica contra os povos pagãos da Europa setentrional, levou as várias tribos dos Lituanos a unirem-se e a criarem o embrião do futuro Estado lituano, liderado pelo grão-duque Gedymin (1316-1341). Na sequência do casamento de seu filho Jagelão com a princesa Hedviges, herdeira do trono da Polónia, os dois reinos formaram uma união pessoal que selaria o início de um longo período de história comum, culminada na vitória sobre os germânicos da Ordem Teutónica na célebre Batalha de Grunwald (15. Jul.1410).

No séc. XVII, Polónia e Lituânia formaram a República das Duas Nações, um estado multiétnico que se estendeu do Mar Báltico ao Mar Negro, até ser desmembrado no final do séc. XVIII. No seguimento das Guerras Napoleónicas, a República das Duas Nações foi dividida e Napoleão Bonaparte restaurou o Estado polaco na forma do Ducado de Varsóvia, como estado satélite do Império Francês. Porém, o fracasso dos exércitos franceses na invasão da Rússia levou a que o Ducado fosse partilhado entre o Reino da Prússia e o Império Russo (1815). A Lituânia foi então colocada sob o domínio do czar Alexandre I.

No contexto da Primeira Guerra Mundial, os alemães ocuparam a Lituânia e permitiram que o seu Conselho Nacional proclamasse a independência (16. Fev.1918). No entanto, em Junho de 1940, a União Soviética apoderou-se do país ao abrigo do protocolo secreto anexo ao Pacto Ribbentrop-Molotov que previa a colocação da Lituânia sob a esfera de influência de Moscovo.

Em 1941, no decurso da Segunda Guerra Mundial, as tropas de Hitler invadiram e dominaram a Lituânia, expandindo para o Báltico o extermínio das comunidades judaicas iniciado na Polónia e rapidamente alargado a toda a Europa ocupada.

Em meados de 1944, a Lituânia voltou a ser conquistada pelo Exército Vermelho e anexada à URSS como a República Socialista Soviética da Lituânia, mas a liberalização do regime empreendida pelo presidente Gorbatchov levou os Lituanos a eleger um "soviete supremo" que declarou a independência do país (Mar.1990). Após esta ser confirmada em referendo nacional, realizaram-se eleições para o novo Parlamento e foi elaborada a primeira Constituição da Lituânia.

A Constituição de 1992 instituiu dois níveis territoriais de governo: o Estado e os municípios.

O Estado

A Lituânia é um Estado unitário e uma democracia parlamentar, cujo chefe de Estado é eleito por sufrágio directo e universal, por um período de cinco anos. O Presidente da República tem a seu cargo as relações externas, o que confere ao sistema de governo parlamentar um elemento "semipresidencial".

O Parlamento monocameral (*Seimas*) é formado por 141 membros com mandato de quatro anos, dos quais 71 são eleitos em círculos eleitorais individuais e 70 segundo o sistema proporcional.

O Governo é designado pelo Presidente da República e confirmado pelo Parlamento, sendo politicamente responsável perante este.

Os 10 distritos governamentais

A Lei da divisão administrativa, aprovada pelo parlamento em 1995, criou 10 distritos (*apskritys*) e estabeleceu as regras aplicáveis à sua administração. Os distritos agregam um número variável de municípios, entre quatro e oito, em razão das suas afinidades culturais, sociais e económicas.

Os distritos são unidades territoriais de desenvolvimento regional com a classificação de NUT 3, lideradas por um delegado do governo designado director do distrito. Este alto funcionário é competente para coordenar a actividade dos serviços desconcentrados da administração central e a sua relação com os municípios do respectivo distrito.

Os 60 municípios

Os municípios (*savivaldybé*) são o único nível de administração territorial autónoma da Lituânia. Entre 1995 e 2000, realizou-se uma reforma administrativa que extinguiu 530 municípios, reduzindo o seu número a apenas 60.

Com uma área média superior a 1 000 km2 – uma das maiores da Europa –, a sua população varia entre 2 400 e 560 mil habitantes (a média é de 46 583 habitantes por município).

Os municípios têm a faculdade de dividir o seu território em subunidades administrativas para efeitos de programação e execução das suas funções. Existem na Lituânia 525 subunidades deste tipo.

O sistema de governo dos municípios é formado por dois órgãos: um conselho municipal, eleito por sufrágio directo e universal, segundo o sistema proporcional, para um mandato de quatro anos; e um órgão executivo, constituído pelo presidente do município, eleito pelo conselho, e por vários vereadores eleitos por esse órgão, sob proposta do presidente.

Cabe, igualmente, ao conselho designar o secretário municipal, por proposta do presidente. Este alto funcionário é responsável pela direcção da administração municipal, coordenação da actividade dos serviços e preparação das decisões do conselho.

Os municípios lituanos não beneficiam da designada cláusula geral de atribuições. A lei enumera taxativamente as suas funções e atribui ao conselho municipal três tipos de competência: exclusiva, conjunta e delegada por lei ou por contrato interadministrativo. A competência exclusiva é exercida nos sectores do ensino pré-escolar, educação e ocupação de crianças e jovens, criação de instituições de assistência social, financiamento de cuidados de saúde dos munícipes, desporto e ocupação de tempos livres e segurança pública.

Os municípios exercem competência conjunta com os serviços sectoriais do Estado nos domínios do ensino básico, de jovens e adultos, prestação de serviços sociais, apoio e integração de deficientes, cuidados primários de saúde, ordenamento do território, licenciamento urbanístico e gestão das vias municipais.

Entre as funções delegadas por lei aos municípios conta-se a prática dos actos do registo civil, a realização de actos de registro predial, o cálculo e pagamento das pensões sociais, a gestão de algum património estadual existente no município e o registo da propriedade rústica. Os municípios podem ainda exercer funções delegadas pelos departamentos da administração central, mediante contrato interadministrativo celebrado após autorização do conselho municipal.

LUXEMBURGO

População – 614 000 hab.
Área – 2 586 km2

Nota histórica

Formado a partir de um castelo altaneiro – o Castelo do Luxemburgo, que o conde de Ardennes adquiriu no séc. X –, o país fez parte das monarquias dos Habsburgo, dos Bourbon e de França entre os sécs. XIII e XVIII.

O alto valor estratégico do Luxemburgo tornou-o alvo de uma disputa que opôs, no séc. XVIII, o Reino da Prússia ao Reino dos Países Baixos. No rescaldo da derrota de Napoleão na Batalha de Waterloo (1815), o Congresso de Viena resolveu esse conflito de forma salomónica: criou o Grão-Ducado do Luxemburgo, reconheceu-lhe autonomia formal, fê-lo parte da Alemanha como estado da Confederação Germânica, mas colocou-o sob controlo da Holanda como possessão do rei Guilherme I, que passou a acumular os títulos de rei dos Países Baixos e de grão-duque do Luxemburgo.

No âmbito da Revolução Belga (1830-1831), o país foi dividido em duas partes: a zona ocidental passou a ser uma província do novo Estado belga e a oriental manteve-se na posse do rei da Holanda.

Em 1890, o Luxemburgo deixou de ser uma possessão do Reino dos Países Baixos e passou a ser governado, até à actualidade, pela Casa Nassau-Weilburg, à qual pertenceu, por casamento com o grão-duque do Luxemburgo Guilherme IV, Maria Ana de Bragança, filha de D. Miguel de Portugal, à época já exilado na Alemanha após a derrota dos absolutistas na Guerra Civil de 1832-1834.

Durante a Segunda Guerra Mundial, o exército nazi ocupou o Luxemburgo (1940), motivando a adesão das tropas do Grão-Ducado aos Aliados na luta contra o Terceiro Reich.

Em Abril de 1946, o Luxemburgo firmou com a Bélgica e a Holanda um acordo de comércio livre que levaria, dois anos depois, à constituição do BENELUX [85].

O sistema político-administrativo do Luxemburgo é constituído por apenas dois níveis territoriais de governo: o Estado e os municípios.

O Estado

O Luxemburgo é actualmente o único grão-ducado do mundo.

Segundo a Constituição de 1868, o Estado é uma democracia representativa sob a forma de monarquia constitucional liderada por um grão-duque.

O poder legislativo é exercido pela Câmara dos Deputados, composta por 60 deputados eleitos por sufrágio directo e universal, segundo o sistema proporcional, por períodos de cinco anos.

A Constituição atribui ao grão-duque o poder executivo, mas na prática ele é exercido pelo Governo, nomeado pelo chefe do Estado e confirmado pelo Parlamento, sendo politicamente responsável perante este (sistema de governo parlamentar).

Os 3 distritos governamentais

Os 102 municípios luxemburgueses estão integrados em três distritos (Luxemburgo, Diekirch e Grevenmacher) que constituem circunscrições de administração do Estado dirigidas por comissários nomeados pelo Governo, com funções de execução das políticas nacionais e de tutela dos municípios. O município de Luxemburgo é o único que está isento da acção tutelar dos comissários distritais.

A Lei Municipal de 1998 restringiu as formas de tutela dos municípios, limitando-a a um controlo de mera legalidade.

[85] BENELUX: BE de Bélgica; NE de Neederlands; LUX de Luxemburgo.

Os 102 municípios

Os municípios são a única forma de administração territorial autónoma do Luxemburgo. À sua pequena escala, também o Luxemburgo realizou, em meados dos anos 1990, uma reforma territorial que fundiu alguns dos 127 municípios existentes em meados do séc. XX e fixou o seu número em 102.

O sistema de governo dos municípios luxemburgueses é muito semelhante ao dos belgas. Cada município dispõe de um conselho municipal, eleito por sufrágio directo e universal, e de um órgão executivo, eleito pelo conselho, designado colégio dos burgomestres e vereadores.

Constituem atribuições dos municípios a gestão dos seus bens e serviços, a realização de obras públicas, a administração dos equipamentos públicos municipais e a gestão dos seus recursos financeiros.

O limitado campo de actividade municipal pode, no entanto, ser ampliado se os interesses locais forem prosseguidos em regime de associativismo inter-municipal. A Lei Municipal de 1998 fomentou a constituição de associações de municípios, atribuindo-lhes competência nos sectores dos transportes públicos de âmbito municipal, da recolha e tratamento de lixo, da educação e do apoio social.

MALTA

População – 449 000 hab.
Área – 316 km2

Nota histórica

Pela sua posição estratégica no centro do Mediterrâneo, este pequeno arquipélago atraiu vários povos da Antiguidade que dele fizeram um importante polo de comércio e civilização. No séc. IX a. C., os Fenícios estabeleceram-se na ilha principal, a que chamaram *Malat* (porto seguro). Depois de ter sido ocupada por Gregos (736 a.C.) e Cartagineses (400 a.C.), Malta foi conquistada pelos Romanos (218 a.C.) e esteve na posse de Vândalos e Ostrogodos, até ao início do séc. VI.

Segundos alguns historiadores, relatos contidos no livro *Actos dos Apóstolos* permitem concluir que o apóstolo São Paulo chegou a Malta no ano 60, na sequência de um naufrágio. Durante a sua estadia na ilha, a população foi convertida ao Cristianismo[86]. No entanto, a presença árabe durante mais de dois séculos (869-1091) tornou o Islamismo a religião dominante no arquipélago. Malta só voltou a ser cristã em pleno séc. XII, após ser conquistada pelo normando Rogério II, rei da Sicília.

Em 1530, Carlos V de Espanha, imperador do Sacro Império Romano-Germânico, cedeu a ilha à Ordem dos Hospitalários de São João de Jerusalém, que

[86] Na sua obra "O mito do Cristianismo ininterrupto no arquipélago de Malta", o historiador Thomas Bonnici defende que o lugar do naufrágio de São Paulo não terá sido Malta, mas a ilha de Mljet, no Mar Adriático. Para este autor, a ideia de que foi em Malta que encalhou o barco que transportava o apóstolo é uma construção do imaginário dos malteses que, para contrariarem o trauma de uma longa presença árabe ao longo da Idade Média, forjaram o mito da conversão ao Cristianismo logo no séc. I, e por um dos seus personagens mais importantes, Paulo de Tarso, o apóstolo São Paulo. Segundo esta tese, a conversão de Malta ao Cristianismo só terá ocorrido no séc. XII.

passou então a ser conhecida por Ordem de Malta. Sob a égide do grão-mestre Jean Parisot de La Valette, a Ordem criou em Malta um estado soberano electivo, protegido por poderosas fortificações que lhe permitiram resistir cinco meses aos ataques dos Turcos no cerco de 1565.

Após a conquista da ilha pelos exércitos de Napoleão Bonaparte (1798), os franceses ocuparam e pilharam o arquipélago, até serem expulsos pelos ingleses (1800) ao cabo de dois anos de cerco. Malta passou, então, a ser uma colónia britânica, estatuto que a população local sempre contestou. Embora fosse uma parcela menor do Império Britânico, as bases militares inglesas instadas na ilha envolveram Malta na Segunda Guerra Mundial, expondo o país aos bombardeamentos da aviação alemã e italiana.

A Constituição 1947 concedeu autonomia a Malta e dotou-a de órgãos políticos próprios, mantendo-a, porém, como colónia inglesa. Ao longo de vários anos a incerteza sobre o futuro de Malta alimentou fortes divergências entre os partidos políticos locais e os sucessivos governos londrinos. Na sequência de um referendo de resultado favorável à reintegração no Reino Unido (1959), a autonomia do arquipélago foi revogada, acabando por ser restaurada cinco anos mais tarde.

A nova Constituição de 1964 declarou Malta uma monarquia independente no seio da *Commonwealth,* tendo como soberano a rainha de Inglaterra, que era representada no território por um governador-geral com poderes tutelares.

As relações entre Malta e Inglaterra foram sempre marcadas por graves divergências políticas. Só em 1974 Malta foi reconhecida como uma república parlamentar, sem qualquer vínculo político à Inglaterra. A Constituição de 1964 foi revista nesse ano, de modo a consagrar essa nova forma de governo.

Os níveis territoriais de governo da Malta são somente dois: o Estado e os municípios.

O Estado

Malta é uma república parlamentar oficialmente representada pelo chefe de Estado, eleito pelo Parlamento e com mandato de cinco anos.

O Parlamento (*Kamra tar-Rapprezentanti*) é formado por 65 deputados eleitos sufrágio directo e universal, segundo o sistema proporcional de voto único transferível [87], com mandatos de cinco anos.

O Governo é nomeado pelo Presidente da República e confirmado pelo Parlamento, sendo politicamente responsável perante este (sistema de governo parlamentar).

As 5 regiões governamentais

Em 1994, foram criadas três regiões governamentais (Malta Majjistral, Malta Xlokk e Gozo), mas a Lei XVI de 2009 dividiu as regiões de Malta Majjistral e Malta Xlokk, passando desde então a existir cinco regiões (Central, Norte, Sudeste, Sul e Gozo).

Cada uma está dotada de um conselho regional constituído por um presidente e outros membros designados pelo Governo e por representantes dos municípios. As suas funções reduzem-se à promoção da cooperação intermunicipal e à coordenação das actividades das administrações central e local.

Os 67 municípios

Os 67 municípios formam o único nível da administração territorial autónoma de Malta.

A Constituição maltesa não contém qualquer norma relativa à administração local, mas a Lei XV de 1993 sobre os conselhos municipais estabelece que "O conselho é uma autoridade local instituída por lei, dotada de uma personalidade jurídica distinta, com capacidade para assinar contratos, estar em justiça e adoptar todas as decisões e transacções decorrentes ou próprias ao exercício das suas funções, e autorizadas pela presente lei."

O seu sistema de governo é constituído por dois órgãos. O deliberativo, designado conselho municipal (*kunsilli lokali*), é formado por um número de conselheiros, entre cinco e 13, eleitos por três anos por sufrágio directo e universal, segundo o sistema proporcional [88]. O município é representado pelo

[87] Sobre o voto transferível, *vd.* a nota de rodapé 82, no capítulo dedicado à Irlanda.

[88] O direito de voto pode ser exercido por delegação noutro eleitor.

presidente do conselho municipal, que é eleito pelos e de entre os membros deste órgão.

Para além de presidir às suas reuniões e de supervisionar a actividade da autarquia, o presidente é responsável pela execução das funções que forem delegadas ao município por departamentos do Estado. Esta delegação é feita através de protocolo e carece da aprovação prévia do ministro da tutela das autarquias locais.

O órgão executivo é o secretário municipal, nomeado pelo conselho ao abrigo de um contrato com duração de três anos, renovável por iguais períodos. A nomeação do secretário municipal é feita após consulta ao ministro da tutela e na sequência de um concurso de selecção de candidatos promovido pelo Centro de Emprego e Formação, que é uma agência do Estado com dignidade constitucional, competente para o recrutamento e formação desses altos funcionários.

Cabe ao secretário municipal executar as decisões do conselho, assistir às suas reuniões, redigir as respectivas actas, dirigir os serviços e administrar as finanças do município. Até 1996, os secretários municipais exerciam funções a tempo parcial nos municípios com menos de 2 mil habitantes, mas desde esse ano passaram a exercê-las a tempo inteiro em todos os municípios.

O grau de autonomia municipal é muito reduzido, uma vez que os municípios não detêm competências exclusivas.

O Estado tem competência própria em vários sectores que em muitos estados da Europa estão reservados à administração local autónoma, tais como a protecção civil, luta contra incêndios, ensinos pré-primário, primário, secundário, profissional, superior e educação de adultos, serviços de cuidados primários de saúde e hospitais. Os municípios exercem competência conjunta com departamentos estatais em sectores como a organização de creches, ajuda às famílias e aos jovens, lares de idosos, manutenção da rede viária e transportes urbanos, abastecimento de água e electricidade e promoção turística.

Em matéria de ordenamento do território, os municípios podem emitir recomendações à administração central sobre os planos que a ela compete elaborar.

NORUEGA

População – 5 392 000 hab.
Área – 385 207 km2

Nota histórica

A Noruega esteve recoberta por uma enorme calota de gelo durante grande parte da Pré-História. Este facto fez com que a presença do homem no seu território só tivesse ocorrido há cerca de 10 mil anos, no final do último período glaciar, e seja das mais tardias da Europa. Os seus primeiros habitantes terão sido povos indo-europeus oriundos da Sibéria e das estepes russas, que formaram o grupo étnico germânico dos Noruegueses, chamados na língua norueguesa *Nordmemm* (homens do Norte).

Os Noruegueses organizaram-se em clãs radicados em diversos pontos do território. Um desses locais foi a região costeira do fiorde de Oslo, designada *Viken*. Foi ela que atribuiu o nome de Vikings ao subgrupo norueguês que a habitava em finais do séc. VIII.

Os Vikings eram um povo de mercadores e navegantes, com fama de grande bravura, que se espalhou por várias regiões da Europa (Rússia, Ucrânia, Normandia, Inglaterra, Escócia, Islândia e Gronelândia) e chegou ao território do actual Canadá, que baptizou de Vinlândia [89].

[89] A descoberta do continente americano é atribuída ao navegador viking Leif Eriksson, filho do famoso Erik, o Vermelho – cognome derivado da cor do seu cabelo –, que em 982 descobriu a Gronelândia.
Em 1969, o explorador e geógrafo norueguês Thor Heyerdahl mandou construir um pequeno barco de papiro, a que chamou *Ra*, semelhante a antigas embarcações vikings encontradas em escavações realizadas no litoral da Noruega. No dia 17 de Maio de 1970, lançou o barco ao mar na cidade costeira marroquina de Safi, e fez nele uma viagem de 57 dias que o levou até à ilha de Barbados, nas Caraíbas Orientais. O objectivo dessa expedição foi provar a chegada de Leif Eriksson ao continente americano. Em Oslo, o imperdível Museu Kon-Tiki (museu dos barcos vikings) exibe uma réplica dessa embarcação.

A vitória de Haraldo, o Louro na Batalha de Hafrsfjord (872), travada entre os chefes dos vários clãs vikings, permitiu-lhe unir todos os grupos num só reino, que veio a chamar-se Noruega – termo que reúne dois vocábulos do Nórdico antigo, *nor* e *veg* (caminho para o Norte).

Após a introdução do Cristianismo por Olavo I Trygvesson, o rei Olavo II Haraldsson, dito o Santo, usou a religião como instrumento de unificação do país, mas o apelo dos clãs inimigos à intervenção de Canuto, o Grande da Dinamarca frustrou esse projecto e a Noruega foi submetida ao domínio dinamarquês.

A união pessoal dos dois reinos alargou-se à Suécia com a União de Kalmar (1397), firmada após a rainha Margarida I da Dinamarca e da Noruega ter deposto Alberto de Meclemburgo do trono da Suécia.

A Suécia iria romper essa união com a subida ao trono de Gustavo Vasa, mas a Noruega manter-se-ia ligada à Dinamarca e submetida à sua tutela. Este facto levou a Noruega a abandonar o Catolicismo e a aceitar a Reforma Protestante adoptada pelos dinamarqueses.

Confrontado com o domínio militar de Napoleão Bonaparte sobre grande parte da Europa e com a criação de vários estados satélites governados por irmãos seus, o parlamento sueco decidiu eleger um rei do agrado do imperador francês. Foi assim que Jean Baptiste Bernardotte, marechal de França, assumiu o trono da Suécia e da Noruega.

Fiel aos princípios liberais da Revolução Francesa, Bernardotte promoveu a formação de uma assembleia constituinte que aprovou a Constituição da Noruega (1814). A ele ficou ainda a dever-se a aprovação da lei (1837) que, replicando a organização administrativa francesa, criou no país as primeiras entidades territoriais autónomas de estatuto uniforme, dotadas de órgãos designados por eleição directa.

Esta tradição liberal e igualitária manteve-se e, em 1913, a Noruega foi um dos primeiros estados da Europa a conceder o direito de voto às mulheres.

Em Abril de 1940, as tropas do Terceiro Reich ocuparam a Noruega. O vazio político deixado pelo exílio do rei e do governo em Londres foi preenchido com a nomeação de um governo fantoche presidido por um comissário do Reich, o nazi norueguês Josef Terboven. O movimento fascista Nasjonal Samling, dirigido pelo antigo ministro da Guerra Vidkun Quisling, foi então declarado o partido único. Em 1942, após ter sido nomeado primeiro-ministro,

Quisling lançou uma feroz perseguição aos liberais e comunistas noruegueses, em nome do lema "Dar maior enfase à raça e à hereditariedade". No final da Segunda Guerra Mundial seria julgado e fuzilado.

O sistema político-administrativo da Noruega tem três níveis territoriais de governo: o Estado, os condados e os municípios.

O Estado

De acordo com a Constituição de 1814, Noruega é uma monarquia constitucional que adopta o sistema de governo parlamentar, pois, embora a Constituição atribua poderes executivos ao monarca, o seu exercício foi sendo transferido para o Governo, de base parlamentar.

O Estado é representado pelo monarca, com funções honoríficas e protocolares.

O poder legislativo é exercido pelo Parlamento (*Storting*), formado por 169 deputados eleitos por sufrágio directo e universal, segundo o sistema proporcional, para mandatos de quatro anos.

O Governo é nomeado e exonerado pelo monarca e responde politicamente perante o Parlamento (sistema de governo parlamentar).

A Noruega ocupa há vários anos o primeiro lugar do Índice de Desenvolvimento Humano entre todos os países do mundo, com uma economia mista que concilia o incentivo à actividade privada com a garantia dos direitos sociais e a forte intervenção do Estado em sectores económicos estratégicos, como o petróleo, o gás natural, a produção de energia eléctrica, as telecomunicações e a banca.

A Constituição não dedica um único artigo às autarquias locais. Mas, embora a autonomia local não disponha de garantia constitucional, o seu conteúdo tem sido respeitado pelos órgãos políticos do Estado, tanto mais que a Noruega ratificou a Carta Europeia da Autonomia Local.

A tendência recentralizadora que se verificou durante a década de 1990 foi travada com a reforma territorial de 2017, que iniciou um novo processo de descentralização caracterizado pelo reforço dos poderes dos condados.

Os 11 condados

Integrados nas cinco regiões históricas da Noruega – que correspondem a territórios com características culturais e linguísticas dos primitivos reinos medievais – os condados (*fylker*) constituem o nível superior da administração local autónoma norueguesa.

Nos últimos 70 anos, a Noruega reformou por três vezes a divisão administrativa do seu território, visando a diminuição do número das autarquias locais e regionais. Relativamente aos condados, essa redução foi conseguida em duas fases: os 20 condados existentes em 1950 passaram a 19 em 1996, e em 2020 esse número foi reduzido, na sequência de uma lei aprovada pelo Parlamento em 8 de Junho de 2017 que previu que, a partir do dia 1 de Janeiro de 2020, passariam a existir apenas 11 condados, incluindo o condado de Oslo.

Os objectivos desta reforma foram, em síntese, facilitar a coordenação de sectores administrativos, reforçar a posição dos condados na relação com os serviços estaduais e criar condados mais robustos na resposta a necessidades do país que exigem maiores economias de escala e melhor aproveitamento dos recursos financeiros.

O sistema de governo dos condados é constituído por três órgãos: um conselho, eleito por sufrágio directo e universal; um comité executivo, formado por conselheiros na proporção da representação dos partidos políticos no conselho; e comissões, também constituídas em sistema proporcional, incumbidas da concretização de algumas atribuições dos condados.

A reforma descentralizadora de 2017-2020 caracteriza-se pelo reforço das competências tradicionais dos condados, pela transferência de outras exercidas até agora por serviços estaduais e pela deslocação de alguns organismos centrais de Oslo para o território de outros condados.

Todos os condados prosseguem as mesmas atribuições. Passando a dispor de maiores recursos financeiros, todos viram reforçados os seus poderes nos seguintes sectores: planeamento regional, agora orientado para o controlo dos desafios climáticos; gestão dos recursos hídricos; desenvolvimento económico e investigação orientada para as empresas; gestão das estradas regionais; transportes públicos; saúde pública; inclusão de emigrantes e refugiados no mercado de trabalho; atribuição de subsídios à agricultura e silvicultura; e desenvolvimento de actividades culturais.

Para além disso, o Estado transferiu para os condados poderes em matéria de gestão dos aeroportos regionais e dos portos de pesca; desenvolvimento da banda larga; atribuição de subsídios à conservação do património cultural; e gestão dos parques naturais.

Os 356 municípios

Os municípios (*kommuner*) são o nível inferior do sistema administrativo do país.

A Noruega é um dos estados da Europa onde o processo de fusão de municípios foi mais intenso. Várias reformas da divisão administrativa do país realizadas nos últimos 70 anos reduziram em mais de 50% o número dos municípios: os 774 existentes em 1950 passaram a 443 em 1970; em 1996 reduziram-se a 435, e são actualmente 356.

A organização dos municípios é definida por lei, e compreende três órgãos: o conselho municipal (*kommunestyre*), formado por membros em número variável, entre 13 e 83 (esse número é decidido pelo conselho entre um mínimo e um máximo definidos por lei, segundo a sua população), eleitos por sufrágio directo e universal, segundo o sistema proporcional, para mandatos de quatro anos; o comité executivo, composto por conselheiros eleitos pelo conselho na proporção da representação partidária nesse órgão, a quem compete executar as decisões do conselho e exercer competências por ele delegadas; e o presidente do conselho.

Tradicionalmente o presidente é eleito pelo conselho, mas nos últimos anos muitos municípios foram autorizados a adoptar a sua eleição por sufrágio directo e universal.

Para estudo e execução de matérias da competência municipal, o conselho pode eleger comissões sectoriais. Trata-se de órgãos facultativos formados por conselheiros e, nalguns municípios, também por dirigentes municipais, com competência para preparar as decisões e aconselhar o conselho.

Os serviços municipais são dirigidos por um alto funcionário, nomeado e demitido pelo conselho, que participa nas reuniões dos órgãos municipais. Nos municípios com mais de 10 mil habitantes esse funcionário é designado "administrador"; nos municípios de média dimensão tem o nome de "secretário municipal"; e nos municípios mais pequenos é ele próprio o órgão executivo. Nos municípios de maior dimensão, a coordenação dos serviços é feita por um "administrador principal" de quem dependem os administradores responsáveis pela direcção dos serviços sectoriais do município. Compete a esse dirigente municipal propor o projecto de orçamento ao comité executivo, emitir pareceres sobre vários aspectos da gestão da autarquia e assistir às reuniões dos seus órgãos e da administração das empresas municipais.

Os órgãos municipais beneficiam da cláusula geral de atribuições que lhes permite exercer funções em todas as matérias não reservadas por lei a outras autoridades. Porém, na prática, a actividade dos municípios é conformada por uma repartição de funções definidas por lei e, subsidiariamente, por orientações do Governo central, que exerce a tutela das autarquias.

Vejamos como se distribuem as competências dos vários níveis de governo nalguns sectores da sua actividade:

Na educação, compete ao Estado o ensino superior e universitário; os condados têm a seu cargo o 2º ciclo do ensino secundário; e aos municípios a construção de escolas do ensino primário e do primeiro ciclo do ensino secundário.

Na saúde, compete ao Estado a construção e gestão dos hospitais e dos serviços especializados de saúde (funções que, até 2002, eram da competência dos condados); aos condados cabe financiar os cuidados de saúde oral e dentária; e aos municípios promover os cuidados primários de saúde.

No sector da assistência social, o Estado tem competência para gerir o sistema nacional de segurança, incluindo o apoio aos desempregados, programas de inserção social, apoio a deficientes, prestação de pensões de reforma, instituições especializadas de protecção da infância e de tratamento de toxicodependentes e alcoólicos; e aos municípios cabe gerir creches, serviços de protecção da infância, assistência a idosos e deficientes e prestar apoio financeiro a beneficiários de ajuda social.

No sector das comunicações e transportes, o Estado é competente para construir e manter as estradas nacionais e os caminhos-de-ferro; os condados gerem as estradas regionais e os transportes públicos, cabendo aos municípios a construção e gestão da sua rede viária.

No sector do planeamento do território, compete aos condados aprovar os planos regionais e aos municípios elaborar os planos municipais.

O Estado exerce também poderes nos domínios da política de imigração (refugiados e migrantes) e da agricultura e ambiente. Aos municípios compete ainda gerir as redes de abastecimento de água e de energia eléctrica, construir habitação social, realizar obras públicas (designadamente, a conservação das igrejas), recolher os resíduos urbanos e criar serviços de combate a incêndios.

Algumas funções municipais que exigem maior investimento, como a instalação e manutenção das redes de abastecimento de água e de energia eléctrica e o tratamento de resíduos, são exercidas em regime de associativismo voluntário.

A reforma descentralizadora realizada entre 2017 e 2020 ilustra a cultura política do Estado norueguês, considerado um dos países mais democráticos do mundo. Esse palmarés resulta da elevada pontuação atribuída nos factores que avaliam as democracias liberais: processo eleitoral e pluralismo, liberdades civis, participação política, nível de bem-estar, grau de corrupção e valorização social das instituições públicas.

Na opinião de vários analistas, o elevado desenvolvimento político do país é fruto do activismo dos movimentos operários e sociais do séc. XIX, que ainda hoje têm grande expressão, e da participação dos cidadãos na vida pública, aferida pelo mais alto índice de leitura de jornais diários na Europa [90]. Também a valorização da igualdade é, em larga medida, uma herança do passado: a Noruega é uma nação que, nunca tendo sido uma potência colonial, forjou um forte sentimento de solidariedade durante as várias ocupações por estados inimigos.

Acerca do seu país, escreveu Benedicte Bull, professora de Ciência Política da Universidade de Oslo e directora da Rede Norueguesa de Estudos Latino-Americanos: "Um estado forte com pouca corrupção e favoritismo gera confiança e tem os instrumentos necessários para baixar a desigualdade através de altos impostos que criam bons serviços públicos." Também Mariano Aguirre, director do Centro Norueguês para a Construção da Paz, escreveu: "A Noruega é um país com uma forte cultura igualitária cujas origens estão na religião protestante, de ter sido um país pobre e austero e com uma profunda tradição de proximidade entre o poder político e a sociedade."

[90] O índice de leitura de jornais diários na Noruega é de 719,7 leitores por mil habitantes.

PAÍSES BAIXOS

População – 17 280 000 hab.
Área – 41 540 km2

Nota histórica

A história do Reino dos Países Baixos é ilustrativa da importância que a unidade cultural dos povos tem na estabilidade política dos respectivos estados. Em plena Idade Moderna os Países Baixos foram palco de conflitos étnicos e religiosos entre sectores rivais da sua população, que estiveram na origem de dois confrontos militares: a Guerra dos 80 anos, que levou à independência das Sete Províncias do Norte, e a Revolução de Bruxelas, que permitiu a fundação do Reino da Bélgica.

As "Províncias Unidas" era a designação de um território constituído pelos Países Baixos, Bélgica, parte do norte da França e do oeste da Alemanha que, em 1549, se submeteu ao Sacro Império Romano-Germânico, liderado por Carlos V.

Surgida algum tempo antes (1517), a Reforma Luterana conquistara a adesão de sete províncias do norte dos Países Baixos (Frísia, Groninga, Gueldres, Holanda, Overissel, Utreque e Zelândia), mantendo-se as províncias do sul, correspondentes à Bélgica actual, fiéis ao Catolicismo.

Por morte de Carlos V, seu filho Filipe II de Espanha manteve o controlo das Províncias Unidas, mas a militância do novo rei contra a Reforma e a repressão exercida sobre os protestantes levou as sete províncias do norte a desencadear uma guerra pela independência frente à Espanha – a Guerra dos 80 anos (1568-1648) – e a congregarem-se na designada República das Sete Províncias (1581-1795), liderada por Guilherme de Orange-Nassau, governador de quatro dessas províncias em representação do monarca.

O esforço militar da nova República contribuiu para que ela se tornasse uma potência marítima e criasse um vasto império colonial, em larga medida gerido pelas Companhias Holandesas das Índias Orientais e Ocidentais, que, na verdade, eram empresas comerciais que tinham como accionistas grandes mercadores e a própria República das Sete Províncias dos Países Baixos.

Data desse período a Guerra Luso-Holandesa, travada entre 1595-1663 a propósito das invasões dessas companhias holandesas a vários territórios ultramarinos portugueses, designadamente, São Tomé e Príncipe (1597), Malaca (1606), Moçambique (1607), Brasil (1624-1630), Luanda (1640), Ceilão (1658) e Cochim (1662).

No entanto, o insucesso da sua armada nas Guerras Anglo-Holandesas (1652-1784), travadas pelo domínio das rotas comerciais, provocou o declínio da República e a perda de grande parte do império colonial holandês.

Inconformada com a perda de rendimentos que essa situação lhe provocou, a burguesia comercial holandesa criou o movimento militar dos "Patriotas Neerlandeses" e com o apoio das tropas napoleónicas que invadiram o país expulsou Guilherme de Orange-Nassau, derrubou a Confederação das Sete Províncias e instaurou a República Batava [91], um estado satélite da França criado sob a forma de estado unitário, com uma divisão administrativa desenhada à imagem do modelo francês.

Vivia-se o ano de 1795. Apesar da sua grande popularidade, a República Batava estava minada por conflitos internos e as lutas travadas entre defensores da autonomia provincial e adeptos do estado unitário levaram Napoleão Bonaparte a intervir. Em 1806, o imperador francês decide pôr fim ao Estado Batava e declarar seu irmão Luís Napoleão rei de um novo estado – o Reino da Holanda.

Após a derrota na Batalha de Leipzig (1813), Napoleão abandona os Países Baixos. Em 1814, foi aprovada a primeira Constituição neerlandesa, que vigorou apenas um ano. Em 1815, foi outorgada uma nova Constituição destinada a acolher as províncias católicas do sul dos Países Baixos, correspondentes à actual Bélgica. Desse modo, a Holanda protestante e a Bélgica católica foram reunidas no Reino Unido dos Países Baixos, dirigido pelo monarca protestante Guilherme I. No entanto, essa união – tão artificial quanto contranatura – duraria apenas 15 anos. Em 1830, em luta contra a opressão protestante de

[91] Designação derivada do nome de um povo de origem germânica – os Batavos –, antepassado dos Neerlandeses, que habitou o território dos actuais Países Baixos antes e durante o Império Romano.

que eram vítimas, os belgas desencadearam a Revolução de Bruxelas e tornam o país um reino independente.

A declaração de neutralidade da Holanda nos dois conflitos mundiais do séc. XX valeu-lhe sair incólume da Primeira Guerra Mundial, mas não evitou a invasão das tropas alemãs em Maio de 1940 e o extermínio de cerca de 100 mil judeus holandeses em campos de concentração [92].

Uma vez livres da ocupação nazi, os holandeses continuaram fiéis à monarquia constitucional democrática parlamentar instituída pela Constituição de 1815. A secular divisão do país em províncias foi mantida na Lei fundamental e subsistiu até aos nossos dias.

O sistema político-administrativo dos Países Baixos integra três níveis territoriais de governo: o Estado, as províncias e os municípios.

O Estado

A Constituição holandesa de 1815, revista em 1848 e 1983, consagrou a natureza unitária do Estado. No entanto, na sequência dos referendos realizados entre 2000 e 2005 nos territórios das antigas Antilhas Holandesas, o estado holandês foi parcialmente regionalizado em 2010 e passou a designar-se Reino dos Países Baixos.

O Estado é agora composto por quatro nações constituintes: os Países Baixos Europeus (*Netherlands*, correspondente à designação corrente de "Holanda", palavra que, em rigor, nomeia apenas duas das 12 províncias dos Países Baixos Europeus: a Holanda do Norte e a Holanda do Sul), Aruba, Curaçau e São Martinho, consideradas nações autónomas dos Países Baixos Europeus, dotadas de grande autonomia política interna e dispondo de Constituição, governo e parlamento próprios, com estatuto parafederal. O Reino integra ainda os "municípios especiais" de Bonaire, Santo Eustáquio e Saba, também situados nas Caraíbas, com estatuto muito semelhante ao dos municípios dos Países Baixos Europeus.

[92] Nunca é demais lembrar e homenagear a figura mais carismática e simbólica da comunidade de judeus holandeses sacrificada no Holocausto: a jovem Anne Frank, que, com apenas 15 anos, foi presa na sua casa em Amesterdão e levada para o campo de concentração de Bergen-Belsen, na Alemanha, onde morreu em Fevereiro de 1945, a poucos meses do fim da guerra e da derrota do nazismo.

Os Países Baixos são uma monarquia constitucional, sendo o Estado representado pelo monarca reinante.

A nível central, a função legislativa é exercida pelo Parlamento bicameral, conhecido como Estados Gerais (*Staten Generaal*) e constituído pelo Senado (Primeira Câmara, ou *Eerste Kamer*) e pela Câmara dos Representantes (Segunda Câmara, ou *Tweede Kamer*). O Senado é uma câmara de representação territorial formada por 75 membros eleitos indirectamente de quatro em quatro anos, dos quais 12 são eleitos pelas assembleias provinciais e três pelos colégios eleitorais de Aruba, Curaçau e São Martinho. A Câmara dos Representantes é constituída por 150 deputados eleitos por igual período, por sufrágio directo e universal dos cidadãos eleitores, por um sistema proporcional num único círculo nacional.

O Governo do Reino dos Países Baixos é nomeado pelo monarca, em conformidade com os resultados das eleições parlamentares, mas é politicamente responsável perante o Parlamento (sistema de governo parlamentar).

As 12 províncias

O nível intermédio da administração territorial autónoma dos Países Baixos Europeus é constituído pelas 12 províncias (eram 11, até ser criada uma nova província no início dos anos 80 do séc. XX, no território dos pólderes secos de Ysselmer).

A organização administrativa das províncias é constituída por três órgãos: um órgão deliberativo, o conselho provincial; um executivo provincial, designado deputação permanente; e o comissário do rei, nomeado pelo governo.

O conselho provincial é eleito por sufrágio directo e universal para mandatos de quatro anos, segundo o sistema de representação proporcional. A sua composição varia segundo o número de habitantes de cada província, podendo oscilar entre 39 membros, na província menos populosa de Flevoland, e 83 membros, nas províncias com mais de 2 500 mil habitantes.

O conselho provincial é presidido pelo comissário do rei, que não é considerado membro do conselho. Cabe-lhe apenas convocar e presidir às reuniões desse órgão, sem direito de voto.

Por seu lado, o órgão executivo – a deputação permanente – é constituída por um número variável de deputados, entre três e nove, eleitos pelo conselho provincial de entre os seus membros, e pelo comissário do rei, que preside também ao órgão executivo. Contrariamente ao que se passa nas reuniões do conselho provincial, o comissário do rei tem direito de voto nas reuniões da deputação permanente.

Frequentemente, a eleição da deputação permanente é precedida de negociações entre os partidos com representação no conselho provincial, uma vez que o sistema de representação proporcional aplicável à sua eleição dificulta a obtenção de maioria absoluta por um único partido.

Os membros da deputação permanente e o comissário do rei são responsáveis perante o conselho. Este órgão pode destituir a deputação permanente se esta perder a sua confiança política, bem como pedir ao rei a demissão do comissário.

Quer os membros do executivo provincial, quer o seu presidente – o comissário do rei – não têm poderes próprios. Todas as competências do executivo são atribuídas ao próprio órgão e exercidas colegialmente. No entanto, a lei permite a distribuição desses poderes pelos vários membros do órgão, incluindo o comissário do rei, que ficam responsáveis pela gestão de certos sectores das atribuições provinciais e por preparar as deliberações a tomar pelo órgão em cada um desses domínios.

O comissário do rei é nomeado pelo Governo central para um mandato de seis anos, renovável. A sua nomeação é precedida de consulta ao conselho provincial e, salvo em circunstâncias excepcionais, é designada a personalidade indicada por esse órgão.

Esse comissário exerce a dupla função de órgão provincial e de representante do Estado na província, cabendo-lhe, nesta qualidade, promover a execução de algumas leis a nível provincial e coordenar a acção do exército, dos bombeiros e da polícia em caso de calamidade pública.

A chefia da administração compete ao secretário provincial, um alto funcionário escolhido pelo conselho de entre dois candidatos propostos pela deputação permanente.

As atribuições das províncias compreendem os programas de apoio social, a elaboração de planos de ordenamento do território provincial, a aprovação dos planos municipais de urbanização, o financiamento da construção de habitação municipal, a protecção do ambiente, a construção e conservação das estradas provinciais, a gestão dos diques, eclusas, pontes e canais, o desenvolvimento económico, o licenciamento dos táxis, a cultura e desporto, a promoção turística e a luta contra os incêndios.

Os 358 municípios

As autarquias locais de primeiro nível são os municípios.

Aquando da entrada em vigor da Lei sobre os municípios, de 1851, o país contava com cerca de 1 200 autarquias desse tipo, mas na sequência de um processo continuado de fusão esse número foi reduzido em 1950 para 1 015, baixou para 647 em 1992, e em 2020 fixou-se em 358. Entre estes contam-se os três "municípios especiais" de Bonaire, Saba e Santo Eustáquio.

Esse processo foi orientado no sentido da supressão dos municípios com menos de 5 mil habitantes, ressalvando-se aqueles que por alguma particularidade histórica ou geográfica devam manter-se. Nos termos legais, só poderão ser criados municípios que tenham, pelo menos, 10 mil habitantes.

Tal como sucede a nível provincial, o sistema de governo dos municípios compreende três órgãos: o conselho municipal, o colégio do burgomestre e vereadores e o burgomestre.

O conselho municipal é constituído por um número variável de membros – entre nove e 45, segundo o número de habitantes do município – eleitos por sufrágio directo e universal dos eleitores do município, segundo o sistema de representação proporcional. Os candidatos à eleição do conselho municipal devem residir e estar recenseados no município em causa, o que impede as candidaturas de eleitores recenseados noutros municípios. As reuniões do conselho são públicas, mas a lei permite-lhe tratar alguns assuntos à porta fechada.

O órgão executivo municipal é o colégio do burgomestre e vereadores. O burgomestre, que preside ao colégio, é nomeado pelo Governo para um mandato de seis anos, renovável, após consulta do conselho municipal e do comissário do rei na respectiva província. Por seu lado, os vereadores, num mínimo de dois, nos municípios até 15 mil habitantes, e num máximo de nove, nos grandes municípios, são eleitos pelo conselho municipal de entre os seus membros, para um mandato de quatro anos. Os conselheiros eleitos para o cargo de vereadores mantêm o seu mandato no conselho municipal. No entanto, o "Acordo de Coligação" de 1994 permite que os vereadores sejam escolhidos fora do conselho municipal. É, sobretudo, neste aspecto que o sistema de governo dos municípios holandeses difere do belga e do luxemburguês.

Nos municípios até 15 mil habitantes, os vereadores exercem as suas funções em tempo parcial. Nos municípios de maior dimensão, os vereadores podem exercer funções a tempo inteiro e ser remunerados por isso. No entanto, o conselho pode decidir repartir esse tempo por vários vereadores em regime de tempo parcial, até um máximo de 25% do número de conselheiros municipais.

O burgomestre e os vereadores são responsáveis perante o conselho municipal. E, tal como o comissário do rei, também o burgomestre só pode ser demitido pelo monarca.

À semelhança do que se passa com os secretários provinciais, a nível das províncias, a chefia da administração dos municípios e a coordenação dos seus serviços compete aos secretários municipais, escolhidos pelos conselhos de entre dois candidatos propostos pelo respectivo órgão executivo.

Entre as atribuições municipais incluem-se a polícia municipal, a luta contra os incêndios, a construção e gestão de jardins-de-infância e residências para idosos, o ordenamento do território, o urbanismo, a habitação, o tratamento de águas residuais, a recolha e tratamento de resíduos, os cemitérios, o ensino pré-escolar, primário, secundário e profissional e a cultura e desporto.

Algumas deliberações municipais, assim como os orçamentos municipais que registem défice, estão sujeitas à aprovação prévia do órgão executivo da respectiva província.

A área metropolitana de Amesterdão

À semelhança de outras grandes metrópoles europeias, também a cidade de Amesterdão criou com vários municípios circundantes uma associação destinada a planear o desenvolvimento urbano, programar os investimentos e gerir as infraestruturas de utilização comum. Entre as suas atribuições destaca-se o ordenamento do território, o controlo ambiental, a rede viária, os sistemas de transportes e a recolha e tratamento dos resíduos urbanos.

A sua administração compete a uma assembleia metropolitana, formada por delegados dos municípios associados, e a um conselho de administração, designado pela assembleia. Não se trata, portanto, de uma autarquia territorial em sentido próprio, mas de uma entidade intermunicipal.

Os territórios ultramarinos

Embora dispondo de Constituição, parlamento e governo próprios, e beneficiando de forte autonomia politica, os territórios de Aruba, Curaçau e São Martinho têm como chefe de Estado o monarca do Reino dos Países Baixos, que é representado em cada um deles por um governador nomeado pelo Governo nacional. A ligação desses países ao Estado é ainda reforçada pelo direito de participação dos respectivos primeiros-ministros no Conselho de Ministro do Reino, com sede em Haia.

Os órgãos políticos de Aruba, Curaçau e São Martinho dispõem de competência geral em todos os assuntos de interesse local, à excepção dos sectores da defesa, das relações internacionais, da cidadania e da extradição, que estão reservadas aos órgãos do Reino.

POLÓNIA

População – 38 510 000 hab.
Área – 312 679 km2

Nota histórica

Remonta ao ano 600 a chegada ao território da actual Polónia de várias tribos de Eslavos do Norte (Vislanos, Mazovianos e Polanos) que se radicaram em áreas distintas das já ocupadas por povos germânicos. Facto importante ocorrido em 972 foi a vitória de Miescislau, chefe dos Polanos, sobre o exército alemão. O relevo e respeito que essa batalha lhe granjeou permitiu-lhe unificar as *vöivodies*[93] polacas da Pomerânia e da Mazóvia, criar a Grande Polónia e proclamar-se seu primeiro duque. Estavam lançados os alicerces de uma nova nação, nascida da unificação de antigos territórios feudais a que mais tarde se juntaram a Morávia, a Boémia e a Transilvânia.

O duque da Polónia teve que prestar vassalagem ao rei alemão Otão I, um pagão que, em 962, se tornou o primeiro imperador do Sacro Império Romano-Germânico, formado na sua maior parte pelo Reino da Germânia. Mas a necessidade de proteger a Polónia do imperialismo alemão levou Miescislau a procurar aliados em reinos cristãos, e para melhor os cativar converteu-se ao Cristianismo. Desde então a religião católica tornou-se um factor de coesão étnica dos polacos.

Os conflitos políticos e militares travados no seio do Sacro Império conduziram à Polónia populações de outras nações. No séc. XVI, o rei Estevão Bathori distinguiu-se pela sua política de tolerância para com as comunidades judaicas, atraindo à Polónia milhares de judeus que aí se radicaram por

[93] *Vöivodies* é a designação das divisões da Polónia e da Província Autónoma de Voivodine na Sérvia. Historicamente eram estados feudais existentes em vários países da Europa Oriental.

sucessivas gerações. Mas a tolerância religiosa de Bathori não se transmitiu ao seu sucessor. O católico radical Sigismundo III aderiu fervorosamente à Contra-Reforma e, embora não tenha hostilizado os judeus, perseguiu impiedosamente luteranos e calvinistas e tornou o Catolicismo a religião oficial do Reino da Polónia. O seu ímpeto expansionista, aliado a um profundo proselitismo católico levaram-no a lançar o exército polaco contra a Suécia protestante, a Turquia muçulmana e a Rússia ortodoxa, onde chegou a ser eleito czar pelos Boiardos.

O séc. XVIII marcou a decadência polaca na sequência de conflitos militares em que o país se envolveu. Em 1772, 1793 e 1795, a Prússia, a Rússia e a Áustria procederam às três Partilhas da Polónia, retirando-lhe 30% do território com cerca de 5 milhões de habitantes.

Na Segunda Partilha, a Prússia adquiriu a importante cidade portuária de Gdansk. Após a vitória do exército francês sobre o prussiano na Batalha de Jena-Auerstedt (1806), Napoleão criou a República de Gdansk com estatuto de cidade-estado, independente da Prússia e da Polónia. A República ficou encravada no território da Prússia Ocidental, e para acesso da Polónia ao mar Báltico foi criado o chamado Corredor de Gdansk – uma faixa com 150 quilómetros de comprimento por 70 a 80 de largura, habitada, sobretudo, por alemães.

Na sequência da derrota dos Impérios Alemão e Austro-Húngaro na Primeira Guerra Mundial, a Polónia restaurou a sua independência e recuperou Gdansk e as cidades do seu Corredor. O insucesso das reivindicações alemãs de devolução do Corredor de Gdansk levou Hitler a invadir a Polónia em 1 de Setembro de 1939.

A Inglaterra e a França, que já tinham tolerado a anexação da Áustria e da Checoslováquia pelas tropas nazis, reagiram finalmente e declararam guerra à Alemanha. Era o início da Segunda Guerra Mundial.

O mundo assistiu horrorizado ao mais devastador conflito da História, com um balanço final de cerca de 70 milhões de mortos. Nos dez campos de concentração e extermínio instalados no país foram mortos 3,4 milhões de polacos e 3 milhões de judeus polacos dos 3,3 milhões que habitavam a Polónia antes da guerra. Os campos de Auschwitz-Birkenau, situados no sul do país, são o símbolo maior do Holocausto.

Durante o conflito, milhares de polacos resistiram e foram mortos. A nacionalidade mais massacrada pelos nazis foi a polaca: 6 milhões de mortos, 17% da população total do país. Para além disso, milhares de polacos combateram na clandestinidade e no *Armia Krajowa* (Exército da Pátria) [94] contra a ocupação alemã. Mas esses factos não desmentem o "paradoxo polaco" [95]: apesar de milhares de polacos terem resistido e sido mortos pelo invasor nazi, houve milhares que colaboraram com ele no genocídio do povo judeu [96].

Após o final do conflito, a Polónia ficou na esfera de influência política da União Soviética.

A eleição do cardeal polaco Karol Wojtyla para a chefia da Igreja Católica, com o título de Papa João Paulo II (16.Out.1978), incrementou a resistência nacionalista polaca à tutela de Moscovo. Em 1980, nasceu na cidade portuária de Gdansk o sindicato independente *Solidariedade*, que mais tarde liderou uma coligação política que, em 1989, venceu as eleições parlamentares na Polónia.

Por referendo nacional realizado em Maio de 1997 foi confirmada a Constituição aprovada em Abril desse ano.

O sistema político-administrativo da Polónia reparte-se por quatro níveis territoriais de governo: o Estado, as províncias, os distritos e os municípios.

O Estado

A Constituição de 1997 define a Polónia como uma república democrática que adopta o sistema de governo de tipo parlamentar, embora o Presidente da República, directamente eleito, detenha alguns importantes poderes políticos.

[94] Com cerca de 300 mil combatentes, o *Armia Krajowa* foi o mais importante movimento de resistência polaca durante a ocupação nazi, sendo considerado a força armada clandestina mais forte daquele período da história da Europa. Cerca de 100 mil combatentes do *Armia Krajowa* foram mortos durante a guerra.

[95] Expressão atribuída ao ilustre polaco Wladyslaw Bartoszewski (1922-2015), historiador, escritor, activista da resistência polaca e membro do *Armia Krajowa*, cofundador do Comité clandestino de Ajuda aos Judeus (*Zegota*), sobrevivente de Auschwitz e por duas vezes ministro dos Negócios Estrangeiros da Polónia (1995 e 2000-2001).

[96] *Szmalcownik* é a palavra polaca que designa os milhares de polacos que, a troco de dinheiro e recompensas de vária ordem, denunciavam judeus e informavam as SS sobre os seus esconderijos. Em simultâneo, os *szmalcowniks* chantageavam os judeus, extorquindo-lhes dinheiro para não os denunciarem. O *Armia Krajowa* liquidava os *szmalcowniks*, sob a acusação de traição à pátria.

Os seus artigos 95º e seguintes estabelecem a estrutura e organização dos órgãos do Estado.

O Presidente da República é eleito por sufrágio directo e universal, para um mandato de cinco anos.

O poder legislativo é exercido pela Assembleia Nacional (*Zgromadzenie Narodowe*), constituída por duas câmaras com mandato de quatro anos: o Senado (*Senat*), formado por 100 membros eleitos por sufrágio directo e maioria simples, e o Parlamento (*Sejm*), com 460 membros eleitos por sufrágio directo e representação proporcional.

O poder executivo é exercido pelo Governo, nomeado pelo chefe de Estado e aprovado pelo Parlamento, sendo responsável perante este.

Embora a Constituição defina o Estado polaco como uma república democrática, a vida política do país caiu nos últimos anos sob o controlo do partido de direita radical Lei e Justiça (PiS), presidido pelo antigo primeiro-ministro Jaroslaw Kaczynski, e a autonomia local tem sofrido os efeitos da crescente centralização do poder.

Um dos produtos dessa orientação antidemocrática é a legislação sobre o aparelho judicial aprovada pelo Parlamento, em Dezembro de 2019, que colocou os tribunais sobre o controlo do poder executivo, permitindo ao Governo multar e demitir os juízes por decisões politicamente inconvenientes.

As 16 províncias

Quando, em 1918, restaurou a sua independência, a Polónia herdou da Rússia, da Prússia e da Áustria os três sistemas administrativos diferentes que esses três estados tinham estabelecido nos territórios resultantes das Partilhas da Polónia. A uniformização desses modelos de organização administrativa foi feita pela adopção de um novo sistema constituído pelas autarquias locais tradicionais – os municípios urbanos e rurais e os bairros – e por unidades provinciais de administração desconcentrada do Estado – as *voïvodies* –, correspondentes aos condados históricos da Polónia, dirigidas por um prefeito – o *voïvode* – que representava o Governo na província.

Após a Segunda Guerra Mundial, a colocação da Polónia sob a influência política da União Soviética teve como efeito a adopção do modelo de administração unificada, que fez com que as autarquias locais ficassem privadas de personalidade jurídica e fossem transformadas em serviços locais da administração unificada do Estado. Em 1975, os bairros foram suprimidos e os municípios e os *voïvodies* passaram a constituir os dois níveis desconcentrados da administração central.

Em 1990, os 2 459 municípios (*gmina*) urbanos e rurais recuperaram o estatuto de autarquia local, mas as 49 *voïvodies* continuaram a ser antenas do Estado a nível regional. Nesse ano foram criados 267 distritos (*powiats*) com a natureza de circunscrições administrativas auxiliares das *voïvodies*, igualmente desprovidos de personalidade jurídica e destinados a instruir e a tomar decisões em primeira instância sobre as pretensões dos cidadãos. No entanto, o estatuto das *voïvodies* e dos *powiats* alterar-se-ia profundamente após a entrada em vigor da Constituição de 1997.

O seu artigo 163º confere garantia constitucional ao princípio da autonomia local, ao estabelecer que "O governo local deve exercer as funções não reservadas pela Constituição ou por lei a órgãos de outras autoridades públicas." O artigo 164º, nº 1, da Lei fundamental determina que "O município é a unidade de base do governo local", prevendo o nº 2 desse artigo que "Outras unidades de governo local e/ou regional serão criadas por lei." Foi precisamente ao abrigo desta disposição constitucional que foi reestruturada a organização administrativa territorial da Polónia.

A experiência polaca de conversão das unidades administrativas de índole estatal em autarquias locais é considerada a mais bem sucedida no conjunto dos países pós-comunistas.

O Parlamento aprovou duas leis em 5 de Junho de 1998 sobre as unidades administrativas de nível supramunicipal, designadas *voïvodies* e *powiats*. Ao abrigo dessas leis, as 49 *voïvodies* foram reduzidos a 16 e os 267 *powiats* foram desdobrados nos actuais 380. As *voïvodies*, que até 1998 eram meras unidades territoriais de administração desconcentrada do Estado, passaram a ser também circunscrições de administração autónoma provincial, com um estatuto dual semelhante ao dos *Kreise* alemães e dos *Bezirke* austríacos.

Na circunscrição provincial a função administrativa é exercida por três tipos de instituições: os serviços unificados da *voïvodie*, dirigidos pelo *voïvode*; as delegações sectoriais da administração central, coordenadas por ele; e a autarquia provincial, dotada de uma assembleia deliberativa (*diétine*) eleita por sufrágio directo e universal, e de um conselho executivo (*zarzad województwa*) cujos membros, incluindo o seu presidente – designado marechal da *voïvodie* (*marszalek województwa*) –, são eleitos pela assembleia [97].

O estatuto jurídico de cada *voïvodie* é aprovado pelo Governo. As assembleias provinciais exercem poderes nos sectores do ensino, incluindo o universitário, da protecção do ambiente, cuidados de saúde, conservação das estradas provinciais, gestão da água e promoção turística. Compete igualmente à *diétine* aprovar a estratégia de desenvolvimento económico e social da província, o plano de ordenamento do território provincial e os projectos susceptíveis de financiamento da União Europeia. No entanto, para serem eficazes, esses planos e projectos têm que ser ratificados a nível central, após parecer do *voïvode*.

O artigo 7º da Lei de 5 de Junho de 1998 define o estatuto e as funções do *voïvode*: cabe-lhe representar do Estado na província, coordenar a administração provincial do Estado e exercer a tutela das autarquias locais.

Os 380 distritos

Os *powiats*, que existiram como simples circunscrições administrativas desde meados do séc. XIV até 1975, foram convertidos, em 1998, em autarquias locais intermédias entre as províncias e os municípios.

A administração dos 380 *powiats* compete a dois órgãos: o conselho do distrito (*rada powiatu*), eleito por sufrágio directo e universal no mesmo dia da eleição das assembleias provinciais e municipais, e o órgão executivo (*starosta*), formado pelo presidente (*staroste*) e dois a quatro outros membros por ele propostos à votação do conselho. Compete ao *staroste* representar

[97] Vale a pena referir que este sistema administrativo tripolar, de raiz prussiana, vigorou em Portugal no âmbito das províncias instituídas pela Constituição de 1933 e reguladas pelo Código Administrativo de 1936-40, até à sua extinção em 1959. Cada circunscrição provincial acolhia três tipos de instituições: o governo civil, dependente de um governador civil que representava o Estado na respectiva província; vários serviços civis e militares do Estado; e a província, uma autarquia local imperfeita – porque desprovida de assembleia eleita por sufrágio directo –, cujas atribuições eram prosseguidas por um conselho provincial formado por membros das câmaras municipais e representantes de organizações corporativas e profissionais, e por uma junta de província eleita pelo conselho.

o distrito, organizar o trabalho do órgão executivo e dirigir a administração da autarquia.

A lei criou dois tipos de *powiats*: os *powiats* rurais, que juntam entre cinco e 15 municípios, e as cidades-*powiats*, constituídas por um único município com mais de 100 mil habitantes [98], com prerrogativas de distrito. Nas cidades-*powiats* as competências dos órgãos distritais são exercidas pelos órgãos municipais.

Nas atribuições dos *powiats* compreende-se a acção social, a política da família, a assistência a pessoas deficientes, os transportes e vias provinciais, a cultura e protecção dos bens culturais, a geodesia, cartografia e o cadastro, o turismo, a gestão do património imobiliário, o ordenamento do território, o licenciamento urbanístico e fiscalização da construção, a gestão das águas, a protecção do ambiente e da natureza, a agricultura, a floresta e a pesca fluvial, a ordem pública, a protecção contra incêndios e inundações, a luta contra o desemprego e a dinamização da economia e a protecção dos direitos dos consumidores.

Para além das suas atribuições próprias, os distritos podem exercer funções estatais definidas por lei, mediante protocolo celebrado com os departamentos da administração central e transferência dos correspondentes meios financeiros.

Os 2 478 municípios

O número de municípios (*miasta*) aumentou após a independência do país, e desde então a sua redução foi pouco significativa. Em 1990, a Polónia tinha 2 459 municípios; no início deste século já eram 2 497; em 2018, tiveram uma pequena diminuição para os actuais 2 478.

O seu sistema de governo é constituído por dois órgãos: o conselho municipal, formado por um número variável de membros, entre 15 e 100, eleitos por sufrágio directo e universal para um mandato de quatro anos, a quem cabe

[98] O Conselho de Ministros pode conceder o estatuto de cidade a municípios com menor número de habitantes que demonstrem possuir as condições indispensáveis ao exercício das funções dos *powiats*.

eleger o presidente e os vice-presidentes do conselho; e o conselho administrativo municipal, composto pelo presidente do município, eleito pelo conselho municipal por maioria absoluta de votos dos seus membros, e por quatro a seis adjuntos também eleitos por aquele órgão, sob proposta do presidente. Este é designado *wojt* nos municípios rurais; *burmistrz* nas cidades com menos de 100 mil habitantes; e *prezydent* nos municípios com mais de 100 mil habitantes.

De entre as atribuições dos municípios destacam-se a conservação das vias urbanas e da rede de estradas municipais, a manutenção das redes de abastecimento de água e recolha de esgotos, o fornecimento de energia eléctrica e de aquecimento, os transportes colectivos, a gestão dos centros de saúde, a habitação social, a construção de creches, escolas infantis e estabelecimentos de ensino primário, a construção e gestão de bibliotecas e outros equipamentos culturais, a construção de equipamentos desportivos, a gestão de mercados de abastecimento, a construção de cemitérios, a protecção civil e a ordem pública.

O Estado pode delegar aos municípios a execução de funções da administração central, designadamente o recenseamento eleitoral e a organização de eleições e referendos.

A organização do município de Varsóvia obedece a um regime especial.

A Lei de 25 de Março de 1994 extinguiu os antigos municípios da zona metropolitana de Varsóvia e criou um governo unificado da cidade constituído pela assembleia municipal (*rada miasta*), formada por 68 membros eleitos por sufrágio directo e universal para um mandato de quatro anos, e pelo conselho de administração, composto pelo presidente do município – o prefeito de Varsóvia – e vários adjuntos eleitos pelo órgão deliberativo.

Aquela lei dividiu Varsóvia em 18 distritos, ou bairros administrativos, e dotou-os de dois órgãos: uma assembleia (*rada dzielnicy*) eleita por sufrágio directo dos seus habitantes, e um executivo formado pelo presidente (*burmistrz*) e dois adjuntos, nomeados pela assembleia de entre os candidatos propostos pelo prefeito de Varsóvia.

Cada distrito dispõe de autonomia para gerir o seu orçamento privativo.

A Lei de 8 de Março de 1990 sobre as autarquias locais admite a criação de bairros administrativos, com carácter voluntário, noutras grandes cidades do país, como Lódz, Gdansk e Cracóvia.

PORTUGAL

População – 10 280 000 hab.
Área – 92 225 km2

Nota histórica

No VI milénio a. C. viviam na Península Ibérica povos autóctones – os Iberos – que ocupavam as regiões do sul e leste do território a que deram o seu nome. Muito mais tarde, no II milénio a. C., os Celtas, oriundos do centro da Europa, concentraram-se na parte norte da Península, em territórios a que hoje correspondem a Galiza, as Astúrias e o Norte de Portugal. Da miscigenação dos Celtas com os Iberos surgiram os Celtiberos, que povoaram o centro da Península.

Aqui chegaram Gregos e Fenícios-Cartagineses (séc. VIII a. C.) que fundaram colónias para comercializar produtos e explorar recursos naturais. Julga-se que foi do cruzamento destes povos com povos instalados na parte ocidental da Península que surgiram os Lusitanos.

Em finais do séc. IV a. C. emergiu no Mediterrâneo Ocidental uma nova potência política e militar com vocação imperialista, que fundou o Império Romano.

A ocupação romana da Península Ibérica, iniciada no ano 218 a. C., contou com a forte resistência dos povos nela radicados, de tal modo que só no ano 19 a. C. o território peninsular foi integralmente submetido à jurisdição do Império Romano.

A Península foi dividida em províncias, de acordo com o modelo de organização provincial do Império. As duas províncias criadas inicialmente (a Hispânia Ulterior, a ocidente, e a Hispânia Citerior, a oriente) foram, mais tarde, convertidas em três: a Tarraconense, correspondente às actuais Galiza, Astúrias e norte de Portugal; a Bética, correspondente à Andaluzia; e a Lusitânia, o território dos Lusitanos que se estendia do rio Douro para sul.

Essa divisão foi reestruturada no tempo do imperador Dioclesiano com a criação de duas novas províncias em territórios da Tarraconense: a Cartaginense, a sudeste da Península; e a Galécia, a noroeste, da qual derivou o nome da região da Galiza.

A integração dos povos pré-romanos foi feita ao abrigo do Édito aprovado no ano 212 pelo imperador Caracala, segundo o qual todos os habitantes livres do Império Romano passavam a ter o estatuto de cidadãos romanos. A eliminação de distinções legais entre colonizadores e colonizados permitiu a integração destes e facilitou a evolução das primitivas formas de vida comunal dos Lusitanos para um tipo de organização correspondente ao *municipium* latino, uma instituição territorial no seio da qual os povos colonizados ficavam vinculados aos direitos e deveres dos cidadãos de Roma.

Porém, as fronteiras do Império Romano sofriam a ameaça de povos nómadas procedentes de várias regiões do norte da Europa.

No início do séc. III, os Godos – um povo germânico oriundo da Escandinávia – invadiram as fronteiras do Império e instalaram-se no centro da Europa, onde ficaram até serem destroçados pelas tropas romanas na Batalha de Naísso [99] (ano 268). Perseguidos pelos Romanos, os Godos espalharam-se pelo sul da Europa e dividiram-se em duas tribos distintas: os Ostrogodos e os Visigodos.

Após a queda do Império Romano do Ocidente, os Ostrogodos radicaram-se na Península Itálica, enquanto os Visigodos acabaram por estabelecer um reino que se estendia do centro de França ao centro e sul da Península Ibérica.

Em meados do séc. V chegaram à Península um grupo de povos iranianos – os Alanos – e dois grupos de povos germânicos – os Vândalos e os Suevos – que entre si dividiram as antigas províncias romanas Cartaginense, Tarraconense, Bética e Galécia. Nesta foi fundado o Reino dos Suevos (409) a cuja existência os Visigodos puseram fim no ano de 585. A assimilação do Reino Suevo pelos Visigodos permitiu à Monarquia Visigótica ocupar toda a Península.

A natureza electiva da Monarquia Visigótica era compatível com o regime electivo da organização municipal herdada do Império Romano e, por isso, os municípios romanizados foram mantidos. Os factos políticos mais relevantes da presença visigótica consistiram na criação de um direito nacional ainda embrionário, compilado no Código de Eurico (480) – que reuniu as

[99] Designação derivada da povoação de Nis, situada no sul da actual Sérvia.

leis visigóticas e revogou o direito romano até então aplicável no Reino – e na conversão do rei Recaredo ao Cristianismo (587), decidida para facilitar o seu domínio sobre os povos peninsulares já cristianizados no séc. III.

A queda do Reino Visigótico frente aos Muçulmanos na Batalha de Guadalete (711) permitiu aos vencedores ocupar uma grande parte da Península, em que se incluíam a Galécia e a Lusitânia.

A luta desencadeada pelos povos cristãos da Cantábria contra a presença muçulmana iniciou o período da chamada "Reconquista cristã", levando à organização de novos reinos, à medida que a Reconquista avançava para sul. Por razões de estratégia militar, o território designado Entre-Douro-e-Minho foi autonomizada do Reino de Leão, passando a constituir o Condado Portucalense (868-1139). Foi dele que nasceu o Reino de Portugal (1139-1910).

D. Afonso Henriques e os monarcas que lhe sucederam estenderam a Reconquista para além do rio Tejo. Após um século de avanços e recuos militares, a antiga Lusitânia foi conquistada aos Muçulmanos. Quando as tropas de D. Afonso III chegaram às praias do Algarve (1249) o Reino de Portugal fixou as fronteiras mais estáveis de todos os estados da Europa.

O processo da Reconquista restabeleceu a rede dos municípios romanizados. Os territórios reconquistados que não foram mantidos em propriedade do rei (*reguengos*) foram doados pelos monarcas às ordens religiosas e aos nobres em reconhecimento pela sua participação na Reconquista, ficando à margem da jurisdição régia, como *coutos* e *honras*.

Como forma de povoamento e defesa desses territórios, o monarca, as ordens e os nobres com jurisdição senhorial concediam "cartas de foral" às povoações neles existentes. Os forais eram o título de atribuição do estatuto de municipalidade [100] e de regulação dos direitos e deveres dos seus habitantes. Em larga medida, o povoamento do território fazia-se a troco das regalias concedidas às terras aforaladas: os seus habitantes pagavam menos tributos, menos homens eram recrutados para as guerras, e até os escravos podiam nelas ascender à classe dos servos da gleba.

Os municípios medievais portugueses eram muitas vezes comunidades fechadas entre muralhas, que se autoadministravam segundo as regras do direito local inscritas nos forais e nos costumes ancestrais. A sua administração

[100] A palavra "foral" deriva da palavra portuguesa *foro* e esta tem o étimo latino *forum*.

cabia aos "homens bons das terras", escolhidos anualmente pelos seus habitantes. O comércio local e a produção dos mesteres foram-se desenvolvendo *intra* e *extra* muros, dando origem ao aparecimento de uma nova classe social – a burguesia [101].

Mas a política de consolidação do Reino levou os monarcas a impor um conjunto de medidas centralizadoras, naturalmente restritivas da autonomia municipal.

Coube a D. Dinis criar o primeiro corpo de funcionários régios que, em representação do monarca, exerciam funções administrativas e judiciais por todo o Reino. Eram os corregedores, os meirinhos e os juízes de fora, incumbidos, respectivamente, de executar penhoras e prisões, administrar os municípios e julgar crimes e litígios. Em muitos concelhos, os juízes de fora também presidiam *ex officio* à câmara municipal.

A consolidação do Reino e do poder do monarca passou também por medidas de carácter legislativo estabelecidas pelo poder régio.

Com D. Afonso V, a aplicação do direito local foraleiro, identitário da autonomia concelhia, foi muito limitada por força do surgimento do novo direito nacional, dotado de força obrigatória geral. As Ordenações Afonsinas (1446), publicadas em manuscritos [102], e as Ordenações Manuelinas (1514 e 1521), já publicadas em tipografias [103], eram compilações de leis gerais aplicáveis a todo o Reino, que revogaram muitos preceitos do direito foraleiro. Nas Ordenações Manuelinas foi incorporado o Regimento dos Oficiais das Cidades, Vilas e Lugares destes Reinos (1504) que estabeleceu, com carácter geral, a forma de administração de todos os concelhos do país.

Com a reforma dos forais (1522), D. Manuel I confirmou as propriedades e domínios da Coroa, circunscreveu os direitos senhoriais e revogou as normas remanescentes dos antigos forais, transformando-os em simples pautas fiscais ajustadas à tributação dos negócios da nova burguesia local.

A formação da classe burguesa foi fruto da acumulação primitiva do capital derivada da exploração – em geral, com recurso a mão-de-obra escrava – da propriedade fundiária, do comércio marítimo e da actividade das corporações profissionais – os "mesteres" – nos núcleos urbanos do país.

[101] A palavra "burguesia" deriva de *burgo*, que tem o étimo latino *burgus* (pequena fortaleza povoada).

[102] É nelas que surge a repartição da administração dos concelhos em pelouros.

[103] Fruto da invenção da imprensa por Gutenberg, em meados do séc. XV.

O desenvolvimento da indústria artesanal diversificou a produção, incrementando o fabrico de tecidos valiosos, artigos metálicos, de pele e objectos ornamentais que valorizavam o estatuto social da burguesia e lhe permitia rivalizar com a nobreza. A burguesia urbana ganhava poder económico e estatuto social. A hora da sua intervenção política chegou com a crise dinástica que se seguiu à morte de D. Fernando e que culminou na Revolução de 1383-85. Combatendo a nobreza terratenente que queria entregar o trono de Portugal a D. João I de Castela, a burguesia colocou-se ao lado do povo na luta contra o invasor e, através de vários dos seus melhores representantes, legitimou a entrega da coroa a D. João Mestre de Avis.

Na sequência da Revolução de 1383-85 – considerada a primeira revolução burguesa da história da Humanidade – a burguesia foi recompensada. O rei D. João I distribuiu terras, títulos de nobreza e altos cargos públicos pelos seus elementos mais notáveis. Convertida na nova aristocracia do Reino, a alta burguesia ascendia ao poder político, passando a ter assento na Corte e no governo dos municípios. Representantes das corporações de ofícios, em número de 24, compunham a *Casa dos 24* – o órgão do município de Lisboa e dos principais municípios do país – representativo dos respectivos mesteres.

A abertura de Portugal à influência política e cultural de França desde finais do séc. XVII contou com o contributo dos "estrangeirados" e fez-se, em larga medida, em reacção à hegemonia da cultura castelhana.

Para António José Saraiva [104], a história da cultura portuguesa reparte-se por dois grandes períodos: o que vai até meados do séc. XVIII, e o que se segue a partir daí. No primeiro período, até à segunda metade do séc. XIV, a cultura e, em especial, a literatura dos dois países eram complementares. Na crise dinástica de 1383 a cultura portuguesa afirma-se como elemento do nacionalismo e de oposição à integração em Castela. No entanto, durante os 60 anos da União Ibérica (1580-1640) acentuou-se a hegemonia castelhana, enquanto a cultura portuguesa foi subalternizada. A Restauração desencadeou uma forte rivalidade entre os dois espaços culturais da Península, levando Portugal a olhar além-Pireneus e a buscar em França novos valores e influências.

104 "Portugal, Castela e Europa"; *in* Raiz e Utopia, nº 7/8, 1978 – ed. Centro Nacional de Cultura.

Os "estrangeirados" fizeram de França a sua segunda pátria e, uma vez regressados ao país, lançaram-se na pedagogia das "Luzes" e do Liberalismo. Mas apesar da grande influência cultural de França junto da *intelligentsia* portuguesa, o governo do país não acatou o Bloqueio Continental decretado por Napoleão Bonaparte (Nov.1806). Como represália, os exércitos franceses invadiram Portugal por três vezes (1807, 1809 e 1810), obrigando-o a pedir ajuda a Inglaterra e a submeter-se à tutela política, militar e económica britânica.

Movida pelo interesse em libertar o país da colonização de Inglaterra e animada com o triunfo da Revolução Liberal Espanhola (Jan.1820), a burguesia comercial e industrial do Porto desencadeou a Revolução Liberal (Agos.1820) – a segunda revolução burguesa da história do país – e instaurou a Monarquia Constitucional.

O novo regime político instituiu uma nova relação de poder entre as classes sociais e introduziu um conjunto de reformas favoráveis à burguesia liberal. De entre elas destaca-se a reforma territorial de Mouzinho da Silveira (1832) que, à imagem do sistema centralista e uniforme da França de então, dividiu todo o país em províncias, comarcas e concelhos, colocados sob a égide de prefeitos, subprefeitos e provedores escolhidos pelo rei de entre os mais destacados membros da burguesia local. A mesma orientação liberal presidiu à aprovação do primeiro Código Comercial (1833) e do primeiro Código Civil (1867) elaborado à imagem do Código Napoleónico. Como escreveu Eça de Queiroz, "Portugal era um país traduzido do Francês."

A Constituição de 1822 garantiu a autonomia municipal, ao constitucionalizar as atribuições das câmaras no seu artigo 223º. Mas os cinco Códigos Administrativos aprovados entre o fim da Guerra Civil (1834) e o virar do século revelam o conflito travado entre os vintistas descentralizadores e os cartistas centralizadores quanto à relação do Estado com os municípios. Apesar do respaldo constitucional, a autonomia local nunca teve uma expressão consistente e duradoura porque a natureza unificada e centralizada da administração do novo Estado Liberal afastou da vida do Reino as entidades periféricas e os corpos intermédios.

No mesmo período foi feita a principal reforma da divisão administrativa do país. Na sequência da aprovação da Lei de 25 de Abril de 1835, que ampliou as competências dos 835 municípios então existentes e revelou a debilidade de muitos deles, foi aprovado o Decreto de 6 de Novembro de 1836 que extinguiu 498 concelhos. Após a criação de novos 23, o país ficou reduzido a 351 municípios. As paróquias civis, criadas a partir das paróquias religiosas, ganharam estatuto de autarquia local e, em 1916, passaram a designar-se freguesias.

A Primeira República (1910-1926), instaurada pela terceira revolução burguesa da história de Portugal, não teve condições para incrementar a vida dos municípios. A grande instabilidade dos governos republicanos, o choque moral causado pelo fracasso na Primeira Guerra Mundial, a ditadura sidonista (Dez. 1917-Dez. 1918) e as crises financeiras que abalaram o regime foram factores impeditivos da concretização da autonomia formalmente reconhecida às autarquias locais pela Constituição de 1910 e pela Lei nº 88, de 1913 [105].

A política ditatorial e fortemente centralizadora do Estado Novo (1926-1974), de que o Código Administrativo de 1940 foi um poderoso instrumento, limitou extraordinariamente a autonomia das autarquias locais.

Os presidentes e os vice-presidentes das câmaras municipais eram nomeados pelo governo e os restantes membros eram eleitos pelos conselhos municipais – órgãos deliberativos constituídos por representantes das corporações profissionais e sociais dos concelhos. Não havia, portanto, nenhum órgão de governo municipal directamente eleito. O presidente da câmara municipal também tinha estatuto de magistrado administrativo, isto é, representava o Estado no seu município – inversamente ao que sucede actualmente, em que representa o município junto do Estado.

A vida financeira dos municípios caracterizava-se por uma enorme dependência do Estado, que com subsídios e comparticipações alimentava os orçamentos municipais numa percentagem muito elevada das suas receitas.

Por outro lado, as freguesias não gozavam do menor grau de autonomia. A nível financeiro, dependiam integralmente dos respectivos municípios. No plano da governação, embora tivessem um órgão próprio – a junta de freguesia, eleita por um colégio eleitoral composto exclusivamente pelos "chefes de família" – as freguesias eram, de facto, administradas pelos regedores, nomeados pelo presidente da câmara municipal.

[105] Esta lei aprovou o regime jurídico da administração local da Primeira República.

O estatuto e o regime jurídico das autarquias locais foram profundamente alterados após a Revolução de 1974-75, iniciada com a sublevação militar de 25 de Abril de 1974 e subsequente levantamento popular. Uma revolução que derivou para um violento confronto político (o *Verão Quente* de 1975) entre três correntes ideológicas opostas: a social-democracia, o estatismo soviético e o socialismo maoista. A Revolução terminou com a vitória da linha social-democrata, que concretizou a descolonização, a democracia parlamentar, o Estado Social e a integração europeia.

No plano da descentralização territorial, a Constituição de 1976 restaurou o poder local e instituiu as regiões autónomas dos Açores e da Madeira.

No desenho constitucional, o sistema político-administrativo português compreende os seguintes níveis territoriais de governo: o Estado, as regiões autónomas dos Açores e da Madeira e as autarquias locais (municípios e freguesias no conjunto do país, e regiões administrativas no Continente).

O Estado

A Constituição de 1976 instituiu uma república democrática unitária, politicamente regionalizada quanto aos territórios insulares. Embora o sistema de governo revista os traços característicos do sistema parlamentar (formação dos governos de acordo com as eleições parlamentares e responsabilidade política do Governo exclusivamente perante o Parlamento), ele é muitas vezes qualificado impropriamente como semipresidencial, devido aos poderes institucionais do Presidente da República, directamente eleito, o qual, porém, não compartilha da função governamental.

O Estado é representado pelo Presidente da República, eleito por sufrágio directo e universal para um mandato de cinco anos, renovável por uma vez.

O poder legislativo é essencialmente exercido pela Assembleia da República formada por 230 deputados eleitos por sufrágio directo e universal, segundo o sistema proporcional, com mandatos de quatro anos.

O Governo, formado pelo partido político ou coligação com maior representação parlamentar, é nomeado pelo Presidente da República e responsável perante o Parlamento; também goza de poderes legislativos próprios, ao arrepio do princípio da separação de poderes.

As 2 regiões autónomas

Até 1976, o arquipélago dos Açores estava dividido em três distritos autónomos com sedes em Ponta Delgada, Angra do Heroísmo e Horta; por seu lado, o arquipélago da Madeira constituía um único distrito autónomo, com sede no Funchal.

Reconhecendo a especificidade histórica, geográfica e administrativa desses territórios, a Constituição de 1976 atribuiu-lhes estatuto autonómico e criou as duas regiões autónomas dos Açores e da Madeira, dotadas de Estatuto político-administrativo próprio.

O Estado está representado em cada região por um "representante da República", nomeado pelo Presidente da República.

A Constituição dota as regiões autónomas de parlamento e governo próprios. A assembleia legislativa dos Açores é formada por 57 deputados, e a da Madeira por 47 deputados, eleitos por sufrágio directo para um mandato de quatro anos. Os governos regionais, nomeados pelo representante da República, são formados pela força política mais representada nas respectivas assembleias regionais, e respondem politicamente perante elas.

As regiões autónomas exercem as funções legislativa e administrativa em todos os domínios correspondentes aos interesses regionais, tais como o desenvolvimento económico; planeamento do território; protecção do ambiente; segurança social; ensino secundário, profissional e universitário; cultura; saúde pública, incluindo os hospitais; pescas; agricultura e florestas; indústria; energia; turismo; transportes e comunicações (rede viária regional, transportes marítimos e aeroportos).

Compete às assembleias legislativas regionais aprovar o regime jurídico das autarquias locais da região, criar ou extinguir municípios e freguesias e regular a tutela administrativa sobre eles.

As 5 regiões governamentais

Para efeitos da administração desconcentrada do Estado, o território do Continente está dividido em cinco regiões de planeamento – Norte, Centro, Lisboa e Vale do Tejo, Alentejo e Algarve – nas quais funcionam serviços periféricos de vários ministérios. De entre esses serviços merecem destaque, pela natureza plurissectorial das suas funções, as Comissões de Coordenação e Desenvolvimento Regional (CCDR), instaladas nas cidades sede das cinco regiões de planeamento (respectivamente, Porto, Coimbra, Lisboa, Évora e Faro), e em cujo conselho estão representados os municípios das respectivas áreas.

Recentemente foi instituída a eleição indirecta dos dirigentes das CCDR, através dos membros dos órgãos autárquicos da respectiva área, mas essa heterodirecção não altera a sua natureza de estruturas da administração desconcentrada do Estado.

As regiões administrativas

A ideia de "região", como entidade administrativa, deriva das províncias que o Império Romano estabeleceu na Europa durante cinco séculos e que sobreviveram à sua queda. Na Península Ibérica, as províncias medievais eram divisões tradicionais dos reinos ibéricos, sujeitas à autoridade de um governador com o título de conde, duque ou príncipe. Portugal nasceu de uma província do Reino de Leão, governada pelo conde D. Henrique e herdada pelo príncipe D. Afonso Henriques.

Entre os sécs. XV e XIX, Portugal esteve dividido em seis grandes províncias – Trás-os-Montes, Entre-Douro-e-Minho, Beira, Estremadura, Entre Tejo e Odiana (mais tarde designada Alentejo) e Reino do Algarve – estabelecidas para efeitos administrativos, estatísticos e militares, chefiadas por um governador de nomeação régia.

A reforma de 1832 manteve a divisão provincial e criou as novas províncias do Minho e do Douro e as dos Açores e da Madeira, dirigidas por um prefeito nomeado pelo governo e coadjuvado por uma junta de província eleita por sufrágio directo.

Na reforma de 1835, as províncias foram substituídas pelos distritos, que se mantiveram como autarquia supramunicipal durante um século.

A Constituição de 1933 previu inicialmente a divisão do país em províncias, com natureza de autarquias locais, e o Código Administrativo de 1940 dotou-as de atribuições e órgãos próprios. Na revisão constitucional de 1959 as províncias foram novamente substituídas pelos distritos, mas a ideia regionalista não se perdeu [106].

[106] O parecer da Câmara Corporativa, de 8 de Abril de 1959, sobre o projecto de revisão constitucional, de que foi relator o Prof. Afonso Queiró, embora contrariando a autonomia administrativa da *província,* reconheceu-lhe uma base regionalista ao designá-la por "província-região".

O conceito de "região", como unidade territorial de execução de políticas públicas, foi retomado dez anos depois, quando, para efeitos da aplicação do 3º Plano de Fomento (1968-1973), o governo de Marcelo Caetano aprovou o Dec. Lei nº 48 905, de 11 de Março de 1969, que criou no Continente quatro regiões de planeamento (Norte, Centro, Lisboa e Sul) e instituiu as quatro Comissões Consultivas Regionais, mais tarde renomeadas Comissões de Planeamento Regional.

Foi delas e dos seus corpos técnicos que nasceram, em 1979, as cinco Comissões de Coordenação Regional (Norte, Centro, Lisboa e Vale do Tejo, Alentejo e Algarve), actualmente designadas Comissões de Coordenação e Desenvolvimento Regional, com sede, respectivamente, no Porto, Coimbra, Lisboa, Évora e Faro.

A Constituição de 1976 instituiu uma nova estrutura de poder territorial autónomo – o poder local – constituído por autarquias locais de três níveis: as freguesias, os municípios e, no Continente, as regiões administrativas.

No entanto, a criação e instituição concreta das regiões administrativas foi, desde logo, sujeita pelo artigo 265º da Constituição a um exigente conjunto de requisitos cumulativos: as regiões seriam criadas em simultâneo, proibindo-se a criação de regiões piloto, ou experimentais; deviam corresponder às regiões-plano; e a sua instituição concreta dependia do voto favorável da maioria das assembleias municipais que representassem a maior parte da população da área regional.

A 4ª revisão constitucional, de 1997, veio estabelecer a exigência de um referendo nacional favorável à instituição concreta das regiões administrativas. Convocado esse referendo em 1998, foi rejeitada a proposta regional então apresentada. A instituição das autarquias regionais não voltou a ser colocada a referendo desde então.

Segundo a Constituição, são órgãos das regiões administrativas a assembleia regional e a junta regional. A assembleia tem uma composição dual: uma maioria de membros eleitos por sufrágio directo, a par de outros eleitos por um colégio eleitoral formado por membros eleitos directamente das assembleias municipais da mesma área. Relativamente à junta regional, previu-se inicialmente a sua eleição pela assembleia regional, mas desde a revisão constitucional de 1997 a Constituição deixa à discricionariedade do legislador a opção entre a eleição directa ou a eleição pela assembleia regional.

A Constituição enuncia as atribuições das regiões administrativas em termos exemplificativos, estabelecendo que lhes compete, designadamente, a direcção de serviços públicos, a elaboração de planos regionais, a participação na elaboração dos planos nacionais e a coordenação e apoio à actividade dos municípios.

Em 1991, a Assembleia da República aprovou por unanimidade a Lei-Quadro das Regiões Administrativas (Lei nº 56/91, de 13 de Agosto), que se mantém em vigor. Esse diploma legal reafirma a autonomia administrativa e financeira das regiões, acolhe os preceitos constitucionais relativos à organização regional, enquadra o funcionamento das regiões nos princípios da subsidiariedade e da descentralização administrativa e prevê que o Estado seja representado nas regiões administrativas por um governador civil regional.

Entretanto, na perspectiva do referendo de 1998, foi publicada a Lei de Criação das Regiões Administrativas (Lei nº 19/98, de 28 de Abril) que, pondo de lado as já experimentadas e conhecidas cinco regiões de planeamento, dividiu o Continente em oito regiões de recorte tecnicamente incompreensível: Entre-Douro-e-Minho, Trás-os-Montes e Alto Douro, Beira Litoral, Beira Interior, Estremadura e Ribatejo, Lisboa e Setúbal, Alentejo e Algarve.
No referendo sobre a regionalização (8. Nov.1998) foi perguntado aos portugueses se essas oito regiões deviam ser instituídas e, também, se concordavam com a região em que votavam. As respostas a ambas as perguntas foram maioritariamente negativas [107], em larga medida pela insuficiente divulgação dos objectivos da regionalização e pela irracionalidade da divisão regional submetida a referendo.

Durante um longo período, o processo regional ficou suspenso. Mais recentemente, a ideia da criação das regiões administrativas do Continente voltou a ganhar expressão a propósito da aprovação pela Assembleia da República de um conjunto de leis de descentralização territorial, advogando-se agora a criação de cinco regiões administrativas correspondentes às cinco regiões de planeamento, suportadas pelas estruturas técnicas das cinco Comissões de Coordenação e Desenvolvimento Regional.

[107] O resultado da votação foi de 34,97% "Sim" e 60,87% "Não", com muitos votos nulos e uma abstenção de 51,88% dos eleitores.

Constitucionalmente, a criação das autarquias regionais continua a ser obrigatória para completar o quadro institucional da descentralização territorial do Continente, mas a exigência do referendo para a aprovação da sua configuração concreta (mapa regional, atribuições, sistema de governo) pode continuar a adiar a solução. Portugal continua sem possuir uma autarquia regional entre o Estado e os municípios.

Os 308 municípios

A Constituição consagra os princípios da autonomia local e da descentralização da Administração pública e inclui o regime das autarquias locais no elenco dos limites materiais de revisão constitucional. O município é tradicionalmente a unidade nuclear da administração local autónoma, que a Constituição considera um elemento inerente à organização democrática do Estado.

O território nacional está dividido em 308 municípios, dos quais 19 situam-se na Região Autónoma dos Açores, e 11 na Região Autónoma da Madeira. Os municípios portugueses têm em média 33 376 habitantes, muito inferior à média europeia de 41 700 habitantes por município.

A organização dos municípios é constituída por um órgão deliberativo – a assembleia municipal – e por um órgão executivo – a câmara municipal –, formados por um número variável de membros, segundo o número de eleitores do município, com mandato de quatro anos.

O artigo 251º da Constituição estabelece a forma de composição da assembleia municipal: dela fazem parte os presidentes das juntas de freguesia do município e membros eleitos por sufrágio directo e universal, em número superior àqueles. Relativamente à câmara, o artigo 252º da Constituição limita-se a defini-la como o órgão executivo colegial do município, sem estabelecer a forma da sua eleição, deixando o artigo 239º para a lei a opção entre a eleição directa e a eleição pela assembleia municipal. No entanto, nos termos da lei ordinária, os membros da câmara municipal também são eleitos por sufrágio directo e universal, não podendo o presidente exercer mais do que três mandatos consecutivos.

Compete ao presidente da câmara coordenar a actividade geral dos serviços municipais e gerir o pessoal ao serviço do município.

Portugal é o único estado da Europa em que o órgão colegial executivo é eleito por sufrágio directo e universal e pelo sistema proporcional.

Em vários países o órgão executivo municipal é eleito por sufrágio directo, mas trata-se nesses casos de um órgão unipessoal, cujo único titular é apoiado por adjuntos eleitos pelo órgão deliberativo ou por ele nomeados. Pelo contrário, o sistema de governo dos municípios portugueses é formado por dois órgãos colegiais eleitos por voto directo – a assembleia municipal e a câmara municipal –, ambos compostos por uma maioria e uma oposição.

Por serem eleitos directamente, ambos os órgãos são dotados da mesma legitimidade democrática. Assim sendo, contrariamente ao que é normal em sistemas democráticos, o governo municipal não é politicamente responsável perante o parlamento municipal, não podendo ser demitido por este.

Na prática, a fiscalização da câmara municipal é feita pelos vereadores da Oposição, e não, como devia ser, pela assembleia. E como na maioria dos municípios esses vereadores não exercem funções a tempo inteiro, nem administram pelouros, a gestão municipal acaba por estar concentrada no presidente da câmara e nos vereadores da sua confiança política.

Que facto pode explicar a particularidade portuguesa de a câmara municipal ser eleita pela mesma forma da assembleia?

Durante a Idade Média, os vereadores eleitos reuniam numa sala, ou câmara [108]. A palavra *câmara* reportava-se à sede do órgão, e essa acepção física do termo manteve-se até hoje. Mas a conexão entre o local e o órgão que nele reunia conferiu a *câmara* um sentido orgânico, e o termo passou a identificar também o órgão municipal – e mesmo, por extensão, o próprio município.

No Título 66 das Ordenações Filipinas, dedicado aos Vereadores, a palavra "Camera" é usada indistintamente no sentido de sede do concelho e de órgão que o administra. Acerca da notificação das multas aos infractores das posturas, o parágrafo 9 refere-se a *câmara* no sentido físico do termo: *"E nenhuma Carta sera scripta em nome do Concelho, salvo na Camera delle, onde se juntarem os Juizes, os Vereadores, Procurador e homens bons, que forem em acordo de se screver, e ahi será por elles assinada, e não pelas casas"* [dos infractores]. E logo a seguir o termo "câmara" é usado nos sentidos físico e orgânico: *"E os Officiaes que as assinarem pelas casas, e não na Camera, pagarão por cada vez dous mil reis, e o que as sellar três mil reis e outro tanto o Scrivão da Camera, que as screver, e perderão os officios."*

[108] A palavra "câmara" tem o étimo grego *kaμápa*, que significa abóbada (sala com abóbada).

Por seu lado, o Decreto nº 23, de 16 de Maio de 1832 (a primeira reforma da organização administrativa da Monarquia constitucional, que dividiu o país em províncias, comarcas e concelhos) já usa a palavra apenas no sentido orgânico, ao regular a *"eleição dos Vereadores da camara municipal"* (art. 11º), num local que já surge aí designado por *"Casa do Concelho"*[109].

O relevo histórico da *câmara municipal* também advém de ter sido durante vários séculos o único órgão do município, acumulando a função deliberativa e a executiva. Mesmo durante a longa vigência do Código Administrativo de 1940, que instituiu um órgão deliberativo designado conselho municipal, a câmara municipal manteve os poderes de administração geral da autarquia. Ainda hoje é à *câmara* (ao edifício e ao órgão) que os cidadãos continuam a dirigir-se para a resolução de muitos assuntos.

Terão sido essas razões que levaram o legislador a dispensar à câmara municipal o destaque que a eleição directa dá a qualquer órgão político.

No entanto, mais coerente parece ser o sistema de governo dos municípios da Primeira República. A conjugação dos legados da História com o princípio democrático fez-se então, mais adequadamente, através da eleição directa da câmara municipal – que era o órgão deliberativo do município –, ficando a execução das suas deliberações a cargo do presidente e de uma comissão, designados pela câmara.

No sistema de 1976, a criação da assembleia municipal, como órgão deliberativo, transformou a câmara municipal em órgão executivo (governo municipal, em sentido estricto), pelo que a sua eleição directa deixou de ser coerente, estabelecendo uma óbvia discrepância entre o sistema de governo municipal e o sistema de governo do Estado (e das regiões autónomas). Na sequência da revisão constitucional de 1997, que deixou de impor a eleição directa da câmara municipal, houve projectos visando proceder a essa modificação. Mas sem êxito, até agora.

De acordo com a Lei nº 75/2013, de 12 de Setembro, os municípios têm atribuições comuns nos seguintes domínios: equipamento rural e urbano; energia; transportes e comunicações; educação; património, cultura e ciência; tempos

[109] A expressão "Paços do concelho", adoptada por analogia com os paços ou palácios reais, é mais recente.

livres e desporto; saúde; acção social; habitação; protecção civil; ambiente e saneamento básico; defesa do consumidor; promoção do desenvolvimento; ordenamento do território e urbanismo; polícia municipal; e cooperação externa.

Mais recentemente, várias leis aprovadas em 2019 transferiram para todos os municípios do Continente um vasto conjunto de novas competências comuns nesses e noutros sectores da função administrativa, mas cerca de dois terços dos municípios não aceitou a transferência desses poderes.

Sem embargo, o grau de autonomia local dos municípios portugueses ainda é reduzido, tendo em consideração que, contrariamente ao que se verifica em muitos países europeus, o Estado continua a ter o monopólio da decisão em sectores sociais e territoriais de incidência local ou regional, como, por exemplo, a saúde, o ensino, a formação profissional, o ordenamento, o ambiente, o fomento agrícola ou a gestão dos rios.

Como acima ficou ilustrado, são muitos os países europeus que estabeleceram regimes variados para os seus municípios, quer em termos de atribuições, quer de poderes e competências, em razão, sobretudo, da sua diferenciação demográfica. Mas entre nós a uniformidade das atribuições e competências municipais reflecte uma falsa convicção de igualdade, alheia às desigualdades existentes, por exemplo, entre os municípios de Lisboa e de Marvão e ao facto de 214 municípios do Continente e das regiões autónomas serem qualificados como "municípios de pequena dimensão".

Esta designação aplica-se aos municípios com menos de 20 mil habitantes, com baixo nível de investimento económico, baixa produção de riqueza, reduzida receita fiscal própria, dependência do orçamento do Estado entre 70% e 85% das suas receitas, com elevada percentagem de despesa corrente e grande insuficiência de recursos humanos qualificados.

Por tudo isso, o sistema ganharia racionalidade se as atribuições e os poderes municipais fossem definidos de forma graduada, segundo a dimensão demográfica e a capacidade financeira dos municípios, tanto mais que a Constituição não impede essa diferenciação.

A concretização da autonomia administrativa dos municípios portugueses está condicionada pela sua capacidade financeira. E esta pode ser sintetizada nos seguintes dados: a transferência da receita fiscal nacional para os municípios representa metade da média europeia; as receitas dos municípios valem 17% do PIB, muito abaixo da média europeia, que é de 32%; a despesa corrente dos municípios é de apenas 15% do total da despesa pública nacional, enquanto a média europeia é de 29%. Estes valores deixam Portugal mal colocado no contexto europeu.

Comunidades intermunicipais e áreas metropolitanas

A autonomia local exerce-se no âmbito de cada município, mas também através das formas de cooperação intermunicipal previstas na Lei nº 75/2013, de 12 de Setembro.

A cooperação intermunicipal pode ter base legal ou raiz associativa. As formas de cooperação de base legal são as áreas metropolitanas de Lisboa e Porto, formadas pelos municípios indicados no Anexo II dessa lei; as formas de cooperação associativa são constituídas pelas 21 comunidades intermunicipais (associações de municípios para fins múltiplos) criadas pela mesma lei, e pelas associações de municípios para fins específicos, nela previstas.

A revisão constitucional de 1997 veio autorizar a lei a conferir às entidades intermunicipais atribuições próprias, além das delegadas pelos respectivos municípios, o que lhe dá um anómalo traço de cariz autárquico.

As áreas metropolitanas têm três órgãos: o conselho metropolitano, formado pelos presidentes das câmaras dos municípios constituintes; a comissão executiva, constituída por cinco membros designados pelo conselho; e o conselho estratégico para o desenvolvimento metropolitano, composto por representantes das instituições com relevância e intervenção na realização dos interesses metropolitanos.

Já houve projectos destinados a estabelecer a eleição directa da assembleia metropolitana, e indirectamente do presidente da comissão executiva. A terem sido aprovados, eles teriam transformado as entidades metropolitanas em novas autarquias territoriais, contrariamente ao que sucede na generalidade dos países da Europa, onde se mantêm como entidades intermunicipais.

São órgãos das comunidades intermunicipais a assembleia intermunicipal, constituída por membros de cada assembleia municipal; o conselho intermunicipal, formado pelos presidentes das câmaras dos municípios associados; o secretariado executivo, composto por um primeiro-secretário e um máximo de dois secretários intermunicipais; e o conselho estratégico para o desenvolvimento intermunicipal, constituído por representantes das instituições com relevância e intervenção na realização dos interesses intermunicipais.

As 3 092 freguesias

A freguesia é o nível inferior da administração local autónoma portuguesa. Portugal é um dos raros países da Europa que está integralmente dividido em autarquias de nível inframunicipal. Esta situação resulta de as freguesias terem sido criadas nas paróquias católicas existentes desde a Idade Média em todo o território nacional.

A própria palavra *freguesia* tem uma raiz eclesiástica. A expressão latina *filii ecclesiae* (filhos da igreja) evoluiu para *filigreses* no período da Monarquia Visigótica e originou a palavra *fregueses* com o sentido de membros da paróquia. A palavra *freguesia* surgiu com o sentido de conjunto dos fregueses e como sinónimo de *paróquia*.

As paróquias realizavam actos de registo civil relacionados com a vida dos fiéis (baptismos, casamentos, óbitos), mantinham os arquivos paroquiais e acumulavam muita informação necessária ao recenseamento da população e à cobrança de impostos pelo Estado.

A reforma administrativa de 18 de Julho de 1835 retirou essas funções à estrutura eclesiástica e integrou-as na administração civil do Estado, criando nas circunscrições territoriais das paróquias católicas um novo ente público designado "paróquia civil". Onde havia uma paróquia eclesiástica passou a existir uma paróquia civil, administrada por uma junta de paróquia presidida pelo respectivo pároco. Só em 1916, com a Lei nº 621, de 23 de Junho desse ano, as paróquias civis passaram a designar-se "freguesias".

Até 2012, o território nacional estava dividido em 4 260 freguesias, mas a Lei nº 11-A/2013, de 28 de Janeiro, reduziu esse número às actuais 3 092 [110]. Essa redução – que gerou grande contestação em muitas partes do país – foi conseguida através da fusão de freguesias rurais de pequena dimensão e de outras situadas na área das localidades sede dos municípios.

[110] Neste número está incluída a freguesia do Corvo (Açores), cuja actividade é exercida pelo município do Corvo.

Os seus órgãos são a assembleia de freguesia, constituída por um número variável de membros eleitos por sufrágio directo e universal, com mandato de quatro anos, e a junta de freguesia, cuja formação obedece a um regime misto: o presidente é o primeiro candidato da lista mais votada na eleição da assembleia de freguesia, e os vogais são eleitos pela assembleia, sob proposta do presidente.

O actual regime eleitoral dos vogais da junta é muito controverso. Até 2002[111], a sua designação era feita por livre eleição da assembleia de freguesia, mas a presidencialização do sistema de governo das freguesias – acentuada a partir desse ano, em linha com idêntica tendência a nível municipal – restringiu a competência da assembleia, retirando-lhe o poder de propositura de candidatos a vogal da junta de freguesia e limitando a sua votação aos candidatos propostos pelo presidente deste órgão. Esse regime, embora podendo dar coerência ao órgão executivo, tem gerado frequentes conflitos e impasses na eleição dos vogais, que protelam a formação e o início do normal funcionamento do órgão executivo.

As freguesias repartem-se por três grandes grupos: as das áreas predominantemente urbanas, que têm densidade populacional superior a 500 habitantes/km2 e se integram em povoações com população superior a 5 mil habitantes; as das áreas mediamente urbanas, com densidade populacional entre 100 e 500 habitantes/km2 e situadas em aglomerados com população entre 2 mil e 5 mil habitantes; e as das áreas predominantemente rurais, que são todas as outras.

Mas apesar dessa diferenciação, as atribuições das freguesias obedecem ao mesmo padrão de uniformidade existente a nível municipal. Indiferente a tudo o que distingue as grandes freguesias metropolitanas, como Queluz (concelho de Sintra), de freguesias urbanas como Gualtar (concelho de Braga) e de pequenas freguesias rurais como Negrões (concelho de Montalegre), a lei confere a todas os mesmos poderes nos seguintes domínios: equipamento rural e urbano, abastecimento público, educação, cultura, tempos livres e desporto, cuidados primários de saúde, acção social, protecção

[111] A alteração do regime eleitoral dos vogais da junta de freguesia foi aprovada pela Lei nº 5-A/2002, de 11-1, que atribuiu ao presidente desse órgão competência exclusiva para propor os candidatos a vogais à votação da assembleia.

civil, ambiente e salubridade, desenvolvimento, ordenamento urbano e rural, e protecção da comunidade.

Por força da Constituição, também na organização das freguesias a uniformidade está presente, qualquer que seja a natureza e a dimensão populacional da freguesia. A lei impõe que em todas seja formado um órgão executivo com um mínimo de três membros, mas, como vimos, esse órgão não existe nas pequenas autarquias de vários estados da Europa.

Tal como os municípios, também as freguesias podem criar associações para a realização conjunta de algumas das suas atribuições. Trata-se de associações voluntárias, e não de associações que juntem, obrigatoriamente, as freguesias menos populosas e com menos recursos financeiros. No entanto, a efectivação do associativismo voluntário tem sido contrariada pela cultura isolacionista e "de campanário" de muitas freguesias do país.

REPÚBLICA CHECA

População – 10 630 000 hab.
Área – 78 867 km2

Nota histórica

A República Checa nasceu na antiga região histórica da Boémia, cujo nome deriva da presença da tribo celta dos Boios ao longo da Idade do Ferro. No séc. VI a Boémia foi ocupada pelos subgrupos eslavos Checos e Morávios que estabeleceram na região uma organização social baseada em aldeias circulares (*okrolice*) [112]. Em meados do séc. IX os Morávios criaram o Principado da Morávia que na fase de maior expansão (Grande Morávia) integrava o Ducado da Boémia (actual República Checa) e as actuais Eslováquia e Áustria.

Após a ocupação da Grande Morávia pelos Húngaros (907-908), os duques da Boémia tornaram-se vassalos da Monarquia Alemã e adquiriram o território do antigo Principado da Morávia. Com a adesão do Ducado ao Sacro Império Romano-Germânico (1085), o duque Otocar I adopta o título de rei da Boémia. Três séculos mais tarde, o casamento de uma filha do rei Segismundo com o monarca austríaco provoca a integração da Boémia na Casa de Áustria.

Em meados do séc. XIX inicia-se a luta da Boémia por maior autonomia no seio do Império Austríaco. Os nacionalistas fazem saber que não aceitam a tutela do imperador senão através de uma união pessoal, semelhante à estabelecida com a Hungria, em 1867. O imperador não aceita a reivindicação, mas faz algumas concessões: a Boémia passa a beneficiar de uma descida de impostos, é reconhecida a igualdade das línguas checa e alemã e é criada uma universidade em Praga.

[112] São várias as povoações checas cujo nome termina em *ice*, elemento de raiz eslava com o sentido de *estado, propriedade*.

A queda do Império Austro-Húngaro, ocorrida em 1918, libertou vários povos do seu domínio e criou as condições favoráveis à concretização do projecto de uma "entidade Tcheco-Eslováquia" acalentado por patriotas de ambas as nações. Nasceu assim a Checoslováquia, que se manteve como estado soberano até à anexação do seu território pela Alemanha nazi, em 1938.

Após o fim da Segunda Guerra Mundial, o país ficou sob a influência política da União Soviética, situação que se prolongou até 1990. Entre esse ano e 1992 a Checoslováquia passou a designar-se República Federal Tcheca e Eslovaca.

Em 1992, o Parlamento federal decidiu dissolver a federação e declarar a independência de cada estado. Nascia, assim, a República Checa nos antigos territórios da Boémia e da Morávia.

O sistema político-administrativo da República Checa é formado por três níveis territoriais de governo: o Estado, as regiões e os municípios.

O Estado

A Constituição de 1992 define a República Checa como um estado unitário, com um sistema de governo parlamentar.

O Estado é representado pelo Presidente da República, eleito pelo Parlamento para um mandato de cinco anos, podendo ser reeleito para um segundo mandato.

O poder legislativo é exercido pelo Parlamento formado por duas câmaras: a Câmara de Deputados, com 200 membros eleitos por sufrágio directo e universal, segundo o sistema proporcional, para mandatos de quatro anos, e o Senado, com 81 membros eleitos por sufrágio directo e universal para mandatos de seis anos em círculos uninominais, com um terço dos membros a renovarem a cada dois anos.

O poder executivo compete ao Governo nomeado pelo chefe de Estado e politicamente responsável perante o Parlamento (sistema de governo parlamentar).

As 8 regiões governamentais

Para efeitos de planeamento regional e preparação de projectos de desenvolvimento candidatáveis a financiamentos da União Europeia, a República

Checa está dividida em oito unidades territoriais. Estas regiões estão classificadas como NUT 2 para fins estatísticos da União Europeia, e são dirigidas por altos funcionários governamentais nomeados pelo primeiro-ministro. Não são, portanto, autarquias territoriais.

As 14 regiões

O capítulo 7 da Constituição, intitulado "Das colectividades territoriais autónomas" (artigos 99º a 105º), institui as bases da organização das autarquias locais e regionais: reconhece-lhes personalidade jurídica própria, consagra o direito da autonomia local, limita a intervenção do Estado à tutela de mera legalidade e confere às autarquias o direito de recurso para o Tribunal Constitucional das ingerências ilegais do Estado.

Até final da década de 1990 o país estava dividido em 76 distritos (*okresy*), formados por um número muito variável de municípios. A Lei nº 129, de 1 de Janeiro de 2000, extinguiu os distritos e, em sua substituição, criou as 14 regiões (*kraje*) por agregação das antigas divisões distritais. Nesse número está incluída a cidade-capital (*klavní mësto*) – Praga – que tem estatuto regional.

Calcula-se que as funções dos antigos distritos tenham sido transferidas para os municípios e para as regiões numa percentagem de 70% e 30%, respectivamente.

São órgãos das regiões a assembleia regional (*krajské zastupitelstvo*) e o conselho executivo (*krajská rada*). A assembleia regional é constituída por um número variável de membros eleitos por sufrágio directo e universal, segundo o sistema proporcional, para mandatos de quatro anos. A assembleia reúne ordinariamente quatro vezes por ano em sessões públicas, cabendo-lhe eleger o presidente da região (*hejtman*) e os outros membros do conselho executivo. A assembleia tem a faculdade de apresentar projectos de lei ao Parlamento nacional.

O conselho executivo é formado por um número variável de membros eleitos pela assembleia para mandatos de quatro anos, e unicamente responsáveis perante ela. Contrariamente aos membros da assembleia, os membros do conselho executivo exercem funções em regime de permanência, devendo suspender nesse período o exercício das suas profissões. As reuniões do conselho executivo realizam-se quinzenalmente e não são públicas. Compete a este órgão superintender a administração da região, apresentar relatórios à assembleia regional e executar as suas deliberações.

As regiões prosseguem atribuições próprias e atribuições delegadas pelo Estado.

São atribuições próprias a educação, cultura e património (gestão das escolas do ensino básico e o ensino secundário, preservação do património, criação de bibliotecas e museus, apoio a actividades culturais), o apoio social (criação de serviços e instalações sociais, atribuição de subsídios, apoio às famílias carenciadas, apoio ao sector associativo), as comunicações e os transportes (manutenção de estradas regionais, organização de serviços de transportes – comboios e autocarros), a saúde (gestão de hospitais regionais, instalação de centros de assistência a crianças, organização de serviços de emergência médica), o desenvolvimento regional e fundos comunitários (preparação de projectos de desenvolvimento e organização e gestão de candidaturas), o desporto e o turismo (organização de eventos desportivos, promoção do turismo a nível regional).

As atribuições delegadas incluem o ordenamento do território, a regulamentação da construção, a organização e manutenção dos sistemas de protecção civil e combate a incêndios, a gestão das florestas, a conservação da natureza e da paisagem, a gestão dos recursos hídricos e a fiscalização da execução das funções delegadas nos municípios.

Sobre o exercício das atribuições próprias das regiões o Estado exerce a tutela de mera legalidade, que se amplia a tutela de mérito no que respeita às funções por ele delegadas.

Os 6 258 municípios

O nível inferior da administração territorial autónoma é constituído por 6 258 municípios (*obce*) – eram 11 051 em 1950, e 6 233 em 2012. Actualmente, cerca de 5 mil municípios têm menos de mil habitantes.

Ainda antes da aprovação da nova Constituição checa, a Lei sobre os municípios de 1990 restabeleceu a autonomia local e reconheceu-lhes o direito de satisfazerem necessidades locais nos domínios do desenvolvimento económico, social e cultural e da conservação do ambiente.

Muito embora todos os municípios com mais de 3 mil habitantes possam aspirar ao estatuto de cidade (*mesta*), actualmente existem apenas 20 municípios-cidade. O território das cidades pode ser dividido em bairros dotados de autonomia administrativa e órgãos próprios, distintos dos órgãos da cidade.

O órgão deliberativo dos municípios e das cidades é, respectivamente, o conselho municipal e o conselho de cidade; o seu órgão executivo é o comité municipal e o comité de cidade.

O conselho municipal (*mestské zastupitelslstvo*) é constituído por um número variável de membros, entre cinco e 55 [113], consoante a população e a área do município, eleitos por sufrágio directo e universal para mandatos de quatro anos. Nos municípios cujo conselho tenha um mínimo de 15 membros o conselho elege, de entre os seus membros, o comité municipal (*mestské rada*), constituído por um número de membros entre cinco e 11, incluindo o respectivo presidente (*primátor*) e adjuntos. O comité não existe nos municípios cujo conselho tenha um número de membros inferior a 15; nesses casos as funções executivas são exercidas pelo presidente do conselho.

Os municípios têm atribuições próprias e podem exercer funções delegadas pela administração central.

Integram-se nas atribuições próprias o ordenamento do território, a acção social, a saúde de proximidade, o abastecimento de água, o tratamento de esgotos e resíduos, a ordem pública e a gestão do património municipal.

As principais atribuições delegadas pelo governo são o desenvolvimento agrícola e florestal, o ensino (1º ciclo do ensino básico), a habitação, a gestão do tráfego urbano, a cultura e a conservação da rede de distribuição de energia eléctrica.

Um elemento distintivo dos municípios comuns e das cidades é o direito que assiste a estas de reivindicar o exercício de poderes delegados.

Nos municípios em que existe comité municipal, compete ao seu presidente coordenar o funcionamento deste órgão e dirigir a administração municipal. Nos municípios mais pequenos, em que esse órgão não está legalmente previsto, a coordenação dos serviços e a gestão do pessoal é da responsabilidade do presidente do conselho municipal. No entanto, nos municípios mais populosos – que dispõem obrigatoriamente de comité municipal – esta

[113] Esse número é fixado para cada eleição e tornado público antes da sua realização.

função é exercida pelo secretário municipal, que é nomeado pelo comité municipal mediante aprovação do delegado distrital do governo.

O secretário municipal goza de competência para dirigir os serviços e os funcionários do município, assistir às reuniões dos seus dois órgãos sem direito de voto e emitir pareceres sobre as matérias a decidir. No exercício das suas competências próprias, o secretário municipal é responsável perante o comité e o seu presidente, mas no exercício de poderes delegados pelo comité apenas é responsável perante o presidente.

O elevado número de pequenos municípios é um incentivo à cooperação intermunicipal, desenvolvida no âmbito das regiões e com o apoio técnico dos seus serviços.

ROMÉNIA

População – 19 640 000 hab.
Área – 238 391 km2

Nota histórica

No território correspondente às actuais Roménia e Moldávia o Império Romano criou no ano 107 d.C. a província da Dácia, pátria das tribos indo-europeias dos Dácios. A intensa colonização romana, o uso obrigatório do Latim e a fundação de importantes núcleos comerciais fomentaram um processo de romanização dos povos autóctones que alterou a estrutura étnica primitiva. A miscigenação dos colonos romanos com os Dácios fez surgir o grupo étnico dos Romenos, falante de uma língua derivada do Latim e com uma identidade cultural própria.

No séc. XIV, distintos grupos de Romenos formaram na antiga Dácia três principados, o da Valáquia, o da Transilvânia e o da Moldávia, que no séc. XV ficaram sob o domínio do Império Otomano. Após a derrota dos Turcos perante o exército austríaco (1699), a Transilvânia tornou-se uma parcela do Império dos Habsburgo. Vinte anos depois foi a vez da Valáquia ser absorvida pelo Império Austríaco. Em 1769, os principados foram ocupados pelos exércitos da imperatriz Catarina II, mas a derrota da Rússia na Guerra da Crimeia (1853-56) travou o expansionismo russo e despertou o sentimento nacionalista dos principados romenos.

Surgiram então insurreições na Valáquia, na Moldávia e na Transilvânia, apoiadas por Napoleão III. O imperador francês promoveu a formação dos Principados Unidos da Valáquia e Moldávia, ou Principados Romenos, regidos pela Constituição liberal de 1866 e presididos do príncipe Alexandre Cuza, o fundador da Roménia moderna.

À semelhança do modelo administrativo francês, o país foi dividido em departamentos, agrupando os antigos municípios medievais. Na sequência da

Guerra Russo-Turca (1877-1878), o Congresso de Berlim reconheceu a independência do Reino da Roménia, antiga parcela o Império Otomano. Mas o Reino caiu sob a tutela política dos Habsburgo que só foi definitivamente afastada com a queda do Império Austro-Húngaro, em 1918, altura em que a Transilvânia, anteriormente parte da Hungria, foi integrada na Roménia.

No início da Segunda Guerra Mundial, o general Ion Antonescu, lider da força fascista e anti-semita Guarda de Ferro, tomou o poder, militarizou o Estado e proclamou a Roménia "Estado Nacional Legionário", aliado de guerra da Alemanha nazi. Durante a ditadura de Antonescu foram mortos na Roménia cerca de 380 mil judeus e 11 mil ciganos romenos.

Aproveitando a invasão do país pelo Exército Vermelho, o rei Miguel [114] patrocina um golpe de estado que afasta Antonescu do poder e permite à nova elite política negociar a paz com a URSS.

Em Março de 1945, Moscovo pressiona a formação de um governo com a participação de todos os partidos democráticos, chefiado por Petru Groza, um comunista líder da Frente dos Agricultores. Os comunistas ficam com as principais pastas do governo saído das eleições de Novembro de 1946 e aproveitam as divisões no seio dos outros partidos governamentais para destituir vários ministros e provocar a abdicação do rei Miguel (Dez. 1947).

Apesar de ter celebrado com a União Soviética um tratado de amizade e assistência no início de 1948, a proclamada República Popular Romena manteve-se à margem do conflito ideológico entre Moscovo e Pequim, e adoptou o designado "comunismo nacional".

Durante as décadas seguintes a Roménia manteve a autonomia em relação à União Soviética. Em Agosto de 1968, Nicolae Ceausescu recusou juntar as suas tropas às do Pacto de Varsóvia aquando da invasão de Praga, e em 1972 aderiu ao FMI para evitar a dependência económica da URSS.

Apesar de dispor de uma das maiores e mais brutais polícias secretas da Europa – a Securitate [115] –, a ditadura de Ceausescu não conseguiu impedir que em Dezembro de 1989 eclodisse um movimento revolucionário apostado

[114] O rei Miguel da Roménia era descendente directo da rainha Vitória de Inglaterra, do czar Nicolau II da Rússia e a rainha D. Maria II de Portugal, de quem era bisneto.

[115] Ironicamente designada Direcção Geral para a Segurança do Povo, a mais comumente chamada Securitate contava durante o regime de Ceausescu com cerca de 11 mil agentes e 500 mil informadores.

em derrubar o regime. Sem apoio dos militares, o ditador fugiu de helicóptero, mas acabou por ser preso e fuzilado juntamente com sua mulher no dia de Natal desse ano.

Aprovada em Outubro de 1991 e referendada em Dezembro desse ano, a nova Constituição instituiu uma república democrática e multipartidária, com sistema de governo semipresidencial.

De acordo com a Constituição e a Lei da administração pública local, a Roménia dispõe de três níveis territoriais de poder: o Estado, os departamentos e as municipalidades.

O Estado

Nos termos da Constituição, o Estado é representado pelo Presidente da República, eleito por sufrágio directo e universal por cinco anos, renováveis por um período de idêntica duração.

O poder legislativo é exercido pelo Parlamento bicameral com mandato de quatro anos, constituído pela Câmara dos Deputados (*Camera Deputatilor*), formada por 412 deputados eleitos por sufrágio directo e universal, segundo o sistema proporcional, e pelo Senado (*Senat*), composto por 176 senadores eleitos de igual forma, segundo o mesmo sistema.

O Governo é nomeado pelo chefe do Estado e confirmado pelo Parlamento.

Embora o sistema de governo seja essencialmente de base parlamentar (Governo nomeado pelo Presidente de acordo com a composição do Parlamento, sendo politicamente responsável perante este), o Presidente da República interfere em alguns poderes governativos, como a política externa, o que constitui um traço semipresidencialista.

As 8 regiões governamentais

A Roménia tem o seu território dividido em oito regiões de planeamento, criadas em 1998 com o objectivo de melhorar a coordenação da política de desenvolvimento regional na fase da integração na União Europeia.

Estas regiões, que correspondem a NUT 2 da UE, não dispõem de autonomia administrativa nem órgãos políticos próprios, tendo essencialmente a função de preparar projectos candidatos a financiamento comunitário e gerir a sua execução financeira. Não são, portanto, autarquias territoriais.

Os 41 departamentos

É longo o processo regional da Roménia.

Em 1912, o governo preparou um projecto de regionalização dos Principados Unidos da Moldávia e da Valáquia, mas logo se perceber que essa reforma enfraquecia o recém-criado Estado romeno, e não chegou a ser aplicada.

Nas vésperas da Segunda Guerra foram criadas regiões dotadas de autonomia, visando a regulação da questão das nacionalidades, mas a perturbação causada pelo conflito militar no funcionamento do Estado levou à sua supressão, em 1940. Mais tarde, a Constituição de 1952 criou a Região Autónoma Magiar (*Regiunea Mures-Autonomá Maghiará*) com fundamento em critérios étnicos e culturais, mas o sistema não se alargou ao restante território da Roménia, e a região foi extinta em 1968.

No seu artigo 4º, alínea 3, a Constituição de 1991 estabelece que para efeitos administrativos o território é organizado em municípios, cidades e departamentos. Segundo o artigo 119º da Constituição, a administração das "unidades administrativas territoriais" obedece aos princípios da autonomia local e da descentralização.

O nível intermédio da administração autónoma é formado pelos departamentos (*judete*). O seu número tem variado ao longo dos anos: em 1950 eram 16 [116]; passaram a ser 42 em 1996, e são 41 actualmente. A sua população varia entre cerca de 45 mil habitantes (departamento de Sálaj) e 2 500 mil habitantes (Bucareste, que além de município é um departamento).

Muitos dos departamentos romenos correspondem a territórios de forte identidade histórica e cultural. É o caso dos departamentos de Alba Júlia, Arad, Bráila, Cluj-Napoca, Constança ou Mures, que nuns casos foram antigos feudos e principados medievais, e noutros províncias com sede em cidades fundadas pelo Império Romano e mais tarde centros de expansão da presença otomana.

[116] Em 1950, os departamentos tinham a designação de regiões.

Tal como em França, os departamentos são, simultaneamente, autarquias locais e unidades territoriais de administração desconcentrada do Estado.

São órgãos autónomos dos departamentos o conselho departamental (*consiliul judetean*), formado por um número variável de conselheiros, entre 37 e 45, eleitos por sufrágio directo e universal para mandatos de quatro anos, e o presidente (*presedinte*) do conselho, também eleito, desde 2008, por sufrágio directo e universal, segundo o sistema maioritário a duas voltas, para mandatos de idêntica duração. Ao conselho cabe eleger no seu seio dois vice-presidentes e quatro a seis vogais, incumbidos de assessorar o presidente no exercício das suas funções executivas.

As atribuições dos departamentos são, sobretudo, de coordenação da actividade dos conselhos dos municípios e das cidades e de definição das orientações gerais em matéria de desenvolvimento regional e ordenamento do território.

Por sua vez o Estado faz-se representar nos departamentos por um prefeito (*prefect*) nomeado pelo Governo e incumbido de aplicar as suas políticas a nível regional, coordenar os serviços desconcentrados dos sectores da agricultura, saúde, ensino secundário e profissional, cultura, ambiente, trabalho, protecção social e polícia, fiscalizar e corrigir o exercício pelas autarquias de funções delegadas pelo Estado, e exercer sobre elas a tutela de legalidade.

O regime da tutela administrativa tem uma forte componente política, que põe em causa o princípio da autonomia local [117]. Por um lado, a destituição dos eleitos e a dissolução dos órgãos autárquicos é da competência dos prefeitos governamentais, e não de um órgão jurisdicional. Por outro lado, o regime de controlo prévio da legalidade dos actos impõe que todas as deliberações dos órgãos autárquicos sejam comunicadas aos prefeitos; se as considerarem ilegais, os prefeitos dispõem de um prazo de trinta dias para as impugnarem junto da secção administrativa dos tribunais judiciais; essa impugnação provoca a suspensão imediata da eficácia dos actos, sem admissibilidade de resolução fundamentada do órgão autárquico; a suspensão mantém-se até decisão com trânsito em julgado; os prefeitos são responsáveis pelos danos derivados da suspensão do acto se as autarquias conseguirem fazer a (quase impossível) prova de que eles agiram com má-fé ou abuso de poder.

[117] Este mesmo regime vigorou em França até à reforma descentralizadora de 1982, e foi aplicado à Roménia pela legislação aprovada durante o protectorado de Napoleão III.

As 2 718 municipalidades

O nível autárquico de base é composto por 2 718 municipalidades, repartidas entre 2 558 comunas (*comune;* entidades rurais) e 160 cidades (*orase;* entidades urbanas). Destas, 90 são designadas "municípios" (*municipii*) – qualificação actualmente reservada às cidades com mais de 15 mil habitantes.

O número de comunas era de 4 273 em 1950, desceu para 2 686 em 1996, e voltou a reduzir-se nos últimos anos para as actuais 2 558. Cerca de 50% das comunas têm população entre mil e 5 mil habitantes, e apenas 2% têm mais de 10 mil habitantes. Quanto às cidades, eram 180 em 1950, passaram a ser 182 em 1996, e são 160 actualmente. Os 186 municípios existentes em 1950 foram reduzidos a 42 em 1996, mas o desenvolvimento urbano das últimas décadas elevou o seu número para 90.

À excepção da cidade-município de Bucareste, todas as comunas, cidades e municípios estão integradas em departamentos.

O sistema de governo das comunas e das cidades, incluindo das que têm classificação de municípios, é uniforme, e aplica-se aos bairros administrativos das cidades.

O órgão deliberativo é o conselho local, formado por um número variável de membros, entre 11 (autarquias até 3 mil habitantes) e 35 (com mais de 400 mil habitantes), eleitos por sufrágio directo e universal, segundo o sistema proporcional, para mandatos de quatro anos. O órgão executivo é o presidente, eleito por escrutínio directo uninominal a duas voltas para um mandato de igual duração, sendo coadjuvado por um vice-presidente eleito pelo conselho. Nos municípios sede de departamento são eleitos dois vice-presidentes.

O município de Bucareste goza de regime especial por ser o único município não integrado num departamento. Tem, simultaneamente, estatuto de município e de departamento, e os seus órgãos exercem as competências de ambos os tipos de autarquia.

Dispõe de um conselho geral (*consiliu general*) formado por 55 membros, e de um prefeito geral (*primar general*) eleito por sufrágio directo e coadjuvado por quatro vice-prefeitos adjuntos eleitos pelo conselho geral, de entre os seus membros.

De acordo com a Lei nº 69, de 26 de Novembro de 1991 (Lei da administração pública local, revista em 1996 e 1997), as autarquias podem criar comissões especializadas destinadas a preparar as decisões dos seus conselhos relativas aos principais sectores da sua actividade, designadamente, a gestão orçamental e financeira, ordenamento do território e urbanismo, saúde, cultura e ensino, trabalho e acção social, ecologia, cultos e problemas das minorias.

Tal como os departamentos, também as comunas e as cidades exercem funções próprias e funções delegadas pelo Estado.

Entre as primeiras contam-se a gestão do património próprio, a fixação das taxas e impostos locais, o planeamento e a reconstrução urbana, os sistemas de abastecimento de água, electricidade e aquecimento urbano, os sistemas de recolha e tratamento de resíduos, o ensino pré-escolar e primário, os transportes urbanos, a cultura, o apoio à juventude, a acção social, a protecção do ambiente e a gestão dos cemitérios. No entanto, importa referir que as unidades da administração desconcentrada do Estado sediadas em cada departamento exercem competência conjunta com as autarquias na execução das suas atribuições.

Quanto às funções delegadas pela administração central, é sobretudo nos órgãos das cidades, e não tanto das comunas, que o Estado descentraliza algumas das suas competências. Sem embargo, os presidentes dos vários tipos de autarquias estão investidos em funções de representação do Estado, cabendo-lhes, designadamente, praticar os actos relativos ao estado civil dos cidadãos, coordenar as operações de recenseamento e organizar as eleições nacionais a nível local.

Segundo a Lei nº 215/2001, as cidades podem ser divididas em bairros administrativos (*sectoare*), que são unidades dotadas de poderes de autoridade.

A cidade de Bucareste está dividida em seis bairros administrativos. Contrariamente aos bairros administrativos criados noutras cidades da Roménia, cuja gestão compete a um órgão designado pelo respectivo conselho municipal, os bairros do município de Bucareste dispõem de um conselho sectorial (*consiliu sectoare*) formado por 27 conselheiros que, tal como o subprefeito de cada bairro, são eleitos por sufrágio directo para mandatos de quatro anos, coincidentes com os dos órgãos municipais.

A repartição de competências entre os dois níveis municipais parte do geral para o particular. No caso particular da cidade de Bucareste compete ao município assegurar a satisfação das necessidades comuns dos munícipes, designadamente nos domínios do planeamento urbano, abastecimento de água, electricidade, aquecimento urbano, sistemas de saneamento, regulação do trânsito e conservação da rede viária, enquanto aos seis bairros administrativos cabe assegurar a relação da autarquia com os cidadãos no âmbito dos procedimentos individuais, licenciamentos, conservação das escolas, actividades culturais, equipamentos de desporto e lazer, conservação de jardins e limpeza urbana.

SÉRVIA

População – 9 460 000 hab.
Área – 88 361 km2

Nota histórica

As várias tribos de povos indo-europeus – os Ilírios, os Dácios e os Trácios – que habitavam o território sérvio foram assimiladas pelo Império Romano após a chegada das suas legiões, em meados do séc. I a.C. A região foi invadida pelos Sérvios, um povo eslavo que aí chegou no séc. VII vindo da Galícia Oriental. Com a divisão do Império Romano, os Sérvios ficaram sob a suserania dos imperadores de Constantinopla e converteram-se ao Cristianismo bizantino. A luta dos Sérvios pela sua emancipação do Império conduziu o país à independência em 1217.

As conquistas sérvias ao longo do séc. XIV alargaram o Reino da Sérvia à Bulgária, à Macedónia e à Albânia. Mas as tropas da Grande Sérvia revelaram-se insuficientes para guardar um território tão vasto, e as suas parcelas não resistiram aos exércitos turcos. Em 1371, a Grande Sérvia caiu sob o domínio otomano e manteve-se como província do Império de Constantinopla, mas na sequência da Guerra Russo-Turca (1877-1878) viu a sua independência reconhecida no Congresso de Berlim (1878).

A Bósnia-Herzegovina e outros territórios dos Balcãs passaram mais tarde para o controlo austro-húngaro. A partir de então, a Sérvia desenvolveu uma campanha anti austríaca tendente a levar os reinos eslavos dos Balcãs a libertarem-se do Império Austro-Húngaro, visando a restauração do projecto da Grande Sérvia.

As ambições expansionistas sérvias, que em 1913 tinham levado à anexação da Macedónia, e o perigo que elas representavam para os interesses austro-húngaros nos Balcãs levaram o Império a declarar guerra à Sérvia (Jul. 1914) na sequência do assassinato do príncipe Francisco Fernando por um anarquista sérvio. Mas a derrota e o desmembramento do Império Austro-Húngaro permitiram à Sérvia concretizar o propósito de reunir os povos Eslavos dos Balcãs num novo estado controlado por si. Formou-se, então, o Reino dos Sérvios, Croatas e Eslovenos, que mais tarde recebeu o nome de Jugoslávia.

Em 1941, após a invasão da Jugoslávia pelas tropas nazis, Hitler instalou em Belgrado um governo fantoche chefiado pelo general sérvio fascista Milan Neditch, cujo consulado ficou marcado pela morte de cerca de 136 000 resistentes e mais de 20 000 judeus [118]. Após a guerra, a Liga dos Comunistas da Jugoslávia, que tinha tido grande relevo na luta armada contra os alemães, tomou o controlo do país e a Sérvia tornou-se uma das seis repúblicas socialistas da federação jugoslava.

A seguir à queda do Muro de Berlim e ao desmoronamento do comunismo, a Jugoslávia entrou num processo de fragmentação política, de acordo com as antigas nacionalidades. Não tendo conseguido evitar que a Eslovénia, a Croácia, a Bósnia-Herzegovina e a Macedónia declarassem a independência – que Belgrado contrariou militarmente, mas em êxito – a Sérvia aprovou a Constituição de 1990 e formou com o Montenegro a designada República Federal da Jugoslávia (1991).

A intervenção militar sérvia nos novos estados da antiga Jugoslávia deu origem à Guerra da Jugoslávia (1991-1995) que só foi contida com a intervenção de tropas da ONU. Surgiu depois a Guerra do Kosovo (1998-1999) – um conflito militar entre a Sérvia e o Exército de Libertação do Kosovo, a que foi posto fim com a intervenção militar da ONU. A Resolução 1244 do Conselho de Segurança, adoptada em 10 de Junho de 1999, estabeleceu a Missão de Administração Provisória das Nações Unidas no Kosovo (UNMIK).

Em 2003, a República Federal da Jugoslávia passou a designar-se República da Sérvia e Montenegro, mas após o Montenegro ter declarado a independência (Jun. 2006) o Parlamento sérvio aprovou uma nova Constituição (30. Set. 2006) que, após ratificação por referendo de 28 e 29 de Outubro desse ano, substituiu a de 1990.

[118] Nas vésperas da vitória dos Aliados, Milan Neditch fugiu do país, escondeu-se na Áustria e em Janeiro de 1946 foi preso pelos ingleses que o entregaram aos jugoslavos. Um mês depois suicidou-se, atirando-se de uma janela da prisão de Belgrado.

Nos termos da Constituição, os níveis territoriais de governo da Sérvia são o Estado, as províncias e os municípios.

O Estado

Segundo a Constituição de 2006, a Sérvia é um estado unitário que adopta uma forma especial de sistema parlamentar: o órgão político dominante é o Parlamento, mas o Presidente da República, que tem poderes muito limitados, é eleito por sufrágio directo e universal.

A Assembleia do Povo é formada por 250 deputados eleitos por sufrágio directo e universal, segundo o sistema proporcional, por quatro anos.

O Governo é nomeado pelo Presidente, de acordo com a composição parlamentar, sendo politicamente responsável perante o Parlamento.

O artigo 147º da Constituição estabelece que os juízes são eleitos pelo Parlamento, o que muito tem contribuído para a politização do poder judicial e para a quebra da sua independência.

Esta questão foi criticada num relatório elaborado, em Março de 2007, pela *European Commission for Democracy Through Law* – também designada "Comissão de Veneza" – do qual consta que "O envolvimento do parlamento em nomeações judiciais politiza a designação dos magistrados judiciais, além de que é difícil perceber, em especial quanto aos juízes dos tribunais superiores, qual é o valor acrescentado à sua nomeação por um procedimento parlamentar. Na Sérvia a Assembleia do Povo não se tem limitado a confirmar os candidatos apresentados pelo Supremo Conselho Judicial, mas tem rejeitado um considerável número de juízes com fundamentos que nada têm a ver com o seu mérito."

Em razão do seu passado político, a Sérvia é um Estado com uma grande diversidade étnica. Este facto tem reflexos no texto constitucional: o artigo 1º da Constituição estabelece que "a República da Sérvia é o estado do povo Sérvio e de todos os cidadãos que nele vivam", e o seu artigo 14º dispõe que "a República da Sérvia protegerá os direitos das minorias nacionais."

No entanto, o problema dos direitos linguísticos das minorias sérvias foi muito criticado no relatório da "Comissão de Veneza" acima referido. A propósito do artigo 10º da Constituição de 2006, que estabelece que apenas o idioma Sérvio e a escrita Cirílica são de uso oficial, esse relatório denuncia a diminuição da protecção dos direitos linguísticos das minorias relativamente à Constituição de 1990, cujo artigo 8º previa expressamente que o alfabeto Latino também "será de uso oficial nos termos estabelecidos por lei." A este propósito, aquele relatório afirma que "não é claro para a Comissão de Veneza por que razões a protecção legal do uso do alfabeto Latino, que é preferido pela maior parte das minorias, não é mencionado expressamente na Constituição. Isto é surpreendente porque, de acordo com o artigo 20º, nº 2, da Constituição, o grau de direitos humanos e minoritários antes alcançado não pode ser reduzido."

As 5 regiões governamentais

Embora a Constituição não tenha previsto expressamente a criação de regiões, uma lei de 2009 criou sete unidades desse tipo para fins estatísticos (NUT 2) e de execução da política de desenvolvimento regional. Uma lei de 7 de Abril de 2010 reduziu a cinco o número dessas regiões.

As cinco regiões – Belgrado, Voyvodine, Sumadija e Sérvia do Oeste, Sérvia do Sul e do Leste e Kosovo-Metohija [119] – são circunscrições administrativas sem personalidade jurídica própria, dirigidas por altos funcionários nomeados pelo governo central, a quem compete exercer a tutela do Estado sobre a administração territorial autónoma. Não são, portanto, autarquias territoriais.

A província autónoma de Voyvodine

O artigo 182º da Constituição estabelece que "na República da Sérvia existem a Província Autónoma de Voyvodine e a Província Autónoma do Kosovo-Metohija."

A organização administrativa autónoma da Sérvia é regulada pela Lei da Organização Territorial aprovada pela Assembleia Nacional, em 29 de Dezembro de 2007. De acordo com ela, as unidades administrativas são as províncias autónomas, os municípios e as cidades; o nível territorial intermédio entre o Estado e os municípios é constituído pelas duas províncias autónomas (*autonomna pokrajina*) de Voyvodine, no norte do país, e do Kosovo-Motohija, a sul.

[119] Merece referência o facto de a região de Kosovo-Metohija ter continuado a ser considerada uma região da Sérvia dois anos após ter declarado a independência, em 2008.

A Constituição sérvia estabeleceu uma regionalização parcial do território: conferiu autonomia regional apenas às duas referidas parcelas do seu território e deixou a maior parte do país – a designada Sérvia Central, ou "Sérvia propriamente dita" – com um único nível da administração local, formado pelos municípios, também existente nas duas províncias autónomas.

O artigo 182º da Constituição reconhece a autonomia regional de Voyvodine e do Kosovo, ilustrando a relação existente entre a regionalização parcial de um estado e a identidade étnica, religiosa e cultural de certas parcelas do seu território.

A população da Voyvodine pratica a religião cristã-ortodoxa e é caracterizada por uma forte identidade pluriétnica. Tendo feito parte do Império Austro-Húngaro, a região tornou-se após a Primeira Guerra Mundial um *voyvodat* [120] da Sérvia habitado por 26 grupos étnicos do Império, designadamente sérvios, húngaros, eslovacos, croatas, ciganos e goranis, e com seis línguas: o sérvio, o húngaro, o eslovaco, o romeno, o croata e o ruteno.

Por seu lado, o Kosovo-Motohija é uma região com uma identidade étnica e linguística muito homogénea. Foi no seu actual território que no séc. IV a.C. se estabeleceu a tribo ilíria dos Dardânios, que deram o nome de Dardânia ao actual território da Sérvia. Após a ocupação romana, o imperador Dioclesiano fez da Dardânia uma província romana (ano 284) com capital em Naissus, actual cidade de Nis, no sul da Sérvia. Em 1389, na sequência da Batalha do Kosovo, a derrota dos cristãos provocou a integração da Dardânia no Império Otomano e a sua transformação numa província administrativa turca, com a designação de Kosovo.

Seguiram-se cinco séculos de domínio otomano que levaram a maioria da população a converter-se ao Islamismo. No início do séc. XX, o Kosovo foi conquistado pela Sérvia [121] e manteve-se território sérvio depois da dissolução da antiga Jugoslávia. Já naquela época a Sérvia professava maioritariamente a religião ortodoxa, enquanto 95% da população kosovar era de etnia albanesa e religião muçulmana; apenas 5% seguia o credo católico ou ortodoxo.

[120] Termo equivalente a um ducado da Europa ocidental.

[121] O Kosovo pertenceu ao Império Otomano até 1912, ano em que foi conquistado pela Sérvia. As rebeliões dos kosovares contra o domínio sérvio estenderam-se desde inícios do séc. XX até à criação da República Popular Federativa da Jugoslávia, em 1946, quando o Kosovo se tornou um distrito da República Socialista da Sérvia.

O preâmbulo da Constituição de 2006 define a "Província Autónoma do Kosovo-Metohija [como] parte do território da Sérvia", gozando de "estatuto de autonomia substancial no âmbito da soberania do estado da Sérvia."

O texto constitucional remeteu para lei ordinária a aprovação do estatuto de autonomia do Kosovo-Metohija. Porém, o parlamento de Belgrado nunca legislou sobre essa matéria. Este facto, associado à forte identidade étnica e religiosa kosovar, levou a assembleia regional do Kosovo-Motohija a declarar a independência da província (17. Fev. 2008), entretanto reconhecida por 114 países membros da ONU. Entre eles não se inclui – muito naturalmente – a Sérvia, o mesmo se verificando com países como a Rússia, a China e a Espanha, para os quais o reconhecimento da independência do Kosovo poderia legitimar as aspirações independentistas de algumas das suas regiões [122].

São órgãos da província de Voyvodine a assembleia provincial, composta por 120 membros eleitos por sufrágio directo e universal, segundo o sistema proporcional, e o governo, constituído pelo presidente e por secretários provinciais, eleitos pela assembleia e com competência para dirigir os serviços da província.

De acordo com o artigo 177º da Constituição sérvia, a província é competente em todos os assuntos que, não sendo da competência exclusiva do Estado, podem ser por ela tratados de forma adequada.

A assembleia provincial exerce poderes próprios e poderes delegados pelo Estado. As atribuições próprias de Voyvodine são as seguintes: ordenamento do território e desenvolvimento, agricultura, gestão da água, florestas, caça, pesca, turismo, segurança alimentar e restauração, estações termais, protecção do ambiente, indústria e comércio, transporte ferroviário, rodoviário e fluvial, conservação das estradas, organização de feiras e outros certames económicos, educação, desporto, cultura, cuidados de saúde e apoio social.

No âmbito das atribuições de Voyvodine, a assembleia provincial pode apresentar propostas legislativas ao parlamento nacional. No exercício de poderes delegados pelo Estado, Voyvodine fica sujeita às orientações e à tutela dos órgãos centrais.

Neste enquadramento, a província autónoma de Voyvodine é, no fundo, uma autarquia regional no quadro da descentralização administrativa, não

[122] Referimo-nos, respectivamente, à Tchetchénia, ao Tibete e à Catalunha.

dispondo de autonomia política em sentido próprio, pois não goza de autonomia legislativa e fiscal. Portanto, não é uma região autónoma.

Os 174 municípios

O nível básico da autonomia local da Sérvia é constituído por 174 municípios (*opstine*), dos quais 24 têm designação de cidade (*gradovi*) por terem mais de 100 mil habitantes.

O sistema de governo dos municípios e das cidades é formado por três órgãos: uma assembleia, formada por um número variável de membros eleitos por sufrágio directo e universal, segundo o sistema proporcional, por um período de quatro anos; e dois órgãos executivos: o presidente (*predsednici opstina*) – que nas cidades têm a designação de prefeito (*gradonacalnik*) – eleito por quatro anos por voto maioritário dos membros da assembleia, e o conselho, constituído por 11 membros eleitos pela assembleia pelo mesmo período, a quem compete coordenar os vários sectores das atribuições municipais. Até 2008, o presidente era eleito por sufrágio directo e universal.

As atribuições dos municípios e das cidades são muito semelhantes, e contemplam o ordenamento do território, o apoio ao investimento, o abastecimento de água e de energia eléctrica, o ensino pré-primário e básico, o saneamento urbano, a protecção do ambiente, a rede viária municipal, os cuidados primários de saúde, o licenciamento urbano e comercial, a cultura, desporto e lazer, a protecção civil e a gestão de cemitérios.

Belgrado tem um estatuto especial, regulado na Lei sobre a Cidade Capital e no Estatuto da Cidade de Belgrado. O órgão deliberativo – designado Assembleia da Cidade – é composto por 110 membros. O presidente é eleito pela assembleia, à qual compete também eleger, sob proposta do presidente, o vice-presidente e os membros do conselho. Para além das funções atribuídas aos outros municípios, o de Belgrado tem ainda competência para a gestão da água, a construção e manutenção das estradas urbanas, os serviços de incêndios e a fiscalização em matéria de planeamento e urbanismo.

As cidades – que geralmente têm mais de 100 mil habitantes – podem ser divididas em bairros municipais (*gradske opstine*), que não dispõem de autonomia administrativa e cujos órgãos são designados pela assembleia da cidade.

Nas cinco cidades mais importantes – Belgrado, Novi Sad, Nis, Kragujevac e Pozarevac – existem 31 bairros: 17 em Belgrado, cinco em Nis e em Kragujevac e dois em Novi Sad e em Pozarevac. A actividade dos bairros municipais tem uma vertente mais prática e incide na instrução e decisão de procedimentos administrativos no âmbito das relações dos cidadãos com a administração das cidades.

A administração municipal é directamente dirigida por um alto funcionário nomeado pelo conselho municipal por períodos de cinco anos, após procedimento público de contratação. De acordo com a lei, a administração municipal deve ser organizada como "administração unificada" nos municípios com menos de 50 mil habitantes, e como "administração sectorizada", dividida em departamentos, nos municípios com população mais numerosa.

A autonomia local é um valor que tarda em chegar à Sérvia.

Em razão da tradição autoritária do Estado, da intencional indefinição dos poderes dos vários níveis de governo e da grande insuficiência financeira das províncias e municípios, o aparelho administrativo central intervém na gestão de todos os assuntos públicos.

A Estratégia para a Reforma da Administração Pública, aprovada pelo Governo em 2014, previa a clarificação da divisão de poderes por cada nível administrativo e o reforço do financiamento das entidades descentralizadas. No entanto, volvidos seis anos, a indefinição funcional e o subfinanciamento mantêm-se, e a aprovação dos projectos legislativos com incidência local continua a não ser antecedida de consulta regular e sistemática das autarquias.

O relatório da "Comissão de Veneza" a que atrás nos referimos é muito crítico relativamente ao controlo exercido pelo Estado sobre as autarquias. A propósito do artigo 12º da Constituição, que consagra o direito dos cidadãos à autonomia provincial e municipal, o relatório destaca a contradição existente entre a previsão constitucional de que esse direito limita o poder do Estado e apenas pode ser objecto de controlo de legalidade e o facto de a Constituição não densificar minimamente o seu conteúdo, deixando a sua concretização inteiramente ao arbítrio do legislador ordinário.

SUÉCIA

População – 10 230 000 hab.
Área – 448 574 km2

Nota histórica

O território da actual Suécia começou por ser habitado por povos germânicos que por volta do ano 10 000 a.C. subiram para Norte, acompanhando do recuo dos gelos do último período glaciar. No início do séc. VII, os Suíones (grupo de que deriva a palavra Suécia) ocupavam o território onde os Vikings se estabeleceram no século seguinte.

Depois de cristianizadas no séc. IX, as tribos vikings aceitaram submeter-se ao governo de reis-sacerdotes eleitos. No reinado de Magnus Ladulas (1275-1290) alterou-se a relação de forças entre o monarca, o clero e a nobreza nascida dos clãs tribais, e foi criado um Conselho formado pelas famílias mais poderosas, que passou a legislar em conjunto com o rei. Entretanto, a riqueza gerada nas relações comerciais com a Liga Hanseática fazia prosperar a burguesia sueca e estimulava a sua vontade de intervir na administração dos assuntos do reino. Esse fenómeno verificava-se igualmente nos outros reinos escandinavos, cujas principais cidades tinham relações com a Liga.

Por morte de Haakon VI da Noruega, sua mulher Margarida de Valdemarsdatter, monarca da Dinamarca, proclamou-se rainha da Dinamarca e da Noruega (1387). Quando, dez anos depois, Margarida I da Dinamarca e da Noruega subiu ao trono da Suécia, a União de Kalmar formalizou o nascimento da confederação dos três reinos escandinavos (1397). O fim último da união era a defesa dos interesses económicos da burguesia escandinava no seio da Liga Hanseática. No entanto, o controlo da confederação pelo Reino da Dinamarca e a sua política proteccionista lesava a Suécia, que tinha na Hansa o principal mercado dos seus minerais.

Durante mais de um século sucessivas revoltas nos distritos mineiros da Suécia e insubmissões promovidas pelas suas elites ilustraram a resistência sueca ao domínio dinamarquês. Até que, em 1523, a Guerra de Libertação da Suécia põe fim à União de Kalmar. Em 1527, Gustavo Vasa – o líder vencedor do conflito contra o rei Cristiano II da Dinamarca – instituiu um "Parlamento de estados", formado pela representação corporativa das quatro ordens (nobreza, clero, burguesia e campesinato), e fez-se eleger rei da Suécia. A estreita ligação da Igreja Católica à monarquia dinamarquesa foi o pretexto para a adesão da Suécia à Reforma Luterana e para o confisco dos bens fundiários do clero, que representavam 20% da propriedade rústica do país.

A participação da Suécia na Guerra dos 30 Anos (1618-1648) permitiu-lhe expandir-se por territórios conquistados, formar um império e tornar-se a principal potência do norte da Europa. No entanto, essa posição foi abalada pelas derrotas sofridas na Grande Guerra do Norte (1700-1721) em que a Suécia enfrentou uma coligação formada pela Rússia czarista, a Polónia e o Reino da Dinamarca e Noruega. O balanço foi desastroso: a perda dos territórios dinamarqueses e noruegueses e a derrota face aos russos na Batalha de Poltava (1709) ditaram o fim do Império Sueco.

Um século mais tarde a conquista pelo czar Alexandre I da província sueca da Finlândia – imediatamente convertida num Grão-Ducado russo (1809) – provocou um golpe de estado que depôs o rei Gustavo IV e pôs termo ao absolutismo monárquico. Nesse mesmo ano foi aprovada uma Constituição que implantou no país uma monarquia constitucional e parlamentar chefiada pelo rei Carlos XIII, tio de Gustavo IV e filho do rei da Prússia.

Carlos XIII não tinha filhos que lhe sucedessem. Este facto colocou uma nova dinastia no trono sueco. Para desonerar a Suécia do Bloqueio Continental e agradar a Napoleão Bonaparte que o tinha decretado, o Parlamento sueco entregou o trono ao marechal francês Jean-Baptiste Bernadotte que sucedeu a Carlos XIII. Reinando como Carlos XIV & III João, Jean-Baptiste fundou a Casa Bernadotte, que continua a ser a casa real da Suécia.

Já no reinado de Carlos XV (1859-1872) foram aprovadas importantes reformas constitucionais que modernizaram o sistema político sueco.

Uma lei de 1862 criou os municípios com base nas antigas paróquias e dotou-os de conselhos eleitos por sufrágio directo. O parlamento corporativo instituído em 1527 deu lugar a um parlamento composto por duas câmaras, uma eleita por sufrágio indirecto pelas assembleias municipais, e outra eleita por sufrágio directo e censitário. A reforma eleitoral de 1921 introduziu o sufrágio universal para homens e mulheres.

Em 1970, através de uma emenda à Constituição, o Parlamento tornou-se unicameral, composto por 350 deputados, reduzidos a 349 em 1976 para evitar empates nas votações.

Na segunda metade do séc. XX os princípios do Estado Social tiveram grande desenvolvimento na Suécia. Foi sobretudo durante os dois governos do primeiro-ministro Olof Palme que os direitos sociais foram ampliados e que o país conheceu a mais baixa diferença de rendimentos, com uma das mais baixas taxas de desemprego da Europa (1,3% em 1985).

O sistema político-administrativo sueco é formado por três níveis territoriais de governo: o Estado, as regiões e os municípios.

O Estado

A Suécia é uma monarquia constitucional, com sistema de governo parlamentar.

A representação política de Estado cabe ao monarca reinante, que exerce poderes honoríficos e protocolares.

O poder legislativo compete a um Parlamento unicameral (*Riksdag*), formado por 349 deputados eleitos por sufrágio directo e universal, segundo o sistema proporcional, para mandatos de quatro anos.

O Governo é responsável perante o Parlamento (sistema de governo parlamentar), sendo o primeiro-ministro designado pelo próprio *Riksdag*, que pode demitir qualquer ministro ou o conjunto do Governo.

A Constituição sueca confere garantia constitucional à autonomia local.

O artigo 7º do seu Capítulo 1 estabelece que a Suécia tem autarquias locais e regionais; o artigo 4º do Capítulo 12 admite que as funções administrativas sejam delegadas nas autarquias locais; e o artigo 2º do Capítulo 14 da Constituição, dedicado às autarquias locais, estabelece que elas são responsáveis por assuntos de interesse público, segundo o princípio do autogoverno.

As 21 regiões

O vasto território da Suécia compreende três grandes regiões históricas: a Norlândia, a norte; a Suelândia, no centro; e a Gotalândia, a sul. Uma quarta região histórica sueca – a Osterdândia – correspondente ao território da actual Finlândia, foi anexada pela Rússia, em 1809.

Em 1634, foi criado pela primeira vez um nível de administração territorial formado pela divisão das regiões históricas, com a designação de província (*landskap*). As três regiões históricas foram então repartidas em 25 províncias, que correspondiam a antigos pequenos reinos e territórios feudais historicamente dotados de legislação particular e dos seus próprios sistemas de justiça.

Em 1862, sob inspiração do sistema administrativo napoleónico, a divisão administrativa do país foi reformada e as províncias foram substituídas por 21 condados (*län*). À imagem dos departamentos franceses, esses condados tinham uma dupla função: eram circunscrições de administração desconcentrada do Estado e unidades de administração territorial autónoma.

Para a execução das funções estatais, os condados dispunham de administração própria (*länsstyrelse*) dirigida por um governador (*landshövding*) responsável por várias áreas administrativas, como o planeamento do território, os impostos, a pesca, as comunicações, a justiça, o emprego e o meio ambiente.

Enquanto autarquias regionais, os condados eram geridos por uma assembleia (*ländsting*) eleita por sufrágio directo e universal, segundo o sistema proporcional, para mandatos de quatro anos, e por uma comissão de 14 membros (*länsstyrelse*) eleitos pela assembleia, presidida pelo governador do condado (*landshövding*), nomeado pelo governo central, com mandato de seis anos.

Embora não existisse qualquer subordinação da administração autárquica à administração estadual do condado, competia ao governador coordenar as actividades de ambas e rentabilizar os seus efeitos.

As atribuições dos condados autárquicos compreendiam o sistema de saúde, os transportes públicos, infraestruturas e cultura.

Em 2009, o nível intermédio formado pelos condados foi reorganizado através da instituição de duas regiões experimentais, que se tornaram permanentes em 2011, a que se seguiu a criação de mais oito novas regiões, entre 2011 e 2014. Em Janeiro de 2020, a divisão regional estendeu-se a todo o país e substituiu os antigos condados. O país passou a dividir-se nas actuais 21 regiões administrativas.

O sistema de governo das regiões é formado por dois órgãos: o conselho regional (*landstingsfullmäktinge*), eleito por sufrágio directo e universal, em regra segundo o sistema proporcional, para mandatos de quatro anos; e a comissão regional (*landstingsstyrelse*), eleita pelo conselho de entre os seus membros. Cada órgão tem o seu próprio presidente, sendo ao presidente da comissão regional que cabe representar a região. Esta comissão coordena o trabalho dos vários comités sectoriais que o conselho regional decida criar.

O sistema proporcional não é obrigatório na eleição do conselho; os partidos podem acordar adoptar outro sistema de distribuição dos lugares, e isso acontece com frequência.

Tal como as sete regiões dinamarquesas, as 21 regiões suecas têm como atribuição dominante a gestão dos hospitais e das instituições ligadas à saúde, representando as despesas com este sector 85% do orçamento das regiões. As regiões suecas exercem ainda competências nos sectores dos transportes públicos, infraestruturas, planeamento regional, cultura, tempos livres e turismo.

O aparelho administrativo da região é dirigido por um alto funcionário designado *kanslichef*. Compete-lhe coordenar o conjunto da administração regional e superintender o funcionamento dos serviços. Embora seja nomeado pelo conselho regional, o *kanslichef* depende unicamente do presidente da comissão executiva.

Os 288 municípios

A organização municipal sueca foi estabelecida pela Lei do Governo Local de 1862, que criou os municípios com base nas paróquias medievais e introduziu os condados com funções de administração desconcentrada do Estado e de ligação entre ela e as administrações municipais.

Em 1952, o Parlamento reformou a divisão territorial e extinguiu cerca de metade dos 2 300 municípios medievais então existentes. Um segundo processo de fusão realizado entre 1962 e 1974 reduziu radicalmente o número dos municípios para os actuais 288. Os municípios suecos (*kommuner*) têm hoje a particularidade de serem os segundos maiores da Europa, com uma área média superior a 1 500 km2, apenas ultrapassados pelos irlandeses, com 2 251 km2 de área média. A sua população varia entre 2 800 habitantes e 975 mil em Estocolmo.

O sistema de governo dos municípios suecos é formado por dois órgãos: o conselho municipal (*kommunfullmäktige*), que é o órgão deliberativo formado por um número variável de membros, entre 31 e 61 (o conselho municipal de Estocolmo tem 101 membros), eleitos por sufrágio directo e universal, segundo o sistema proporcional, para mandatos de quatro anos; e a comissão executiva (*kommunstyrelse*), designada pelo conselho municipal, que na maioria dos municípios é formada por cidadãos não pertencentes ao órgão deliberativo. Para além da comissão executiva, o conselho pode criar outras comissões permanentes para a gestão de sectores específicos da actividade municipal, o que faz com que a organização municipal não seja uniforme em todo o país.

A estrutura administrativa dos municípios é coordenada por um alto funcionário designado *kommundirektor*. Compete-lhe aconselhar os membros dos órgãos municipais, superintender o funcionamento dos serviços e exercer hierarquia sobre os seus funcionários. O *kommundirektor* é contratado pelo conselho municipal, mas depende unicamente do presidente da comissão executiva.

A função administrativa municipal tem uma forte incidência na área da assistência social, em especial na manutenção de serviços sociais e de assistência a idosos. No entanto, nas atribuições dos municípios também se incluem o desenvolvimento económico, a formação profissional, a distribuição de água e energia, a protecção do ambiente, a recolha de resíduos e o turismo e lazer.

Até 1991, as paróquias (*församling*) da Igreja Luterana Sueca exerciam algumas competências administrativas definidas na Lei de governo das paróquias. Cabia-lhes, em especial, exercer funções de registo civil nas pequenas povoações dispersas pelo vasto território sueco. Tal como se verificava com as paróquias católicas portuguesas até à criação do registo civil nacional (1911), competia às paróquias luteranas suecas conservar e manter actualizados os livros de registo dos actos associados à vida da comunidade, em especial os nascimentos, os casamentos e os óbitos. Estas funções passaram a competir a serviços estatais.

TURQUIA

População – 82 742 000 hab.
Área – 783 562 km2

Nota histórica

Situada na fronteira entre a Ásia e a Europa, a Turquia é fruto da história conturbada da Península da Anatólia.

No séc. XI, esse território foi invadido pelos Seljúcidas – um grupo étnico de Turcos oguzes, oriundos da região do Mar Cáspio – que após terem vencido os Bizantinos na Batalha de Manziquerta (1071) formaram o Sultanato de Rum. No entanto, a derrota frente aos Mongóis ditou a fragmentação do Sultanato em vários principados, que se tornaram independentes a partir do séc. XIII.

Um deles era o Principado dos Otomanos, que nos séculos seguintes se foi expandindo através da anexação dos outros principados da Anatólia, até formar o Império Otomano. Em 1453, a sua vitória sobre o Império Bizantino permitiu-lhe conquistar Constantinopla e passar a exercer o seu domínio sobre a Bacia do Mediterrâneo e vários estados e cidades da Europa central e meridional.

O Império foi-se expandindo pelos Balcãs, territórios da Hungria, Ucrânia, Crimeia, Bulgária, Grécia e outros estados do Mediterrâneo, até entrar em declínio em finais do séc. XVIII. Em Dezembro de 1876, foi promulgada a primeira Constituição otomana que instituíu uma monarquia parlamentar com duas câmaras e garantia as liberdades políticas e civis, incluindo o direito à livre prática religiosa. Fui curtíssima a vigência dessa Constituição porque, logo em Fevereiro de 1877, um golpe de estado voltou a submeter o país a um regime absolutista. No final da Guerra Russo-Turca (1877-1878), foi assinado o Tratado de Santo Estevão pelo qual a Turquia reconheceu a independência da Roménia, Sérvia e Montenegro e a autonomia da Bulgária, confirmadas no Tratado de Berlim (13-7-1878).

A aliança com o Império Alemão levou os Otomanos a entrar na Primeira Guerra Mundial, mas a derrota que sofreram obrigou-os a entregar às potências vencedoras parcelas da Anatólia e territórios do Médio Oriente e a suportar a ocupação de Esmirna pelos Gregos e de Istambul pelos Aliados.

A oposição à ocupação da Turquia por potências estrangeiras e à partilha do Império Otomano entre elas animou a criação do Movimento Nacional Turco (Maio.1919), liderado por Mustafa Kemal Atatürk. A resistência polarizada no Movimento despoletou a Guerra de Independência que conduziu à proclamação da República Turca (29. Out.1923) e à assinatura do Tratado de Lausanne, pelo qual as potências europeias reconheceram o novo estado.

Em Abril de 1924, a Grande Assembleia Nacional aprovou a segunda Constituição da Turquia, que conferiu ao sistema político uma feição secular e ocidentalizada em consonância com o ideário reformista do primeiro presidente da República, Mustafa Kemal Atatürk.

O artigo 89º da Constituição de 1924 estabeleceu a divisão administrativa do território, nos seguintes termos: "A Turquia é dividida em vilayets baseados na situação geográfica e na situação económica. Os vilayets [123] são divididos em kasas [124], os kasas em nahiyes [125], os nahiyes em kassabas [126] e aldeias."

De acordo com o artigo 90º, "Cada vilayet, juntamente com as suas subdivisões, constitui uma entidade autónoma." E, segundo o artigo 91º da Lei fundamental, "Os assuntos dos vilayets são administrados e governados nos termos da lei, de acordo com os princípios da autonomia local e da separação de poderes."

Na sequência do golpe militar (27. Maio.1960) que derrubou o regime democrático, uma Assembleia Constituinte não eleita, mas nomeada, elaborou a Constituição de 1961 que manteve, no essencial, a divisão administrativa instituída pela Lei fundamental de 1924.

Após sucessivas crises políticas que culminaram na tomada do poder pelo exército, foi aprovada a Constituição de 1982, ainda em vigor.

De acordo com o ordenamento constitucional, são quatro os níveis territoriais de governo da Turquia: o Estado, as províncias, os municípios e as aldeias.

[123] *Vilayets* significa províncias.
[124] *Kasas* significa distritos.
[125] *Nahiyes* são o equivalente de municípios.
[126] *Kassabas* são o equivalente de bairros.

O Estado

A Turquia é uma república unitária que entre 1923 e 2016 manteve um sistema de governo parlamentar.

O Estado é representado pelo Presidente da República, que até 2007 era eleito pelo Parlamento. No entanto, desde a revisão constitucional desse ano o chefe de Estado é eleito por sufrágio directo e universal. O seu mandato é de cinco anos, com possibilidade de uma reeleição.

Na sequência do golpe de Estado falhado de Julho de 2016, o Parlamento aprovou uma nova revisão constitucional (Abr. 2017) que consagrou um progressivo aumento dos poderes do chefe de Estado e estabeleceu um sistema de governo presidencial.

Após essa revisão constitucional, o artigo 104º da Lei fundamental passou a estabelecer que "O poder executivo pertence ao Presidente da República.", instituindo um sistema de governo presidencialista. O Presidente viu os seus poderes extremamente reforçados e passou a poder governar por decretos dotados de força obrigatória geral. Em consonância com a completa presidencialização da acção governativa, o cargo de primeiro ministro foi extinto.

O poder legislativo é exercido pela Grande Assembleia Nacional da Turquia, o Parlamento unicameral formado por 600 membros eleitos por sufrágio directo e universal para mandatos de cinco anos.

A Turquia é um país de grande diversidade étnica, linguística e religiosa onde vivem não só Turcos, Curdos e Arménios, mas também milhões de Alevis, Iazidis e Assírios, para além de Caferis, Gregos, Ciganos e Judeus. No entanto, as únicas minorias que o Estado turco reconhece oficialmente são as que constam do Tratado de Lausanne (1923), ou seja, os Gregos, os Arménios e os Judeus.

Os artigos 37º a 45º desse Tratado estabelecem regras de protecção das minorias que lhes outorgam um vasto conjunto de direitos, designadamente o direito à vida e à liberdade, o direito ao uso da sua língua e religião e a igualdade de direitos entre os muçulmanos [127] e os praticantes de outras religiões. No entanto, o Estado não só não reconhece esses direitos a outras minorias – designadamente aos Curdos, que representam 15% da população do país [128] –

[127] 98% da população da Turquia é muçulmana.

[128] Especialmente gravoso é o tratamento discriminatório de que são vítima os 16 milhões de curdos que vivem na Turquia. Os 32 milhões de curdos dispersos por vários estados são a maior nação sem Estado territorial, ou seja, são o maior povo apátrida do mundo.

como também a sua relação com todas elas tem sido marcada pela opressão das suas identidades étnicas e culturais e pela imposição dos elementos identitários do nacionalismo turco [129].

As 7 regiões governamentais

A Turquia está dividida em sete regiões naturais definidas em 1941 e designadas Egeu, Mar Negro, Anatólia Central, Anatólia Oriental, Mármara, Mediterrâneo e Sudeste da Anatólia. Cada região é constituída por várias províncias.

Estas regiões constituem circunscrições territoriais sem qualquer função administrativa, exclusivamente destinadas a efeitos estatísticos, não sendo, portanto, autarquias territoriais.

As 81 províncias

De acordo com o artigo 126º da Constituição, "Para efeitos da estrutura administrativa central, a Turquia é dividida em províncias segundo critérios de situação geográfica, condições económicas e exigências de serviço público; as províncias são subdivididas em níveis inferiores de distritos administrativos."

O território divide-se em 81 províncias (*vilayets*) – eram 63 em 1953, e 67 em 1989 –, subdivididas em 923 distritos (*kazas*), cujas funções são reguladas por lei.

A área das províncias é muito díspar: a maior (Konya) tem 38 257 km2, e a mais pequena (Yalova) não ultrapassa os 1 100 km2.

As províncias são circunscrições de administração desconcentrada do Estado, subdivididas em distritos governamentais, e de administração territorial descentralizada.

O Estado está representado em cada província por um governador (*vali*), cuja administração está sediada no distrito central da província, com funções de coordenação da actividade dos serviços periféricos dos vários ministérios.

[129] Esta situação é denunciada pela ONG *Minority Rights Group International* no seu relatório *A Quest for Equality: Minorities in Turkey* – 2007.

Por sua vez, em cada distrito existem serviços estatais dependentes de um subgovernador, também nomeado pelo poder central. Em conjunto, o governador e os vários subgovernadores formam o conselho administrativo da província.

Importa salientar que os serviços distritais têm competência conjunta com os órgãos dos municípios da sua área para a realização de algumas das atribuições municipais, limitando fortemente a autonomia da esmagadora maioria dos municípios turcos. É esta característica do sistema que distingue os municípios comuns dos municípios metropolitanos: estes são em número muito reduzido e, por serem dotados de maior autonomia, não sofrem a intervenção dos serviços distritais na sua administração.

Para além de serem unidades territoriais da administração do Estado, as 81 províncias constituem autarquias locais. A Turquia não tem um nível regional de administração autónoma. A Constituição conferiu às províncias o estatuto de autarquias locais de nível superior, a par dos municípios (nível intermédio) e das aldeias (nível inferior). É o que decorre do artigo 127º da Constituição que, sob a epígrafe "Administrações locais", estabelece que "Os corpos administrativos locais são entidades públicas criadas para satisfazer os interesses locais comuns dos habitantes das províncias, municípios e aldeias, cujos órgãos deliberativos são eleitos pelo eleitorado segundo a forma prevista na lei, e cujos princípios organizativos são também definidos por lei."

Como autarquias locais, as províncias estão dotadas de um órgão deliberativo – o conselho provincial (*ilgenel meclisi*) – eleito por sufrágio directo e universal, segundo o sistema proporcional, para mandatos de cinco anos, e de um órgão executivo – a comissão provincial (*il daimi encümeni*) – formado por membros eleitos pelo conselho, e pelo respectivo governador (*vali*), que é o representante do Estado na circunscrição provincial.

A Lei da administração provincial (Lei nº 5302, de 2005) estabelece que as províncias exercem as seguintes atribuições no âmbito do seu território: saúde pública, agricultura, indústria e comércio, plano provincial de ambiente, obras públicas, protecção do solo, equipamentos sociais e assistência, concessão de pequenos créditos a famílias pobres, creches e orfanatos, concessão de terrenos para construção de escolas básicas e secundárias, construção e reparação de edifícios escolares.

Além de prosseguirem atribuições relativas ao seu território, os órgãos das províncias exercem poderes a nível municipal (mas não nos municípios metropolitanos) em matéria de desenvolvimento urbano, rede viária, abastecimento de água e sistemas de esgotos, tratamento de resíduos sólidos, protecção do ambiente, protecção civil, cultura, turismo, desporto, florestação dos solos, apoio às aldeias das florestas e criação de parques e jardins.

Segundo o artigo 35º da Lei da administração provincial, a organização dos serviços é formada pelo secretariado geral e por serviços financeiros, de saúde pública, agricultura, desenvolvimento urbano, recursos humanos e assuntos jurídicos.

Os 1 397 municípios

O artigo 7º da Lei dos municípios (Lei nº 5272, de 2004) estabelece como critérios de criação e divisão de municípios (*belediye*) a existência de um mínimo de 5 mil habitantes, a sua aprovação por referendo e a sua capacidade para financiar os serviços municipais.

O desenvolvimento urbano das províncias turcas contribuiu para o aumento do número de municípios, que passou de 809 em 1955 para os 1 397 hoje existentes, em contracorrente relativamente à redução do número de municípios na generalidade dos países europeus.

Vimos acima que os distritos governamentais podem exercer funções no âmbito dos municípios neles integrados. A grande maioria dos municípios turcos integram-se em distritos. Os municípios com população superior a 250 mil habitantes são designados municípios metropolitanos; dispõem de maior autonomia e não estão integrados em distritos. Existem 30 municípios metropolitanos, 12 dos quais têm mais de 500 mil habitantes.

O sistema de governo dos municípios é formado por três órgãos, com mandatos de cinco anos: o conselho municipal (*belediye meclisi*), constituído por um número de membros, entre nove e 55, eleitos por sufrágio directo e universal; o presidente do município (*belediye baskani*), eleito por sufrágio directo e universal; e a comissão executiva (*belediye encümeni*), composta pelo presidente e por um mínimo de dois membros eleitos pelo conselho e por funcionários municipais em número superior aos eleitos. Este sistema de governo presidencialista replica o sistema de governo ao nível do Estado.

O presidente do município tem um estatuto dual: por um lado, representa a autarquia, preside aos dois órgãos colegiais e executa as suas decisões, e, por outro, exerce funções em nome da administração central, fornecendo ao Governo registos, relatórios e informações.

Não obstante o presidente do município ser eleito por sufrágio directo, o ministro do Interior pode requerer ao Conselho de Estado que faça cessar o seu mandato se o conselho municipal se manifestar, por maioria de dois terços dos seus membros, insatisfeito com o relatório de actividade anual apresentado pelo presidente ou com as respostas dadas por ele às perguntas dos conselheiros.

À comissão executiva compete assessorar o presidente, aprovar decisões em matérias das atribuições municipais, aprovar o projecto de orçamento a submeter à aprovação do conselho municipal, aprovar regulamentos, fixar as taxas e as tarifas municipais, aplicar multas e decidir as expropriações necessárias à execução de projectos municipais.

Em caso de conflito entre o presidente e a comissão executiva, o conselho municipal é chamado a decidir. No entanto, quer o presidente, quer a comissão podem recorrer dessa decisão para o governador da província. O órgão competente para a decisão final é determinado pelo tipo de município em causa: se se tratar de um município não metropolitano, a decisão é tomada pelo conselho administrativo da província, mas se se tratar de um município metropolitano a decisão compete ao Conselho de Estado, que é a instância superior da jurisdição administrativa. O mesmo procedimento é aplicável à resolução dos conflitos entre a comissão executiva e o conselho municipal.

As atribuições municipais compreendem os seguintes sectores: abastecimento de água, sistemas de esgotos, protecção do ambiente, recolha de resíduos sólidos, polícia municipal, serviço de bombeiros, cuidados primários de saúde e serviço de ambulâncias, trânsito urbano, funerais e cemitérios, florestação dos solos, parques e jardins, cultura, artes tradicionais, turismo, desporto, serviços sociais, desenvolvimento económico a nível local. Os municípios metropolitanos e as cidades com mais de 50 mil habitantes têm ainda o encargo de proporcionar alojamentos de protecção de mulheres e crianças em risco.

A estrutura administrativa municipal é dirigida pelo secretário-geral e compreende um secretariado e departamentos de finanças, técnico e de polícia. A organização dos municípios metropolitanos tem um maior grau de complexidade, e é formada por várias divisões e departamentos criados por decisão do conselho metropolitano. O secretário-geral dos municípios metropolitanos pode ser coadjuvado por secretários adjuntos, em número de três, podendo ser cinco nos municípios metropolitanos com mais de 3 milhões de habitantes.

A Constituição permite o associativismo intermunicipal. No entanto, a Turquia manifestou uma reserva ao artigo da Carta Europeia da Autonomia Local que reconhece às autarquias locais o direito de se associarem para a realização de atribuições comuns. Essa aparente contradição tem por justificação o facto de na Turquia a criação de associações de autarquias locais não ser livre, mas depender da autorização prévia do Presidente da República, não sendo, portanto, um direito dos municípios. Existem no país cerca de 1 600 associações desse tipo.

As 35 500 aldeias

As aldeias (*köy*) são o nível básico da administração local da Turquia. A sua criação remonta a 1924, ano em que foi aprovada a Lei da administração das aldeias (Lei nº 442).

O seu número baixou das 330 857 existentes em 1955 para as cerca de 35 500 actuais. Em meados do séc. XX a Turquia tinha 331 729 autarquias locais (63 províncias, 809 municípios e 330 857 aldeias). A enorme redução do número das aldeias permitiu-lhe baixar o número de autarquias locais para as actuais 36 978.

As atribuições das aldeias reportam-se aos assuntos locais: água, caminhos, creches, biblioteca, mercados e cemitério. No entanto, a absoluta incapacidade financeira das aldeias leva a que, na prática, a satisfação das suas necessidades seja cometida aos municípios, igualmente vítimas de uma crónica falta de recursos.

A organização das aldeias é um exemplo de democracia directa. O conselho de aldeia (*köy dernegi*) é formado pelo conjunto dos eleitores residentes há mais de seis meses e pelo chefe da aldeia (*muhtar*), eleito pelo conselho por cinco anos.

Para além de representar o governo central na localidade, compete ao *muhtar* presidir às reuniões do conselho, executar as suas decisões, cobrar as taxas e apresentar mensalmente relatórios ao conselho.

Relativamente ao governo central, o chefe de aldeia tem por missão dar conhecimento das leis e regulamentos, assegurar a ordem e a segurança, recolher informação estatística e recrutar homens para o exército.

A Turquia é um estado unitário com uma forte tradição centralizadora. Para isso contribui a concentração de poderes executivos no Presidente da República, a função tutelar dos governadores das províncias e dos subgovernadores dos distritos e a intervenção dos serviços centrais na gestão de assuntos de âmbito provincial e local. De um modo geral, pode dizer-se que a organização do sistema político e a crónica insuficiência financeira das autarquias locais obstam à descentralização administrativa e à concretização do princípio da autonomia local.

UCRÂNIA

População – 44 050 000 hab.
Área – 603 500 km2

Nota histórica

No território da actual Ucrânia os Varegues – um grupo étnico Rus de origem viking – fundaram no séc. IX o primeiro estado russo, conhecido por Rússia de Kiev. Nele formou-se o Reino da Galícia-Volínia, após a ocupação dos Cumanos (séc. XI). No início do séc. XIII, o Reino caiu sob o domínio dos Mongóis, mas a conquista de Kiev pelo grão-duque da Lituânia (1361) levou à integração de toda a Ucrânia no Estado Polaco-Lituano.

Nos séculos seguintes, o domínio polaco exerceu-se sobre grande parte do território ucraniano, não impedindo, contudo, que os Cossacos do Dniepre e outros povos rutenos fugissem à exploração imposta pelos senhores feudais polacos e se refugiassem em vários quase-estados cossacos estabelecidos no centro do país. A grande rebelião dos Cossacos desencadeada em 1648 contra o domínio do rei polaco João II Casimiro e da nobreza feudal polaca foi duramente reprimida e levou à divisão da Ucrânia entre a Polónia e a Rússia. A maioria dos ucranianos aderiu então à religião ortodoxa russa como forma de oposição ao domínio da católica Polónia. Pelo seu forte contributo para a libertação do país da República Polaco-Lituano, os Cossacos são considerados os fundadores da Ucrânia.

Na Segunda Partilha da Polónia (1793) a Ucrânia polaca foi integrada no Império Russo, que então iniciou um processo de destruição da identidade ucraniana. A edição de livros e jornais foi proibida, assim como o uso da língua ucraniana no ensino oficial. A Revolução russa de Fevereiro de 1917 fez despertar a chama do nacionalismo ucraniano. Procurando recuperar a sua independência, os ucranianos proclamaram em Kiev a República da Ucrânia

(Jul. 1917), mas a vitória bolchevique em Outubro desse ano levou a Rússia a instaurar a República Soviética da Ucrânia.

Na Segunda Guerra Mundial o exército nazi invadiu o país e a luta de ucranianos e russos contra o inimigo comum fez esbater os ressentimentos entre os dois povos.

Aproveitando o processo de desagregação do Bloco de Leste, o Parlamento ucraniano declarou a independência do país (24. Agos. 1991), confirmada em referendo realizado no final desse ano.

De acordo com a Constituição de 1996, a Ucrânia tem quatro níveis territoriais de governo: o Estado, as províncias, os distritos e as comunidades.

O Estado

O artigo 1º da Constituição define a Ucrânia como um estado democrático e social baseado no primado da lei, com forma de governo semipresidencial. Nos termos constitucionais, a Ucrânia é um estado unitário de que faz parte a região autónoma da Crimeia, anexada pela Federação Russa após a invasão militar de Fevereiro de 2014.

Segundo os artigos 102º e 103º da Constituição, o Estado é representado pelo Presidente da República, eleito por sufrágio directo e universal por um período de cinco anos, podendo ser reeleito uma vez.

O poder legislativo é exercido pelo Conselho Supremo da Ucrânia (*Verkhovna Rada*), formado por 450 deputados eleitos por sufrágio directo e universal, por cinco anos.

O governo é nomeado pelo Parlamento, sob proposta do Presidente da República, sendo responsável perante esses dois órgãos (sistema de governo semipresidencialista).

A administração territorial autónoma reparte-se por três níveis: o superior, formado pelas províncias (*oblasts*), em que se incluem a República Autónoma da Crimeia e as duas cidades com estatuto especial – Kiev e Sebastopol [130];

[130] O estatuto político da República Autónoma da Crimeia, onde se localiza a cidade de Sebastopol, é regulado no título X da Constituição da Ucrânia.

o intermédio, constituído pelos distritos (*raions*); e o nível de base, correspondente às comunidades.

As 27 províncias e os 490 distritos

A Ucrânia – o segundo maior estado da Europa, só ultrapassado pela Rússia – está dividida em 27 províncias (*oblasts*) e 490 distritos (*raions*), que formalmente constituem autarquias supramunicipais. Não existe dependência hierárquica ou funcional dos distritos em relação às províncias, mas o seu sistema de governo reflecte o modelo centralista do sistema administrativo da Ucrânia.

A ameaça separatista da Crimeia e da Transcarpátia verificada no início de 1992 levou o Governo a reforçar a presença do Estado em todo o país através da colocação de representantes do presidente da Ucrânia nas províncias e nos distritos, com poderes de coordenação dos serviços da administração central e de tutela da gestão das autarquias.

Para o processo de centralização contribuiu também a Lei de 21 de Maio de 1997, relativa ao regime das autarquias locais. Esta lei reforçou as competências delegadas nas províncias e nos distritos, colocando a actividade dos seus conselhos sob o controlo de mérito dos prefeitos nomeados pelo Presidente da República e dele directamente dependentes.

No plano orgânico, as províncias e os distritos dispõem de um conselho, formado por um número variável de membros eleitos por sufrágio directo e universal, segundo o sistema proporcional, para mandatos de cinco anos. No entanto, estas autarquias não dispõem de órgão executivo próprio. A execução das decisões dos conselhos provinciais e distritais compete aos serviços sectoriais do Estado dirigidos por um prefeito presidencial.

Essa situação não tem paralelo no contexto da descentralização territorial democrática e ilustra o grau de centralização político-administrativa da Ucrânia. No entanto, ela é temperada pelos poderes de fiscalização da actuação do prefeito: se os conselhos de província ou de distrito aprovarem por dois terços dos seus membros uma moção de censura ao prefeito da respectiva circunscrição, o Presidente da República está obrigado a demiti-lo.

A repartição de poderes entre o Estado, as províncias e os distritos é um reflexo do paradigma centralizador do sistema administrativo ucraniano.

As linhas gerais da política de desenvolvimento regional ou de ordenamento do território são decididas pelos serviços centrais do Estado, limitando-se os conselhos provinciais e distritais a aplicar essas orientações.

As 29 844 comunidades

Durante o período da Ucrânia soviética, as unidades administrativas infraestaduais eram tuteladas pela autoridade dirigente do escalão territorial superior, de acordo com o chamado princípio do "centralismo democrático". Os sovietes (conselhos) das cidades dependiam dos sovietes dos distritos e estes estavam sob controlo dos sovietes provinciais. Das cerca de 450 cidades então existentes, 170 eram administradas por províncias e 280 pelos distritos.

Esse modelo de governação centralizada foi alterado em resultado da criação de autarquias locais pela Constituição de 1996. O nível de base da administração local é actualmente constituído por cerca de 29 844 comunidades, correspondentes aos municípios, repartidas por 458 cidades, 886 vilas e 28 500 aldeias.

A designação de cidade é atribuída às comunidades com mais de 15 mil habitantes.

De acordo com a Lei de 8 de Abril de 2004, o sistema de governo das comunidades passou a ser constituído por dois órgãos: um conselho, eleito por sufrágio directo e universal, segundo o sistema proporcional, e um presidente, igualmente eleito directamente, a quem cabe presidir ao conselho e executar as suas deliberações.

Com 2 800 mil e 350 mil habitantes, respectivamente, Kiev e Sebastopol são as duas únicas cidades não integradas em distritos. Por essa razão, gozam de um estatuto especial que lhes permite exercer competências de escala superior à generalidade das outras comunidades urbanas, assim como as atribuições confiadas por lei aos conselhos distritais [131].

Um outro elemento particular do estatuto de Kiev e de Sebastopol consiste na faculdade de criarem bairros administrativos no território municipal; as duas cidades estão divididas em 118 unidades desse tipo, com funções

[131] O estatuto especial de Sebastopol é uma extensão do regime de forte autonomia atribuído pelo título X da Constituição da Ucrânia à designada "República Autónoma da Crimeia".

administrativas de proximidade a cargo de autoridades designadas pelos órgãos municipais.

As comunidades prosseguem atribuições próprias nos sectores do abastecimento de água, distribuição de energia eléctrica, recolha de esgotos e resíduos urbanos, conservação da rede viária, limpeza urbana, captura de animais vadios, conservação dos estabelecimentos de ensino primário, acção social, gestão de bibliotecas, museus e teatros, construção de equipamentos desportivos, manutenção de parques e jardins e gestão dos cemitérios.

Os conselhos municipais podem também exercer poderes delegados pelas autarquias de nível superior, bem como pelos departamentos da administração periférica do Estado.

PARTE III

CONCLUSÃO

Aspectos gerais

A divisão administrativa dos estados e a repartição de tarefas entre os diversos níveis territoriais de organização administrativa são elementos instrumentais da aplicação de políticas públicas de âmbito nacional. Por isso, a sua execução requer a criação de uma rede territorial de entes públicos dotados de poderes administrativos e de meios adequados ao seu exercício.

Como vimos na análise da organização político-administrativa dos estados da Europa, a configuração dessa rede não obedece a um modelo uniforme, antes diverge de país para país, e também no seio de cada um, de acordo com circunstâncias várias.

Por outro lado, o exercício pelos estados da função administrativa está intimamente dependente da economia.

Independentemente de o seu conteúdo ser mais vasto nos estados sociais do que nos estados liberais, a incerteza financeira gerada pelas crises que afectam ciclicamente as economias obriga os governos a racionalizar a utilização dos recursos públicos ao seu dispor, sem, no entanto, perder de vista o dever de o Estado prestar serviços aos cidadãos e dinamizar o desenvolvimento da sociedade.

O estudo da evolução institucional dos estados da Europa revela uma trajectória comum no sentido da busca de maior racionalidade e eficiência administrativa, condizente, aliás, com as restrições orçamentais comuns a todos eles.

Esse objectivo foi prosseguido nas últimas décadas por muitos países europeus através de políticas do território assentes em vários vectores: extinção de serviços estaduais desconcentrados; criação ou reorganização de autarquias regionais; redução do número de municípios; delegação de poderes do Estado a entidades autónomas infraestaduais; e reforço da cooperação entre os vários níveis territoriais de governo.

Tanto em estados federais, como a Alemanha, a Áustria, a Bélgica ou a Suíça, como em estados regionalizados, como a Espanha, a Itália ou o Reino Unido, como ainda em estados unitários, como a Dinamarca, a Eslováquia, a Finlândia, a França, a Grécia, a Irlanda, a Noruega, os Países Baixos ou a Suécia, realizaram-se reformas visando precisamente esses objectivos: reduzir a presença da administração do Estado no território; criar entes territoriais intermédios a quem o Estado delegue poderes; agregar municípios para aumentar a sua área média e reduzir custos de funcionamento; e fomentar a coordenação dos níveis de governo, de modo a conseguir-se uma maior equidade territorial.

Do ponto de vista substantivo é isto – e quase só isto – que encontramos em comum na generalidade dos estados de que nos ocupámos neste estudo.

Mas, pese embora esses pontos de contacto, são muitos os elementos distintivos da organização política e administrativa dos estados da Europa.

Um deles é o sistema de relações entre os vários níveis territoriais de governo.

Nos estados federais, e também nos politicamente regionalizados (isto é, com regiões autónomas), a relação entre os diferentes níveis favorece o nível intermédio: os estados federados e as regiões políticas são os interlocutores do Estado, não só porque vedam a relação directa entre ele e os municípios, mas também porque é a esse escalão político intermédio que compete a tutela do nível municipal.

Pelo contrário, nos estados unitários tradicionais a posição central do Estado favorece o estabelecimento de relações cruzadas entre ele e os vários tipos de autarquias locais. Este sistema permite aos municípios um acesso directo à administração do Estado, que valoriza a sua posição institucional e contraria a tendência centralista das autarquias regionais.

Outro dado que o estudo da organização político-administrativa dos estados da Europa nos revela é a existência de uma relação entre a descentralização administrativa e a natureza dos regimes políticos.

Nos regimes de democracia representativa, a autonomia local e a descentralização, para além de terem protecção legal e, mesmo, constitucional, tem concretização efectiva. Pelo contrário, os regimes autocráticos anulam-nas e, pela sua intervenção predominante na gestão pública, tendem a transformar as autarquias locais em formas de administração desconcentrada do Estado. Foi o que se verificou nos antigos regimes totalitários da Europa do séc. XX.

No entanto, esse fenómeno continua a ocorrer nos nossos dias, já não em regimes de ditadura, mas em democracias formais fortemente centralizadas, como é o caso da Hungria, da Sérvia, da Polónia, da Federação Russa, da Albânia, da Ucrânia ou da Turquia. Nalguns países a centralização e a erosão do sistema democrático reforçou-se com o acesso ao poder de partidos populistas de ideologia autoritária, como se verifica desde há alguns anos em países como a Hungria ou a Polónia.

Numa perspectiva histórica, pode dizer-se que a centralização é um sistema gerador de uma cultura administrativa que contagia a democracia local. A extinção dos regimes totalitários que governaram muitos estados europeus durante várias décadas do séc. XX deu origem a novos estados democráticos que, em muitos casos, continuam a replicar a cultura centralizadora e autoritária dos estados de origem. É o que se verifica, designadamente, na Albânia, na Bulgária, na Bósnia-Herzegovina, na Hungria, na Polónia, na Roménia, na Sérvia ou na Ucrânia. O mesmo se diga de Malta, submetida até há poucas décadas ao domínio colonial do Império Britânico. A excepção vem de Espanha, onde a tradição centralista e autoritária teve que aceitar uma autonomia política regional declaradamente destinada a atenuar sentimentos separatistas e a garantir a unidade nacional.

As *Notas históricas* com que antecedemos a análise dos níveis de governo de cada país revelam a relação existente entre o passado histórico e a actual divisão administrativa dos estados modernos da Europa. Com efeito, são muitos os países cuja divisão territorial reproduz as fronteiras dos reinos, condados e principados que neles existiram há vários séculos. Disso são exemplo a Alemanha, a Áustria, a Bélgica, a Espanha, a Eslováquia, a Finlândia, a França, a Itália, os Países Baixos, a República Checa, Roménia, a Rússia ou a Suécia.

Ainda quanto ao processo de formação dos estados, merece referência o fenómeno da prevalência das identidades nacionais sobre os imperialismos europeus. A História regista o contributo dos nacionalismos para a fragmentação de impérios e de estados compostos, minados pela resistência das suas unidades periféricas à assimilação pelo centro político. Da luta desses territórios pela autonomia e independência nasceram estados como a Albânia, a Bélgica, a Bósnia-Herzegovina, Chipre, a Croácia, a Eslovénia, a Estónia, a Hungria, a Irlanda, a Letónia, a Lituânia, Malta, Polónia ou, mais longinquamente, Portugal, cuja identidade nacional resistiu à assimilação pelas potências dominantes.

O mesmo fenómeno verificou-se a nível regional em países federais como a Alemanha e a Áustria, ou quási-federais como a Espanha e a Itália, que depois de terem passado por processos de unificação (a de Espanha mais longínquo do que os outros) foram constitucionalmente divididos em entidades políticas autónomas, dotadas de forte identidade histórica e cultural.

Dir-se-ia que os nacionalismos – "nacionais", nuns casos, e "regionais", noutros – anularam a ideia de unidade nacional, e que dois séculos depois do seu nascimento o conceito de Estado-Nação está definitivamente em crise.

Feitas estas observações de carácter geral, analisemos alguns aspetos mais particulares dos sistemas administrativos acima expostos.

Especificidades nacionais

Antes de mais, uma referência à organização das grandes metrópoles. Na generalidade dos estados da Europa existem unidades administrativas de natureza supramunicipal designadas áreas metropolitanas. Berlim, Viena, Bruxelas e Antuérpia, Barcelona, Roma e Milão, Helsínquia, Paris, Budapeste ou Amesterdão são cidades sede de áreas metropolitanas, mas é interessante assinalar que elas não constituem unidades regionais autónomas, distintas das regiões em que se inserem. São associações de municípios vizinhos, com interesses estratégicos comuns, dotadas de estatuto idêntico a outras instituições de cooperação intermunicipal e integradas em regiões políticas ou administrativas territorialmente mais vastas.

Igualmente importante é a organização administrativa interna das grandes cidades. Metrópoles como Paris, Bratislava, Londres, Viena, Budapeste, Atenas, Kiev ou Varsóvia estão divididas em bairros cujo funcionamento retira peso e burocracia ao município central, aproximando as suas estruturas administrativas dos cidadãos e acelerando a decisão de muitos procedimentos em que eles intervêm.

Nuns casos, esses bairros são unidades administrativas dependentes do município-cidade; noutros, em menor número, o município-cidade divide-se em bairros que são verdadeiras autarquias inframunicipais, com relativa autonomia em relação a ele. Poder-se-ia pensar que este segundo paradigma corresponde ao modelo das freguesias das sedes dos municípios portuguesas, mas isso não é exacto uma vez que os bairros administrativos a que acima nos referimos não existem nas sedes de todos os municípios, mas apenas nas grandes cidades. Esta diferença alimenta, aliás, o debate sobre a necessidade de freguesias nas vilas e cidades do nosso país.

A vida das organizações políticas assenta no binómio *Política-Administração*, que tem subjacente a ideia de maior ou menor autonomia do sector administrativo (a *Administração*) face ao sector político (a *Política*) na gestão dessas instituições, designadamente, das entidades territoriais autónomas. Trata-se, no fundo, de aferir qual é o grau de participação da *Administração* na formação da vontade da *Política* e no funcionamento e actividade dessas entidades.

Nalguns estados, a *Administração* está integralmente subordinada à *Política*, segundo um regime que podemos designar de "presidencial". Nos poderes próprios do presidente da autarquia inserem-se a coordenação da actividade dos serviços, a superintendência do seu funcionamento e a gestão do pessoal da autarquia, incluindo o desenvolvimento das suas carreiras e o exercício do poder disciplinar sobre eles. É o que se verifica, em maior ou menor grau, nas entidades territoriais autónomas de Espanha, Itália, Estónia, Letónia, Lituânia, Croácia, Sérvia e também de Portugal, desde 1975. Este regime acentua a preponderância do campo político sobre o campo administrativo e reduz a autonomia deste; em contrapartida, profissionaliza o líder político e responsabiliza-o pelas *fautes de service* da administração municipal.

Noutros estados, a coordenação e superintendência da actividade administrativa e a gestão do pessoal da autarquia (incluindo, nalgumas, o poder disciplinar) estão atribuídas a um alto funcionário – designado, consoante os países, secretário municipal, magistrado, *chief executive*, director municipal, chanceler, director-geral ou *kommundirektor* – que, em muitos casos, é recrutado de entre agentes formados para o exercício dessas funções em instituições públicas a isso destinadas. Este regime – que podemos designar de "profissional" – vigora em países como a Alemanha, Áustria, Bélgica, Rússia, Suíça, Chipre, Eslovénia, França, Hungria, Malta, Noruega, Países Baixos, Reino Unido ou a Suécia, e corresponde a uma cultura administrativa que privilegia os aspectos formais e jurídicos da gestão pública, assente em dois pressupostos: o de que os políticos locais não têm que dominar as técnicas da gestão pública, e o de que os dirigentes municipais devem ter formação profissional equivalente às dos dirigentes da administração central. É curioso notar que, com algumas variantes, este sistema vigorou entre nós durante quase 150 anos, como referiremos a propósito do caso português.

Como acima dissemos, a Carta Europeia da Autonomia Local não exige que as autarquias locais tenham um órgão executivo distinto do deliberativo; a democracia local satisfaz-se com a existência de um órgão colegial representativo, eleito por sufrágio directo e universal dos eleitores da autarquia. E, de facto, são vários os países cujos municípios de menor dimensão não têm um órgão executivo distinto do deliberativo. É o que se verifica, entre outros países, na Croácia, na Irlanda, na Letónia ou em Malta. Nuns casos, é o próprio presidente do órgão deliberativo que exerce essa função; noutros, ela é confiada a um administrador designado pelos órgãos municipais. Por simplificar e tornar mais económico o funcionamento das pequenas autarquias locais, esse regime poderia ter sido aplicado, se a Constituição o permitisse, a muitas freguesias rurais portuguesas, em alternativa à extinção de que foram alvo em 2013.

Sem embargo da diversidade que caracteriza os sistemas político-administrativos dos países europeus, pode afirmar-se que existe uma maior homogeneidade estrutural entre os sistemas de raiz latina do que nos sistemas de matriz germânica. Enquanto no primeiro grupo (Portugal, Espanha, Itália, Grécia, Turquia, para além da França) a nomenclatura das autarquias é muito semelhante em todo o território, no segundo grupo (Reino Unido, Irlanda, Países Baixos e a própria Alemanha) os níveis administrativos são menos uniformes e existem maiores assimetrias institucionais. Idêntica é a situação dos países de matriz pluriétnica, como a Bélgica, a Croácia, a Sérvia, a Bósnia-Herzegovina ou a Rússia, cujos sistemas políticos reflectem a sua heterogeneidade cultural e religiosa.

Mesmo os sistemas que apresentam maior homogeneidade estrutural contêm elementos assimétricos, correspondentes à diversidade geográfica e social das várias parcelas do território nacional. Disso são exemplos a divisão das grandes cidades em bairros administrativos, o associativismo obrigatório de municípios de menor dimensão, a diferenciação de atribuições e competências de entidades do mesmo nível de governo, a atribuição aos maiores municípios de atribuições da autarquia de nível superior, a dispensa de órgão executivo nos municípios menos populosos, ou a regionalização parcial de países como Portugal ou a Sérvia.

O caso português

Após o início da era constitucional entre nós, o regime jurídico das autarquias portuguesas foi originariamente estabelecido nos artigos 218º e seguintes da Constituição de 1822 [132], e foi depois reformulado pela Lei de 25 de Abril de 1835, na segunda vigência da Carta Constitucional de 1826, segundo o modelo uniforme e igualitário instituído pela Revolução Francesa.

À semelhança do sistema napoleónico, que dividiu toda a França em departamentos, cantões e comunas, o território português foi uniformemente dividido em províncias, comarcas e concelhos. E tal como em França, também em Portugal foram conferidas a todos os municípios as mesmas atribuições, os mesmos poderes e as mesmas competências. Este sistema – que a França abandonou há muitos anos – já não era totalmente ajustado ao Portugal rural e mais homogéneo do séc. XIX, mas as assimetrias territoriais criadas pelo crescimento urbano e económico das últimas sete décadas tornaram-no anacrónico e obsoleto.

Apesar das transformações sociais e económicas do território, todo o sistema continua baseado na uniformidade. Só ela explica que todas as parcelas do território nacional continuem incluídas, simultaneamente, numa autarquia de raiz urbana – o município – e numa autarquia de matriz rural – a freguesia –, ambas com muitas atribuições comuns.

A existência de atribuições comuns joga contra as freguesias, porque a distinção entre o que compete a cada tipo de autarquia acaba por ser feita por critérios estritamente financeiros. São os municípios que, por terem maiores recursos, realizam a generalidade das atribuições de âmbito local, anulando a função das freguesias e alimentando dúvidas sobre a sua necessidade em contexto urbano.

Também aqui se impõe maior rigor ao legislador na precisão dos fins de cada tipo de autarquia local.

[132] Essas normas não chegaram a ser aplicadas em virtude da cessação da vigência da Constituição, em 1823.

Trata-se, no fundo, de reconduzir as atribuições das freguesias ao conceito de "administração de proximidade" que as caracteriza, concentrando a sua actividade no sector social (assistência aos idosos, apoio às famílias carecidas, integração das minorias étnicas, promoção da cultura local) e abdicando de querer fazer delas mini-municípios de largo espectro e pequena escala.

Sem embargo, a diversidade do universo das freguesias reclama a diferenciação do seu estatuto, distinguindo as freguesias rurais (nas aldeias e pequenas vilas) das urbanas (nas sedes dos municípios e noutros aglomerados urbanos) e das metropolitanas (com população muito superior a muitas vilas e cidades), porventura, valorizando as últimas com o estatuto misto de autarquia local, com atribuições próprias, e de bairro/delegação municipal, aproximando dos munícipes alguns segmentos da administração municipal das grandes cidades.

Igualmente desajustada é a uniformidade das atribuições municipais face a tudo o que actualmente distingue os municípios metropolitanos dos municípios rurais. Apesar de Lisboa ou o Porto terem natureza e necessidades muito distintas de Barrancos ou Montalegre, a lei confere aos órgãos desses municípios as mesmas atribuições e competências.

Essa uniformidade também não tem em consideração que muitos municípios não dispõem de condições técnicas e financeiras para prosseguirem todas as atribuições definidas por lei. Como vimos acima, dos 308 municípios portugueses 214 são designados "municípios de pequena dimensão", precisamente por terem menor capacidade administrativa e financeira.

Justifica-se, pois, um esforço legislativo no sentido de adequar a arquitectura autárquica à realidade municipal, introduzindo elementos institucionais inovadores, adaptando os existentes à heterogeneidade do país e respondendo às assimetrias territoriais com assimetrias institucionais. Não esquecendo outros elementos do regime autárquico, igualmente carentes de atenta reforma. Passamos a referir os mais relevantes.

Não parece justificável a discrepância existente entre o sistema de governo nacional, de tipo parlamentar, e a crescente presidencialização do sistema de governo autárquico (freguesias e municípios), cujos líderes políticos gozam de legitimidade eleitoral própria, por liderarem a lista vencedora das eleições da assembleia de freguesia e da câmara municipal, respectivamente.

A pretexto de conferir celeridade e capacidade de resposta à administração municipal e paroquial, a lei foi progressivamente acentuando os poderes dos órgãos executivos e, em especial, os poderes próprios do presidente da câmara municipal, sem, em contrapartida, dotar o órgão deliberativo de condições para realizar uma efectiva fiscalização da gestão das autarquias.

A função fiscalizadora própria das assembleias acabou por ser assumida pelo sector político minoritário dos órgãos executivos, ou seja, pelos vereadores das câmaras municipais e pelos vogais das juntas de freguesia pertencentes às forças políticas da oposição.

Neste contexto, o legislador debate-se com um dilema: dar composição homogénea aos executivos municipais (como a Constituição admite), reforçando o papel fiscalizador do órgão deliberativo, ou manter o *status quo*, reconhecendo como verdadeiro "órgão" fiscalizador o sector oposicionista do órgão executivo, apesar de, na maioria dos municípios, a sua participação na gestão da autarquia se esgotar na comparência às reuniões das respectivas câmaras – por não lhe serem atribuídos (ou eles não aceitarem) quaisquer pelouros.

Porém, como vimos acima, são vários os exemplos de autarquias locais europeias cujo órgão executivo se desdobra em comissões especializadas, com composição heterogénea e participação de todos os seus membros na preparação de propostas a submeter ao plenário desse órgão.

Os efeitos negativos da "fuga para o presidencialismo" são acentuados por dois fenómenos relativos ao binómio *Política-Administração* já acima referido, mas visto agora na perspectiva das autarquias locais portuguesas.

Referimo-nos à subordinação directa dos funcionários das autarquias ao presidente do executivo – que detém competência exclusiva para a gestão do pessoal da respectiva autarquia local, em todas as suas dimensões –, e à quase imbricação existente, sobretudo nas freguesias e nos municípios de menor dimensão, entre o campo político e o campo administrativo, a qual propicia a erosão da autonomia técnica que o segundo deve manter face ao primeiro e favorece a condescendência disciplinar do primeiro em relação ao segundo.

Os serviços municipais estão organizados em unidades sectoriais distintas (divisões, departamentos), criadas com base em critérios de especialização técnica. O seu funcionamento carece de integração constante, porque o trabalho produzido numas unidades interage diariamente com o trabalho de outras. No entanto, a realidade mostra-nos não só que essa integração não existe, ou é muito deficiente, porque elas não comunicam entre si e a sua coordenação é meramente formal, mas também que, salvo nos pequenos municípios, o presidente da câmara municipal não tem condições materiais para assegurar a coordenação dos serviços municipais, como a lei lhe impõe.

Esta situação reflete-se na qualidade técnica da instrução dos procedimentos administrativos e no cumprimento dos prazos legais pela administração municipal, tudo a contribuir para a criação de litígios judiciais de iniciativa de cidadãos e de empresas e, não raras vezes, para a condenação dos municípios no pagamento de avultadas indemnizações.

Por tudo isso, julgamos justificar-se uma reflexão sobre o grau de profissionalismo que se deseja na coordenação do aparelho administrativo dos nossos municípios, com tudo o que ela envolve.

Numa perspectiva histórica, refira-se que Portugal adoptou nesta matéria, durante quase 150 anos, o modelo "profissional", que submetia a direcção do sector administrativo autárquico (municipal, provincial e, depois, distrital) não ao presidente do órgão executivo, mas a um funcionário especialmente habilitado para assessorar os órgãos da autarquia, zelar pela legalidade administrativa, coordenar a actividade geral dos serviços, dar instruções aos funcionários e reportar as irregularidades verificadas ao líder político da autarquia. A partir de 1940, o ingresso e progressão nessa carreira passou a depender da aprovação em provas públicas de âmbito nacional, organizadas pelo ministério da tutela das autarquias locais.

Depois de ter sido introduzido em 1836, o regime "profissional" foi mantido por todos os códigos administrativos portugueses, que confiaram aquelas tarefas a um funcionário – o secretário da câmara, cargo que só foi suprimido em 1975 [133]. A sua extinção na sequência do derrube do Estado Novo ter-se-á devido à sua enviesada conotação com o regime político então deposto, mas, como vimos, ele mantém-se, com esse ou outro nome e com funções correspondentes, em países de democracia consolidada, como a Alemanha, a Áustria, a Bélgica, a Suíça, a Eslovénia, a França, a Noruega, os Países Baixos, o Reino Unido ou a Suécia.

Aqui chegados, resta-nos concluir que não existe um padrão europeu uniforme de governação territorial autónoma. Cada estado tem as suas especificidades, e Portugal tem três. É o único país da Europa cujos municípios têm um órgão executivo colegial integralmente eleito por sufrágio directo e universal (e proporcional!), num desvio injustificado à matriz parlamentar do nosso sistema de governo nacional. É um dos dois únicos países da Europa (o outro

[133] O artigo 137º do Código Administrativo de 1940 definia as competências desse funcionário.

é Chipre) que têm um nível autárquico inframunicipal em todo o território (esse nível existe em Inglaterra e na Turquia, apenas nalgumas zonas rurais, e na Alemanha, unicamente no *Land* da Renânia-Palatinado). E é também um dos poucos países onde não existe uma autarquia territorial supramunicipal, entre os municípios e o Estado. De facto, apesar de constitucionalmente estabelecida, a descentralização regional continua por efectivar.

A questão da descentralização regional

Na segunda metade do séc. XX, problemas políticos e administrativos próprios de cada estado europeu fizeram despertar na Europa tendências regionalistas que levaram a grande maioria dos estados a criar um nível de governo intermédio, designado genericamente "região" - um conceito de origem latina derivado da "província" do Império Romano.

Esse processo foi impulsionado por factores muito distintos, tais como a identidade histórica e geográfica de territórios de alguns estados, o ressurgimento de nacionalismos regionais, os desequilíbrios de desenvolvimento no seio dos países da Europa, a política regional da União Europeia e a cooperação intermunicipal em torno de programas comunitários. Esses factores contribuíram para a formação de *identidades regionais* e de *espaços regionais* e levaram à criação de regiões autónomas e de autarquias regionais num elevado número de países.

Como vimos acima, a criação de entidades regionais autónomas nos países europeus obedeceu, nuns casos, a razões políticas (autonomia política) e, noutros, a critérios técnicos (autonomia administrativa). Surgiram, assim, as regiões políticas, nuns estados, e as regiões administrativas, noutros.

Nalguns estados, a criação de regiões com autonomia política justificou-se pela necessidade de dotar territórios com forte identidade histórica, cultural ou geográfica de instituições representativas dos seus habitantes com poderes políticos próprios.

Este tipo de regionalização visou objectivos específicos, tais como, anular impulsos de secessão de parcelas de um dado país, promover politicamente a identidade de certas regiões e dotar territórios longínquos de órgãos de governo próprio, garantindo a unidade do Estado com ou sem recurso a soluções federalistas. Foi este o fundamento da autonomia das regiões da Bélgica, de Espanha ou de Itália, das nações constituintes do Reino Unido, da Gronelândia ou das nossas regiões autónomas dos Açores e da Madeira. Trata-se, nesses casos, de uma regionalização política adoptada como resposta a problemas de ordem política.

Pelo contrário, outros países adoptaram a regionalização numa perspectiva técnica, como estratégia de reforma do aparelho administrativo do Estado e repartição territorial de funções estaduais por autarquias regionais.
A expansão do Estado Social e a satisfação de muitas novas necessidades públicas ampliou extraordinariamente a função administrativa dos estados europeus, e os bloqueios e sobreposições existentes no funcionamento da administração estadual revelaram que ela se tornara incapaz de responder com prontidão às necessidades dos cidadãos e das empresas e de acompanhar a actividade dos próprios municípios[134]. Estes pressupostos levaram à criação de regiões administrativas, desprovidas de poderes políticos, na Dinamarca continental, na Finlândia, em França, na Noruega, na Polónia, nos Países Baixos, na República Checa, na Sérvia ou na Suécia, com atribuições centradas nos sectores do planeamento e administração do território e no desenvolvimento regional. Nesses países, a lógica da regionalização foi administrativa, mas não política. Visou, essencialmente, contrariar as assimetrias de desenvolvimento, promover uma maior equidade territorial e adequar a organização administrativa a esses objectivos.

Muitos estados fundiram municípios para aumentar a sua área média. Mas, apesar disso, atribuições estaduais em sectores como o planeamento do território, a protecção ambiental e o desenvolvimento económico foram delegadas a autarquias de âmbito regional porque, pela sua natureza, essas tarefas ultrapassam a escala territorial e populacional dos municípios. Foi com esse fundamento que muitos países da Europa criaram regiões administrativas, em conformidade com o princípio da subsidiariedade territorial.

[134] Centrando-nos no caso português, refira-se, a título de exemplo, que a aprovação de um projecto industrial pode requerer a intervenção de nove organismos do Estado, além do município onde ele vai instalar-se, e tem uma duração média de três anos. O processo de elaboração ou revisão de um plano director municipal envolve a intervenção de 12 serviços da Administração central e tem a duração média de 14 anos.

BIBLIOGRAFIA

Alain Delcamp (coord.) – *Les Collectivités Décentralisées de l'Union Européenne*; ed. La Documentation Française – 1994

Amaral, Diogo Freitas do – *História do Pensamento Político Ocidental*; ed. Almedina – 2011

Bruycker, Philippe de – *L'Avenir des Communes et Provinces dans la Belgique Fédérale*; ed. Bruylant Bruxelles – 1997

Bruycker, Philippe de e Marc Nihoul – ''L'impact de la régionalisation sur l'autonomie locale'', *in Annuaire des collectivités locales*; ed. CNRS/GRALE – 1996

Byrne, Tony – *Local Government in Britain*; Pelican Books - 1981

Canotilho, J. J. Gomes e Vital Moreira– *Constituição da República Portuguesa - Anotada*; 4ª ed., I vol. 2007, II vol. 2010, Coimbra Ed.

CCRE – *Local and Regional Governments in Europe: structures and competences* – 2016

Conseil de l'Europe – *Fiches par pays sur la situation de la démocratie locale et/ou régionale dans les pays membres du Conseil de l'Europe, 2 vols* – 2005

Conseil de l'Europe – *Regionalization in Europe: evaluation and perspectives* – 1994

Conseil de l'Europe – *Structure et Fonctionnement de la Démocratie Locale et Régionale: fiches par pays* – 2000

Conseil de l'Europe – *Tendances de la Régionalisation dans les Pays Européens 2007/2015* – 2016

Dalloz – *Code Général des Collectivités Territoriales*; Paris - 1998

Delouche, Frédéric – *História da Europa*; ed. D. Quixote – 1990

Eillen Martin Harloff – *The Structure of Local Government in Europe*; ed. IULA – 1987

Emilewicz, Jadwiga e Artur Wolec – *Reformers and Politicians: Reform of Public Administration in Poland*; ed. Elipsa – 2002

Fernandez, Estéban Hernandez y – *História General de España y sus colonias*, 2 vols; ed. Galeria Literaria – 1878

Ferro, Marc – *Histoire de France*; ed. Odile Jacob – 2018

Gouveia, Jorge Bacelar e António M. Rebordão Montalvo – "Des collectivités locales portugaises en attente de région", *in* Alain Delcamp e John Loughlin (coord.), *La décentralisation dans les États de l'Union Européenne;* ed. La Documentation Française, 2002

Gustafsson, Agne – *Local Government in Sweden*; ed. The Swedish Institute – 1988

Häggroth, Sören – *Swedish Local Government*; ed. The Swedish Institute – 1993

Larsson / Nomden / Petiteville (edts.) – *The intermediate level of government in european states,* EIPA - 1999

Levrat, Nickolas – *L'Europe et ses Collectivités Territoriales: Réflexions sur l'Orgnisation et l'Exercice du Pouvoir Territorial dans un Monde Globalisé* – 2005

Machete, Rui Chancerelle de – "O Poder Local e o Conceito de Autonomia Instutucional", *in Estudos de Direito Público e Ciência Política*; ed. Fundação Oliveira Martins - 1991

Marques, A. H. de Oliveira – *História de Portugal,* 2 vols.; Palas Ed. – 1976

Martins, Guilherme d'Oliveira – *Património, Herança e Memória*; ed. Gradiva – 2009

Miranda, Jorge – *Ciência Política: Formas de Governo*; ed. polic. – 1992

Montalvo, António M. Rebordão – "A Carta Europeia da Autonomia Local e os Sistemas de Governo na Europa", *in 40 anos do Poder Local Democrático,* ed. C.M. Loures – 2017

Montalvo, António M. Rebordão – *O Processo de Mudança e o Novo Modelo de Gestão Pública Municipal*; ed. Almedina – 2003

Montalvo, António M. Rebordão e António Rosa Montalvo – *O Novo Regime Jurídico das Autarquias Locais*; ed. Almedina – 1985

Montalvo, António Rosa – "Notas breves sobre a Administração Autárquica", *in Revista de Administração Local,* nº 176, Mar-Abr. 2000

Moreira, Vital – *Administração Autónoma e Associações Públicas*; Coimbra Ed. – 1997

Moreira, Vital – "O Poder local na Constituição da República portuguesa de 1976", *in* António Cândido Oliveira (coord.), *30 anos de Poder local na Constituição da República Portuguesa*; Braga, Gov. Civil de Braga – 2007, pp. 279-299

Mourre, Michel – *Dicionário de História Universal,* 3 vols.; ed. Círculo de Leitores – 1998

Nabais, José Casalta – "A Autonomia Local", *in Estudos em homenagem ao Prof. Doutor Afonso Rodrigues Queiró*; Coimbra Ed. – 1993

OECD – *Subnational Governments in OECD Countries: key data* – 2018

Oliveira, António Cândido de – *Direito das Autarquias Locais*; Coimbra 2ª ed. – 2013

Oliveira, António Cândido de e António Pedro Manique – *O Mapa Municipal Português [1820-2020]*; AEDREL, 2020

Oliveira, César (coord.) – *História dos Municípios e do Poder local*; ed. Círculo dos Leitores, 1996

Oliveira, Luís Valente de – *Regionalização*; ed. ASA – 1996

Pierre Kukawka – *L'Europe par les Régions*; ed. Presses Universitaires de Grenoble – 2001

Preston, Paul – *A Guerra Civil de Espanha*; ed. 70 – 2011

Richards, Peter G. – *The Local Government System*, London - 1981

Santamaria, Jaime Abella – *La Lei del Régimen Local*; Madrid - 1980

Santi Romano – *Teoria del Derecho Público Subjectivo*; Milão - 1897

Sousa, Marcelo Rebelo de – *O Sistema de Governo Municipal*, *in* "Que reforma eleitoral?"; ed. CNE – 1997

Spiliotopoulos, E. P. e A. Makrydimitris – *L'Administration Publique en Grèce*; Atenas – 2001

Tavares, José – *Administração Pública e Direito Administrativo*; ed. Almedina – 2000

Terrazzoni, André – *L'Administration Territoriale en Europe*; ed. LGDJ - 1992

Vandelli, Luciano – *Pouvoirs Locaux*; ed. Paris Economica – 1991